**입시설계,
초등부터
시작하라**

서울대 입학사정관이 알려주는
입시 맞춤형 공부법

입시설계,
초등부터
시작하라

진동섭 지음

포르체

차례

제1장

입시 첫걸음, **공부 역량**을 키우셔야 합니다

제2장

고교학점제와 대입제도 변화에 대비하셔야 합니다

제3장

입학사정관만 알고 있는 비밀

전적으로 제 말을 믿으셔야 합니다

5천 년 전인 수메르 문명 시대에도 어떤 아버지가 점토판에 아들이 공부는 하지 않고 사냥이나 다닌다는 한탄을 남겼다고 한다. 세상이 지금처럼 복잡하지 않았을 때에도 자녀의 공부 문제가 부모의 걱정거리였다니, 교육에 대한 걱정은 동서고금을 막론하고 부모 된 사람의 공통분모임에 틀림없다. 그러나 같은 걱정이어도 현대 사회에서는 그 양상이 조금 다르다. 과거에는 자녀를 많이 낳았기에 그중 잘하는 아이도 있고 못하는 아이도 있었다. 그러나 생계유지에 바쁜 부모는 모든 자녀를 돌보고 뒷바라지를 할 시간과 여력이 없었다. 그래서 스스로 공부하는 아이는 공부를 시켜주고, 공부를 싫어하는 아이에게는 굳이 강요하지 않았다. 경제 규모가 크지 않았던 시절, 자녀를 셋 이상씩 두었을 때만 해도 부모가 자식 교육에 지금처럼 인생을 쏟아붓지는 않았다. 물론 60년대에도 치맛바람은 국가적인 병이라고 했지만, 규모나 걱정의 크기가 21세기 현재의 양상과는 비교할 바가 못 된다. 지금 대한민국 사회는 모든 부모가 자식의 공부 걱정에 과열되어 있다. 이 과열 양상은 아이를 많이 낳지 않는 탓도 크고, 또 공부해야 할 방향이 달라지고 그에 따라 대입 제도가 달라졌기 때문이기도 하다. 문제는 어떤 것이든지 과열되면 부작용만 커진다는 점이다.

현대 사회는 지식의 수명이 짧기에 학교에서 배우는 것이 과연 미래에 어떤 의미를 가지냐며 회의적으로 말하는 사람도 많다. 그래서 홈스쿨링이나 대안 교육을 선택하기도 한다. 그러나 대부분의 학부모는 국가가 마련한 공교육의 틀에서 자녀가 잘 적응하고 자라기를 바란다. 이러한 기대에 부응하고자 학교는 국가 수준 교육과정에 바탕을 두고 학생을 교육할 계획을 세운다. 이 계획은 국가 수준에서 보면 어느 학교나 차이가 별로 없기 때문에 어느 학교를 다니든 대학수학능력시험(수능)을 보는 데는 지장이 없다.

그런데 사회가 변하면서 이러한 교육 시스템이 잘 맞지 않게 되었다. 인터넷과 스마트폰이 백과사전을 간직한 뇌를 대신하게 되면서 '살아 있는 백과사전'이 성공하던 시대는 가고, 창의적인 사람이 존중받는 시대가 왔다. 이제는 많은 지식을 쌓은 사람보다 새로운 것을 만들어낼 수 있는 역량을 갖춘 사람이 대우 받는다. 남다른 생각이 남과 같은 생각을 이기고, 새로운 것을 만들어 열광시키는 사람이 뜬다. 최근 들어 크게 성공한 기업을 살펴보면 전통적인 산업보다 새로운 시장, 블루오션을 개척한 분야가 더 많으므로 이를 부정하기는 어렵다. 음식점이 개별적으로 배달할 수 있는 수단을 갖추어야 했던 과거를 부정하고 배달 중계를 전문으로 하는 시스템을 개발하여 성공한 사례를 보면, 생각의 차이가 삶의 차이를 만든다는 것에 동의하지 않을 수 없다.

그런데 우리 교육의 문제는 이런 창의적인 사람보다 교과서를 외워서 높은 점수를 받는 사람들을 선발하는 제도를 갖고 있다는 점에 있다. 부모들은 자녀가 대학이라는 좋은 고등 교육 기회를 얻어 선진 지식을 배우고 역량을 길러 성공적인 삶을 살아가기를 바란다. 이 고등 교육의 기회를 얻는 과정은 '좁은 문'이다. 누구나 원한다고 이 문 안으로 들어갈 수 있는 것이 아니다. 그러다 보니 아이들은 좁은 문으로 들어갈 자격을 얻는 시험에 바로 적용할 수 있는 공부만 한다. 능력을 길러 훗날을 대비해야 한다는 말은 귓전으로 흘러듣는다. 학생을 가르치는 학교 또한 지금까지 수능에 도움이 되는 공부만을 시켰다.

우리나라 학교는 대한민국 건국 이전에도 시험에 대비하는 공부를 시켜왔다. 조선시대 소설 《춘향전》의 주인공 이몽룡도 과거급제에 성공하기 위한 공부를 했다. 이몽룡이 시험 볼 때 시험문제는 단 하나, '춘당춘색이 고금동春塘春色古今同'이라는 문제였다. 지금과 달리 당시 시험은 논술형이었던 것이다. 이 문제에 답을 쓰기 위해서는 관련 지식을 외우는 데 그치지 않고 사고력과 문장력을 기르기 위한 공부도 했을 것이다. 교과서에서 문제가 나오는 것이 아니므로 다양한 상황에 대비하는 공부를 통해 문제해결력 또한 길렀을 것이다.

그런데 지금은 이런 문제를 낼 수 없는 것이 현실이다. 정해진 교과서로 공부하고 거기서 출제하는 것이 아니라 외부에서 문제를 출제하면 학교 공부와 거리가 먼 것처럼 느껴져서 공교육보다는 사교육에 의존하려는 경향이 심해진다. 이럴 경우 학교는 그저 졸업장을 받으러 다니는 곳으로 치부되기 마련이다. 현재 대입에 사용되는 전형 요소 중 수능 시험은 이런 문제를 최소화하기 위해 교과와 관련성이 높은 시험으로 재설계되었다. 이 시험에서 높은 성적을 받으면 고등 교육 기회를 부여받는다. 그런데 다시 문제는 조선시대 과거제도보다 못한 '선택형 시험'이 갖는 태생적인 허약함에서 생긴다. 교육은 자라나는 세대에게 미래 사회를 살아갈 준비를 시켜야 한다. 그런데 경쟁이 더 치열해질 미래 사회에서 살아갈 사람들에게 학교 공부와 연관된 지식을 선택형 시험으로 측정해서 고등 교육 기회를 배분하다 보니, 학교와 수험생 모두 허약한 상태로 정체된다는 심각한 문제점이 나타난다.

이 문제를 극복하는 방안으로 제시된 것은 초기 수능과 같이 교과 내용과 다소 무관하게 시험문제를 출제하는 방식이다. 이 방식은 학교에서 시험 대비를 해줄 수 없다는 이유로 학교가 손을 놓았고, 사교육 의존도를 높이는 부작용을 낳았다. 대학별 과목형 본고사도 제시되었는데 이 제도도 사교육을 유발하고 대학이 시험 관리를 하기가 쉽지 않다는 문제점을 보였다. 선택형 시험의 문제를 극복하는 방안으로 논술고사도 제시되었는데, 논술고사 역시 사교육 의존이 심하다는 것과 시험시간이 짧아 학생의 역량을 평가하기가 어려워 보완재로밖에 사용할 수 없다는 것이 문제점이었다.

이러한 모든 문제를 극복하는 방법을 서울대학교가 연구하기 시작했다. 서울대 학생부종합전형 안내 책자에 따르면 서울대는 2000년에 입학 본부를 만들고, 새로운 대입 제도의 적용 가능성을 모색하기 시작했다고 말했다. "서울대학교는 2000년부터 우리 교육이 문제풀이 중심 교육에서 벗어나야 함을 인식하고 학생부종합전형(학종)에 대해 연구하고 입학전형에 적용해 왔습니다. 2002년에 수시모집에서 교과 외 영역에 대한 서류 평가를 시작하여 2005년부터는 학교생활기록부, 추천서, 자기소개서를 종합적으로 활용하는 서류평가 체계를 마련하였습니다."라는 내용이 그것이다.

정부 차원에서 대입 전형으로 입학사정관제를 도입하겠다고 발표한 것은 2004년이다. 당시 대입 3년 예고제 개념을 적용하여 입학사정관제는 2008학년도 대입에서 적용하겠다고 했다. 그런데 서울대는 그보다 앞선 2000년부터 이 평가방식을 연구했다고 밝히고 있다. 서울대가 새로운 대입 제도를 연구한 까닭은 고등학교가 수능 시대에는 수능공부를, 논술 시대에는 논술공부를 시키니, 학생이 학교에서 배운 전부를 평가하면 학교가 정상화되지 않겠냐는 생각에서 출발했다고 볼 수 있다. 이 방안이 2004년에 노무현 정부에 의해 공식화된 것은 정부 차원에서도 학교 교육을 그 자체의 동력으로 바꾸면 좋겠지만, 대입 제도를 유지해서는 교육을 바꾸기 어려우니 제도 개선을 통해 학교 교육을 바꾸는 동력을 갖추도록 하는 것이 효과적이라고 판단했기 때문이다. 그러나 도입 초기에는 한계를 보였다. 수능 점수 대신 등급만 제공하는 방식은 한 해만 적용되었으며, 이후에도 입학사정관제보다 수능의 영향력과 범위가 더 컸고 입학사정관제는 소규모 전형이었기 때문이다. 그래서 학교 현장은 서울대나 정부가 의도한 대로 바뀌지 않았다. 2010년경에도 학부모와 학생들은 발표 위주의 수업 진행을 하면 대학 가기 불리하다는 식의 항의를 학교에 했다.

그러나 현재의 학생부종합전형은 초기의 입학사정관제와는 크게 다른 방식으로 운영되고 있다. 학생부를 정성적으로 평가하는 전형은 시기별로 특징이 있어, 3기로 나눌 수 있다.

1기는 입학사정관제가 도입되어 학생부종합전형으로 바뀌기 전까지의 시기이다. 정부는 2008학년도 대입부터 입학사정관제를 적용하겠다고 했으니 시작은 이때부터다. 이 시기에는 학생부보다 스펙 또는 비非교과 활동이 중요했는데, 이런 기조는 2013학년도 대입까지 이어졌다. 2014 학년도 대입도 이 시기에 포함되어야 하지만 일부 과도기적 모습을 보였다. 2011학년도부터 교외체험활동, 교외수상 등을 학교생활기록부에 기재하지 못하게 하면서 2013과 2014학년도 대입도 이전과는 달라지고 있었기 때문이다. 하여간에 이 시기의 학교 수업은 수능 문제풀이를 중심으로 이루어졌고, 학교 성적은 기출문제와 모의고사문제를 변형한 선택형 문항을 맞춘 결과로 나왔으므로 성적과 학생의 공부 역량이 거리가 있을 수도 있는 시기였다. 학교는 교과 수업은 수능 대비를 위주로 하고, 논문 쓰기, 진로 적합성을 높이기 위한 봉사활동 하기, 외국어 등 인증시험 성적 따기 등 학교 수업보다는 다양한 프로그램으로 입학사정관제에 대비했다. 이 시기의 학교 모습은 정부의 대입 제도 개선 의도와는 방향을 달리했다. 사실 이 시기의 학생부종합전형에 대한 인식이 아직도 남아 있어서 학종의 합격 여부는 비교과가 좌우한다, 등급 평균대로 붙는다, 상을 몰아주기가 성행한다는 등의 부정적 사례가 보도되기도 한다.

2기는 학생부종합전형으로 이름을 바꾼 2015학년도 대입부터 시작된다. 세간에서 학종은 금수저 전형이라고 평하면서 학종에 대한 거부감 확산도 이때부터 본격화되었다. 학종은 상위권 대학에서 가장 많은 학생을 선발하는 전형 요소로 등장하여, 학교는 이 전형에 대비하게 되었다. 입시를 준비한다는 학교 속성은 변하지 않았지만, 이전 시대에는 입시 대비 문제나 풀어주는 곳이 학교냐고 하는 자조가 있었는데 학종 대비를 하게 된 후 그런 자조는 없어졌다. 학종은 학생이 교육과정 목표(성취기준)에 따라 수업에 참여하면서 자기주도적으로 학습했는지를 중시하므로 학교 교육이 바뀌기 시작했다. 그러나 이 전형은 공정성 논란에서 자유롭지는 못했다.

3기는 대입 제도의 공정성 강화를 강력하게 적용하는 2021년부터 시작된다. 2024년부터 많은 부분이 달라지지만, 학교 정보를 평가에 반영할 수 없는 것은 2021학년도 대입부터이므로 이전 시기와 다른 방식으로 학종이 전개되기 시작할 것이다. 수능 전형인 정시는 40% 이상으로 늘어나며 학종의 공정성을 강화하기 위하여 학교 정보가 포함되지 않은 채 학생부를 평가해야 한다. 이에 따라 학교는 수능 준비를 위해 과거로 회귀하려고 할 수도 있고, 학교 정보 없이 평가될 때 유리한 고지를 점령하기 위한 색다른 모습으로 나타날 수 있다.

그러나 이러한 변화는 큰 흐름의 맥을 가지고 있다. 학종은 '학교가 학생들의 역량을 길러주면 그 결과를 바탕으로 학생을 선발하는 제도'다. 학종은 이를 유지·발전시켜서 학교가 제 모습을 갖추도록 도우려는 취지로 시작되었다. 학교가 제 역할을 하게 되면 더 많은 학생이 좋은 역량을 갖출 것이므로 대학에서 고등 교육을 받을 학생들의 수준도 높아질 것으로 기대하는 것이 이 제도가 가진 큰 흐름이다. 대학은 '꼼수'를 써서 좋아 보이게 화장을 한 학생보다는, 학교 교육을 충실히 받아 올곧게 성장한 학생을 선발하는 것을 원칙으로 삼아야 모든 교육적 상황이 바람직해진다는 인식을 바탕으로 대입 전형을 운영한다.

그럼에도 불구하고 학부모의 교육 고민에는 우리 아이가 더 좋은 대학에 입학하는 방법이 무엇인지 그 답을 알 수 없다는 것이 포함되어 있다. 수능이 유리한지, 학종이 유리한지, 수능은 어떻게 대비할 것이며, 학종은 정말 비교과가 중요한지, 동아리 활동은 어떻게 해야 할지, 독서기록이 대학에 전달되지 않는다면 이제는 책을 보지 않아도 되는 건지 등 도무지 판단되지 않는 정보가 머리를 어지럽히고 가슴을 답답하게 한다. 이런 판단의 어지러움을 조금이나마 해소할 수 있는 길은 학생을 평가하는 대학의 생각을 읽는 것이다. 대학은 고등학교 수업의 질이 높아져 좋은 인재가 입학하기를 바라고 있으며, 그 인재들이 모교를 빛내서 학교의 위상이 더 높아지기를 바란다. 그렇기 때문에 대학의 학종 전형 설계에는 원칙이 있다.

이 책은 이러한 원칙을 생각하자는 의도로 쓰게 되었다. 마침 드라마 〈SKY 캐슬〉은 전 서울대 입학사정관을 배경으로 가진 캐릭터를 표면에 내세웠고, 큰 인기를 끌었다. 또한 〈공부가 머니?〉라는 예능 프로그램이 MBC에서 방송되고, 이슈가 되다 보니 이 원칙을 전 서울대 입학사정관으로서의 경험과 2013년도 대입 제도 간소화를 위한 연구에 참여했던 경험으로 풀어낼 수 있는 마당이 생겼다. 드라마의 대사를 빌려오자면 "제 말을 전적으로 믿으셔야 합니다."라고 하겠지만, 과연 믿어주실까?

돌이켜보니 엉겁결에 교사가 되어 학력고사부터 입학사정관제로 인한 정성평가가 도입된 현재까지 다양한 대학 입시를 경험했다. 교사를 그만두고 서울대 입학사정관으로 지냈고, 지금도 입시에 대해 의견을 내고 있으니 나는 대한민국의 입시와 아주 질긴 인연을 가지고 있다. 사실 내가 서울대 입학사정관이 어떻게 되었는지 궁금해하는 분들이 많다. 대입 제도뿐 아니라 7차 교육과정 이후 다양한 학교의 교육과정을 검토해서 조언하는 활동을 비롯하여 교육과정에 관한 정책 연구 등으로 안목을 기른 것이 입학사정관이 된 배경에 있다. 입시와 학교 교육과정의 관계 속에 학종이 있으므로 두 분야를 아우르는 이야기를 들려드릴 수 있게 된 것에 감사한다.

더불어 책으로 이야기를 풀어낼 기회를 준 포르체 출판사에 감사의 인사를 드린다.

2020.03. 진동섭

고교학점제,
선택과 책임의 시대가 열립니다

고교학점제는 2025년 고등학교에 입학하는 학생부터 적용된다. 2023년 고등학교에 입학하는 학생에게도 우선 적용되지만, 배우는 과목, 성적 산출 방식, 대학입시가 바뀌는 시점은 2025학년도부터이다. 2021년에는 그동안 정책연구를 해 오면서 나온 쟁점들을 정리해서 최종 결정을 내리는 수순을 밟았다. 2021년 2월 17일에는 고교학점제 종합추진계획을 발표했다. 4월 20일에는 2022 개정 교육과정 추진 계획을 발표하면서 '국민과 함께하는 미래 교육과정 논의 본격 착수'라는 보도 자료를 내고 '학생·학부모·교원들과 함께 소통·공감하는 정책 대화의 시간'을 가졌으며 온라인으로 중계도 했다. 11월 24일에는 2022 개정 교육과정 총론 시안을 발표했다.

 고교학점제는 공급자에게는 어려운 일이지만 수요자인 학생에게는 배울 과목을 잘 선택만 하고 선택한 걸 잘 학습하면 되니 어려울 것이 없다. 학생이 싫다면 선택한 과목을 들으러 이 교실 저 교실을 왔다 갔다 해야 한다는 것인데, '가만 앉아서 듣고 싶지 않은 것을 참고 들을래 아니면 왔다 갔다 하더라도 하고 싶은 걸 할래?' 중 선택해야 한다면 그래도 하고 싶은 걸 선택해야 맞다. 이게 적극적인 자유다. 실제로 10년 전 교과교실제를 적용하던 초기의 설문조사 결과를 보면 교실 이동이 싫어 교과교실제를 부정적으로 보는 의견이 많았다. 그런데 이동이 싫어서, 쉬는 시간에 자고 싶고 놀고 싶어서 원하지 않는 과목도 참고 듣는다면 자유를 누릴 자격이 없다. 한편, 교과교실제를 부정적으로 보던 때는 수능이 위력적인 시대였기에 선택이 중시되던 때가 아니었으므로 교실 이동의 의미가 적었다.

고교학점제에서 공급자는 어렵다. 학생이 원하는 것은 다양하지, 이동 중 안전을 책임져야지. 공강 시간 지도도 해야지, 이동 전에 점심 식사도 먹여 보내야지(우리나라 식사는 당연히 국이 있어서 도시락도 어렵다.) 여러 과목 수업 준비도 해야 하고, 온라인 수업이라도 있으면 학생 관리도 해야 하는 등 일이 한두 가지가 아니다. 고교학점제는 여기가 어려운 지점이지 수요자는 더 좋은 선택이 없는지 살펴보고 잘 선택만 하면 된다. 상품은 마음에 안 들면 환불하면 되지만 과목을 선택한 것은 취소하기가 쉽지 않다. 시간은 흐르고 다시 시작하지 않기 때문이다. 수강 신청 변경 기간을 두면 이 문제도 해소될 수는 있겠다.

고교학점제는 이렇게 어려워하는 공급자를 움직여 수요자에게 적합한 교육을 하려고 하는 시도다. 소품종 대량생산 시대에서 다품종 소량생산 시대, 개인 맞춤형 시대, 소비자가 왕인 시대가 되었으니 당장은 공급자인 학교가 어려워하겠지만 결국은 따르게 될 것이다. 여기에다 온라인 수업이 일반화되고 쌍방향 수업도 어렵지 않게 되었다. 이에 '내게 필요한 것을 제공해 주지 않으면 다른 데 가서 알아볼게요.'라고 하는 소비자를 잡을 방법이 없다는 코로나19 이후 상황도 고교학점제 실행을 거들고 있다.

문제는 선택에 있다. 선택할 수 있는 과목으로 보컬 트레이닝, 네일 아트, 반려견 미용 등 당장 해보고 싶은 과목도 있고, 머리를 덜 써도 되는 과목도 있다. 사실 인간은 머리를 많이 써야 하는 어려운 과목들은 원래 기피하도록 진화되어 왔다고 한다. 생각을 많이 하면 에너지가 많이 들고 생존에 유리할 것이 없기 때문이다. 이럴 때 나는 무엇을 선택해야 할까?

모든 사람들이 일반고에서 배우는 수준이지만 어려운 과목, 예컨대 미적분, 세계사, 윤리와 사상, 물리Ⅱ, 화학Ⅱ, 논술(이 과목은 원래 어렵게 여기는 과목이지만 교양 과목이니 쉽다고 하려나?)을 회피한다면 고등학교 교육의 질이 떨어지고 대학 교육도 한발 늦어진다. 누구는 이런 과목에 도전해야 한다. 이런 과목이 적성에 맞지 않는 학생은 다른 과목을 선택하면 된다. 물리 대신 보컬 트레이닝 과목을 선택한다면 공대는 가지 못하게 될 뿐이다. 그렇다고 보컬 트레이닝을 배운 학생이 경영학과에 못 가느냐 하면 그것도 아니다. 경영학과 공부에 필요한 과목을 배우면서 보컬 트레이닝도 배웠다면 다양성을 높이 평가받을 수 있다.

만약 고교학점제가 적용된 이후에도 현재와 같은 수능이 있고 수능 과목만 공부해서 원하는 대학에 가는 제도가 있다면 수능 과목만 선택하고 나머지 과목은 교양과 취미로 채우려고 할 수도 있다. 그런데 이렇게 수능 과목만 선택하는 것은 현명한 것일까? 동해에서 잡던 명태가 사라진 이유는 노가리까지 싹쓸이 남획을 한 결과라고 한다. 당장 오늘 눈앞의 이익을 위해 먼 미래를 버린 결과이다. 노르웨이는 고등어잡이를 할 때 연간 어획량을 정해두고 그 안에서 고등어를 잡는다. 먼 미래를 바라보는 선택이다. 동네 금은방을 하던 친구도 비슷한 이야기를 했다. 눈앞의 이익만 생각해서 고객을 속이면 당장은 이익이 남지만 그 사람은 사간 물건을 다시 자기에게 팔러 오게 되므로 장기적으로는 망할 수밖에 없는 선택이라고 한다.

결국 고교학점제는 학생들이 자율적으로 선택을 하도록 열어두는 제도인데, 학생에게는 도전하라고 말하면서 진학 여건은 도전하면 불리하도록 한다면 실패한 정책이 되고 말 것이다.

이번 개정은 고교학점제와 대입 개선을 중점적으로 반영하여 초등학생 학부모에게 바른 정보를 드리는 방향에서 이루어졌다. 부디 개정판이 고교학점제에 적용받을 자녀 교육에 도움이 되기를 바란다. 개정판을 내기로 결정한 포르체 박영미 대표께 감사드린다.

2021.12. 진동섭

제1장

입시 첫걸음, 공부 역량을 키우셔야 합니다

1

책, 책, 책! 공부의 기본, 독서

모든 부모들은 아이가 걷고 말하기 시작할 무렵부터 교육 문제를 고민한다. 그러나 한글을 배우고 숫자를 아는 것보다 더 중요한, 아이가 어렸을 때부터 부모가 꼭 해주어야 하는 일이 있다. 이것은 그 어떤 활동보다 아이의 뇌를 발달시키고, 어휘력을 늘려주며 상상력의 세계를 넓혀준다. 이 활동은 바로 '책 읽어주기'다. MBC 예능프로그램 〈공부가 머니?〉에 나온 부모님들에게 내가 빼놓지 않고 하는 질문은 "아이에게 책을 읽어주시나요?"였다. 만약 아이가 어떤 이유로 학교 진도를 놓치게 되면, 그 부분을 모른 채 넘어갈 수 있다. 그렇지만 부족한 부분은 시간적 여유가 있는 주말이나 방학에 확인하고 점검하면 보충이 가능하다. 그러나 아이의 사고 수준이 낮아 수업 내용을 이해하지 못하는 것은 지속적으로 문제가 된다. 이런 상황을 예방하는 가장 좋은 방법이 어렸을 때부터 아이에게 책을 읽어주는 것이다. 하루에 단 15분이라도 책을 읽어주면, 아이의 어휘력이 늘어나고 사고력이 깊어진다. 책은 모든 것이 알아서 움직이는 영상과 달라, 아이가 책 속 이야기의 빈 공간을 상상하는 사이에 스스로 세계를 창조하는 상상력도 커진다. 무엇보다 책을 함께 읽는 것의 가장 큰 장점은 아이와 부모의 유대감이 깊어진다는 것이다.

〈공부가 머니?〉에 출연한 배우 김정화 씨와 CCM 가수 유은성 씨 부부는 첫째 아들 유화 어린이의 한글 교육에 대해 고민하고 있었다. 김정화 씨는 초등학교에 입학하기 전에 어디까지 가르쳐야 하는지, 다른 아이들보다 뒤처지는 건 아닌지 조바심이 든다고 솔직하게 표현했다. 아마 대부분의 학부모가 한 번쯤 해보았을 고민이다.

큰아들 유화 어린이는 자연친화적인 교육을 하는 '숲유치원'에서 자연을 느끼며 다양한 체험학습을 하고 있었다. 엄마는 아이에게 놀이터에서 놀이기구 숫자를 세게 하고, 간식을 먹을 때는 포도알 두 개를 먹으면 몇 개가 남는지 퀴즈를 내는 생활 밀착형 공부를 시키고 있었다. 그러나 아이는 이런 상황을 즐기지 않는 편이었다. 놀이터에서 놀이기구 수를 세는 것은 재미로 받아들였는데, 먹을 때 수 놀이를 하는 것은 스트레스로 받아들였다. 나는 아이에게 간식을 먹는 중에 자꾸만 숫자 공부를 시키면 아이가 간식도 먹지 않고 공부 스트레스 때문에 엄마와 멀어질 수도 있다고 했는데, 패널이었던 아동심리전문가 조정윤 원장 역시 먹을 때는 일단 즐겁게 먹는 것에 집중하고, 따로 시간을 정해두고 공부를 하는 것이 좋다고 조언했다.

정부가 정한 3~5세 아이들의 표준 교육과정을 '누리과정'이라고 한다.

이 과정을 따라가다 보면 그 나이에 맞는 학습을 하게 된다. 누리과정은 아이들이 놀이를 통해서 사회를 배울 수 있도록 설계되어 있어, 유치원에서 한글과 숫자, 영어단어를 배우기를 바라는 부모에게는 고민이 될 수밖에 없다. 초등학교에 입학했을 때, 우리 아이만 아무것도 모르는 뒤처진 아이가 될까 두려운 것이다. 그러나 너무 걱정할 필요는 없다. 아이는 곧 저절로 한글을 읽게 될 것이다. 항상 글자에 노출될 수 있을 만큼 거리에 간판도 많고, 텔레비전이나 유튜브에서도 자막으로 글자가 계속 나오기 때문이다. 영어단어 또한 때가 되면 알게 된다. 초등학교에 들어가면 1, 2학년을 대상으로 영어 방과 후 학교를 열어 공부할 수 있도록 되어 있으며, 3학년부터는 정규 수업이 편성된다. 초등학교 영어 수업은 말하기와 듣기 중심으로 아이가 영어에 흥미를 잃지 않도록 학교에서 가르칠 계획이다.

배우 임호 씨의 둘째인 지범 어린이는 유치원 마지막 학년인데, 글 읽기보다는 수학에 관심이 많았다. 스스로 곱하기를 배우고 싶어 할 정도다. 반면에 책은 수학 동화가 아니면 관심이 별로 없었다. 이 문제에 해결책을 주어야 한다고 하기에, 지범이가 아직은 그림책을 볼 나이이므로 책을 좋아하지 않는다고 속단하기에는 이르다고 말했다. 누나가 읽는 책을 같이 보려고 하는 장면을 보면 책을 싫어한다기보다 글자 중심의 책을 스스로 읽을 나이가 되지 않았다고 하는 것이 맞다. 누나 선함 학생도 거실 서가에서 책을 골라 읽는데, 역시 그림책이었다. 초등학교 3학년이면 이 정도가 알맞다. 그러나 선함 학생은 이제 천천히 문자 중심의 책으로 이

동해야 할 시기다. 책을 읽기 시작할 무렵에는 그림책이나 만화로 된 학습서에서 학년이 올라가며 점차 문자가 많은 책으로 이동하는 것이 자연스럽다.

왜 독서가 중요할까?

박종진 앵커의 딸 박민 학생은 뮤지컬 배우의 꿈을 가지고 연극영화과에 진학하려고 한다. 학교에서도 일반 과목에는 흥미가 없고 오로지 음악 시간에만 흥미를 보였다. 이 부녀에게 내가 하고 싶었던 조언은 유명한 대학을 나온다고 연기를 잘하는 게 아니니 어디에서 공부하더라도 잘 배우고 성장하면 된다는 것과 나중에 대본을 읽고 맡은 역할을 분석해서 개성 있게 표현하기 위해서는 배경지식과 독해력이 필요하다는 것이었다. 예체능으로 진로를 정한다고 해서 학업 전반에 소홀해서는 안 되는 이유다. 독해력을 기르기 위해서는 평소 학교 공부에도 관심을 가져야 하며 무엇보다 독서를 꾸준히 해야 한다. 청각장애가 있어 서울농학교에 다니는 윤지수 학생도 어휘력이 부족해서 중학교 3학년이지만 학습은 초등학교 수준에 머물러 있었다. 듣기 영역에서 어휘 습득이 늦어져 자신의 연령대에 맞는 어휘 능력을 갖추지 못했기 때문에 학업 역량이 떨어진 것이다. 이러한 문제점을 극복하기 위해서는 독서를 통해 더 많은 어휘와 기초 개념을 만나는 것이 최선의 방법이다. 이처럼 책 읽기는 많은 학업적인 문제를 해결할 단서가 된다.

학교생활을 비롯해 사회생활에서도 필수적인 역량인 의사소통 능력에는 듣기와 말하기뿐만 아니라 읽기와 쓰기도 필요하다는 것을 유념해야 한다. 국가직무능력표준NCS에서도 의사소통 능력에 읽기와 쓰기를 포함하고 있다. 보통 회사 업무는 말로만 하는 것이 아니라 보고서도 쓰고 문서도 읽는 일들이 함께 주어지기 때문이다. 듣기와 말하기뿐 아니라 읽기와 쓰기에서도 고르게 역량을 발달시키기 위해서는 독서가 필수적이다.

농어촌 지역의 고등학교 2학년 이선우 학생도 공부는 과하다 싶을 정도로 열심히 하는데, 성적은 노력만큼 오르지 않는다고 고민하고 있었다. 선우 학생은 문화콘텐츠학과로 진학할 생각을 가지고 있는데, 목표를 이루기 위해 해야 할 일은 무엇일까? 역시 독서다. 관찰 결과 어휘력이 부족해서 다른 사람의 말을 정확하게 이해하지 못할 가능성이 보였기 때문이다. 이는 학교 수업 이해와 직결된다. 선우 학생은 "고지식한 사람은 지식이 많은 사람"이라고 말하는 등 어휘력이 부족한 모습을 보였다. 이 문제를 해결해야 성적도 오르고 공부가 재미있어진다. 독서만큼 어휘력 부족을 해결하기에 효과적인 수단은 없다. 또한 문화콘텐츠학과는 인문학과 관련이 있는 전공이다. 인문학적 사고를 기르기 위해서도 폭넓은 독서가 필요하다. 결국 선우 학생에게 권할 단 하나의 해결책 역시 "책을 많이 읽으세요."였다. 이날 방송에서 금오도에 있는 여남고등학교 졸업생 진성일 씨를 예로 들었다. 진 씨는 고등학교 시절, 학교 도서관에 있는 책뿐만 아니라 금오도에 있는 책을 모두 읽었다고 한다. 이 대단한 독서력을 높이 사서 서울대가 수시 전형에서 진 씨를 선발했고, 이후 섬마을 학교인 여남고로 육지 학생들이 전학을 갔다는 전설 같은 이야기로 남았다. 이렇듯 독서는 입시와도 그 연결고리가 분명하다.

대학 입학 이후에도 독서 능력은 빛을 발한다. 서울대 입시설명회에서 합격생들의 공부 이야기를 들려주는 자리에 한 경제학과 재학생이 나와 이런 말을 했다.

"교수님이 책 한 권을 들고 오셔서 보여주시기에 그 책이 이번 학기에 쓸 교재라고 생각했는데, 교수님께서 그 책을 다음 주까지 A4 용지 20매로 요약하고 핵심 질문 두 개를 만들어 프레젠테이션을 할 수 있게 준비하라고 하셨습니다. 다음 주까지 이미 고향 친구들과 만날 약속도 있었고, 활동 중인 동아리 모임들도 있어서 정말 시간이 부족했습니다. 밤을 새워 겨우 끝냈는데, 함께 수업을 듣는 다른 친구들도 모두 기한 내에 완성해왔습니다. 이런 정도의 독서 역량이 있어야 대학 공부를 성공적으로 할 수 있습니다."

단순히 대학에 들어가는 것이 목표라면 책을 많이 읽지 않아도 합격할 수 있다고 했지만 대학수학능력시험에서 수험생의 발목을 잡는다는 국어 영역의 문제를 보면 평소 독서를 해 두어야 할 이유가 충분히 해명된다.

이종 이식의 다른 문제는 내인성 레트로바이러스이다. 내인성 레트로바이러스는 생명체의 DNA의 일부분으로, 레트로바이러스로부터 유래된 것으로 여겨지는 부위들이다. 이는 바이러스의 활성을 가지지 않으며 사람을 포함한 모든 포유류에 존재 한다. 레트로바이러스는 자신의 유전 정보를 RNA에 담고 있고 역전사 효소를 갖고 있는 바이러스로서, 특정한 종류의 세포를 감염시킨다. 유전 정보가 담긴 DNA로부터 RNA가 생성되는 전사 과정만 일어날 수 있는 다른 생명체와는 달리, 레트로바이러스는 다른 생명체의 세포에 들어간 후 역전사 과정을 통해 자신의 RNA를 DNA로 바꾸고 그 세포의 DNA에 끼어들어 감염시킨다. 이후에는 다른 바이러스와 마찬가지로 자신이 속해 있는 생명체를 숙주로 삼아 숙주 세포의 시스템을 이용하여 복제, 증식하고 일정한 조건이 되면 숙주 세포를 파괴한다. 그런데 정자, 난자와 같은 생식 세포가 레트로바이러스에 감염되고도 살아남는 경우가 있었다. 이런 세포로부터 유래된 자손의 모든 세포가 갖게 된 것이 내인성 레트로바이러스이다. 내인성 레트로바이러스는 세대가 지나면서 돌연변이로 인해 염기 서열의 변화가 일어나며 해당 세포 안에서는 바이러스로 활동하지 않는다.

2019년 11월 14일 치러진 '2020학년도 대학수학능력시험' 국어영역 26-29번 문제 [출처=한국교육과정평가원]

과학 제시문만 수험생을 괴롭히는 것이 아니다. 이어지는 경제 관련 제시문도 쉽지 않다.

BIS 비율은 은행의 재무 건전성을 유지하는 데 필요한 최소한의 자기자본 비율을 설정하여 궁극적으로 예금자와 금융 시스템을 보호하기 위해 바젤위원회에서 도입한 것이다. 바젤위원회에서는 BIS 비율이 적어도 규제 비율인 8%는 되어야 한다는 기준을 제시하였다. 이에 대한 식은 다음과 같다.

BIS 비율(%)= 자기자본/위험가중자산×100≥8(%)

여기서 자기자본은 은행의 기본자본, 보완자본 및 단기후순위 채무의 합으로, 위험가중자산은 보유 자산에 각 자산의 신용 위험에 대한 위험 가중치를 곱한 값들의 합으로 구하였다. 위험 가중치는 자산 유형별 신용 위험을 반영하는 것인데, OECD 국가의 국채는 0%, 회사채는 100%가 획일적으로 부여되었다. 이후 금융 자산의 가격 변동에 따른 시장 위험도 반영해야 한다는 요구가 커지자, 바젤위원회는 위험가중자산을 신용 위험에 따른 부분과 시장 위험에 따른 부분의 합으로 새로 정의하여 BIS 비율을 산출하도록 하였다. 신용 위험의 경우와 달리 시장 위험의 측정 방식은 감독 기관의 승인하에 은행의 선택에 따라 사용할 수 있게 하여 '바젤 I' 협약이 1996년에 완성되었다.

금융 혁신의 진전으로 '바젤 I' 협약의 한계가 드러나자 2004년에 '바젤 II' 협약이 도입되었다. 여기에서 BIS 비율의 위험가중자산은 신용 위험에 대한 위험 가중치에 자산의 유형과 신용도를 모두 고려하도록 수정되었다. 신용 위험의 측정 방식은 표준 모형이나 내부 모형 가운데 하나를 은행이 이용할 수 있게 되었다. 표준 모형에서는 OECD 국가의 국채는 0%에서 150%까지, 회사채는 20%에서 150%까지 위험 가중치를 구분하여 신용도가 높을수록 낮게 부과한다. 예를 들어 실제 보유한 회사채가 100억 원인데 신용 위험 가중치가 20%라면 위험가중자산에서 그 회사채는 20억 원으로 계산된다. 내부 모형은 은행이 선택한 위험 측정 방식을 감독 기관의 승인하에 그 은행이 사용할 수 있도록 하는 것이다. 또한 감독 기관은 필요시 위험가중자산에 대한 자기자본의 최저 비율이 규제 비율을 초과하도록 자국 은행에 요구할 수 있게 함으로써 자기자본의 경직된 기준을 보완하고자 했다.

2019년 11월 14일 치러진 '2020학년도 대학수학능력시험' 국어영역 37-42번 문제 [출처=한국교육과정평가원]

학생부종합전형과 독서의 상관관계

"학생부종합전형에서 독서는 중요한가요? 학생부에 기록된 독서 활동은 얼마나 비중 있게 평가되나요?"라고 많은 사람들이 묻는다. 이에 대한 답은 "참 중요합니다."이다. 학생부종합전형의 전형 요소에서 당연히 학생부가 가장 큰 비중을 차지하고 있고, 그중에서도 학업 능력이 차지하는 몫이 크다고 대학은 말한다. 여기서 주목해야 하는 것은 학업 '성적'이 아니고 학업 '능력'에 집중한다는 것이다. 학업 능력과 학업 성적이 일치한다면 이 둘을 구분해야 할 이유가 없겠지만, 현실은 그렇지 않다. 학교가 학생에게 '수능 잘 보는 공부'를 목표로 학습 기회를 제공했다면 학생은 그 수준의 지적 역량을 가지게 될 것이고, 선택형 문제를 푸는 뛰어난 능력도 갖추게 될 것이다. 그러나 국가교육과정에서 제시한 교육목표가 '수능 공부를 열심히 한 인재 양성'은 아니지 않은가? 따라서 학업 능력이 무엇인지 정확한 정의를 내려야 학생부종합전형에 한 걸음 더 다가갈 수 있다.

고등학교 3학년인 기환 학생은 경제학을 전공하고 싶다고 했다. 그런데 전교 1등도 경제학과에 가기를 원하고 있었다. 이럴 때 같은 대학의 경제학과에 지원하면 자신이 합격할 수 있냐고 기환 학생이 나에게 질문했다. 그래서 이렇게 되물었다.

"1등인 친구가 학생보다 성적은 좋은가요?"

"네."

"1등인 친구가 학생보다 실력도 더 있나요?"

"음, 아닌 거 같아요."

"그럼, 실력은 학생이 더 좋은 거네요. 그렇다면 겨뤄볼 만하겠죠. 그런데 실력이 더 낮다는 판단의 기준이 뭔가요?"

"물론 그 친구의 시험 성적은 저보다 좋아요. 그런데 저는 시험을 망치는 한이 있어도 책을 많이 읽거든요. 또 교내 논술대회와 토론대회에서 좋은 결과도 거두었고요."

"그렇다면 학생이 원하는 길로 갈 것이냐 말 것이냐 정하는 것은 학생 자신의 의지겠네요."

이런 대화를 하다 보면 분명 성적과 실력이 반드시 일치하는 게 아니라는 것을 학생들도 이해하고 있는 듯하다. 시대가 바뀌어 대한민국의 교육이 단순한 지식 이해의 수준에 머무른 채로는 우리의 미래가 어둡다는 인식이 생겼다. 2015 개정 교육과정에서는 교육이 추구하는 인간상으로 '자주적인 사람, 창의적인 사람, 더불어 사는 사람, 교양 있는 사람'을 내세웠다. 학생들을 추구하는 인간상에 도달시키기 위해서는 스스로 진로를 탐색하고, 스스로 공부하고, 문화에 대한 안목을 가지고 다양한 문화를 이해하는 사람으로 교육해야 한다. 또한 지식을 바탕으로 창의적으로 문제를 파악하고 해결하는 사람으로 길러야 하며, 세계를 바르게 이끌어가는 사람으로 길러야 한다. 그렇다면 당연히 정답을 잘 맞혀 골든벨을 울리는 사람이 좋은 성적을 내는 지금의 시스템을 개선해야 한다. 새로운 문제 상황을 접했을 때 깊이 생각할 줄 알고, 창의적으로 문제 해결의 방향을 찾아가는 사람이 좋은 성적을 거두는 시스템으로 바뀌어야 하는 것이다. 이에 따라 교육부와 학교들이 수업 개선에 열을 올리고 있는 것이 현실이다. 물론 아직 만족스러운 변화를 이끌어내지는 못했다. 기환 학생의 말대로 책 읽는 능력이 뛰어나고 토론도 잘하고 논술대회에서 수상도 한 것이 실력이라고 생각했다면, 학교 성적도 당연히 이런 능력을 측정하고 반영해서 점수를 주었어야 한다. 아직 그 정도 수준에는 못 미치고 있는 것이 현실이다.

이렇듯 성적과 실력이 일치하지 않는 경우가 있다 보니, 대학은 성적 좋은 학생보다 실력 있는 학생을 선발하려고 한다. 대학교 1학년을 마친 재학생의 말은 이 점을 분명하게 해 준다.

"고등학교나 대학이나 선생님들은 공부 잘하는 학생을 좋아하시는 것 같아요. 그런데 대학에서 하는 공부는 고등학교 공부와는 좀 달라요. 고등학교 때는 주어진 것만 열심히 하면 됐는데, 대학에서는 스스로 찾아서 공부할 수밖에 없죠. 대학에 와서 첫 중간고사를 봤는데, 시험 범위가 없더라고요. 그냥 배운 게 다 시험 범위였어요. 더 기가 막힌 건 배운 게 뭔지를 확정하는 것도 어려운 거예요. '동양에서의 한류 문화의 역할과 확산 가능성'에 대해 공부했는데 그러면 동양 문화와 한류 문화 전반에 대해 알아야 하잖아요. 그러니 범위가 뭔지 알 수가 없는 거예요. 게다가 간단한 주제에 대한 리포트도 15매 정도는 써야 하고, 다음 시간까지 읽고 요약해 오라는 책은 150쪽이나 되고요. 그래서 고등학교 때 얕게 공부해 온 친구들은 엄청 고생해요. 게다가 동아리도 세 개 들었는데 수시로 동아리 모임에 참석하면 언제 이걸 다 하겠어요? 그래도 해 내는 게 능력이죠."

이렇듯 대학이 원하는 학업 능력을 갖추기 위해서 독서는 필수불가결이다. 서울대학교에서 발행한 '학생부종합전형 안내' 책자에서도 독서를 하라고 주문하고 있다. 다음은 책자 내용 일부를 가져온 것이다.

예비 서울대학교 학생이라면 독서는 기본입니다

독서는 모든 공부의 기초가 되며, 대학생활의 기본 소양입니다. 어디서 책을 찾을까요? 수업 안에서도 답을 얻을 수 있습니다. 교과와 관련된 인문학, 사회과학, 자연과학, 철학, 공학 분야 도서를 수업 활동 중 선생님이 추천해 주실 수도 있고 토론활동, 주제탐구 활동에서도 관련 도서를 만날 수 있습니다.

어떤 책을 읽어야 할까요? 그것은 여러분의 선택입니다.

이미 학교생활에서 도서를 선정하는 계기를 많이 접할 수 있을 것입니다. 더 알고 싶은 분야의 전문서적을 찾아 읽을 수도 있고, 호기심으로 책을 선택할 수도 있을 것입니다. 책을 읽다가 생긴 궁금증으로 또 다른 책을 선택하기도 합니다.

어떤 분야의 책이든지 읽고 또 읽어가는 사이에 생각하는 힘, 글쓰기 능력, 전문지식, 의사소통 능력, 교양이 쌓여갈 것입니다. 타의에 의한 수박 겉핥기식 독서는 도움이 되지 않습니다. 수많은 책들 가운데 그 책이 나에게 왜 의미가 있었는지, 읽고 나서 나에게 어떤 변화를 주었는지 깊이 생각하기 바랍니다.

서울대학교는 독서를 통해 생각을 키워온 큰 사람을 기다립니다.

이에 더하여 '서울대학교 학생부종합전형에 대해 묻습니다' 코너에서 독서를 한 번 더 언급한다.

Q: 자연계열 학생에게도 독서가 중요한가요?

A: 독서는 성공적인 대학생활을 위해 갖추어야 할 가장 기본적인 역량입니다. 따라서 독서 능력이 부족하면 대학교에 입학하여 학업을 이어가는 데 어려움이 있습니다. 서울대학교는 어느 분야든 폭넓은 독서 경험을 바탕으로 사고력을 기르기 위해 노력한 학생을 우수하게 평가합니다.

학부모들이 전 서울대학교 입학사정관에게 궁금해하는 사실, 전형 안내 책자에는 나와 있지 않은 다른 질문과 그에 대한 나의 답은 다음과 같다.

Q: 전공 관련 서적을 읽어야 하나요?

A: 자신의 진로에 대해 공부하다 보면 전공 관련 서적을 찾아 읽게 되는 것이 당연하겠지만, 전공 관련 도서가 꼭 포함되어야 학업 능력이 있다고 대학에서 판단할지는 다시 생각해볼 일이다. 오히려 전공은 학업을 통해서 배우게 되므로 보다 다양한 분야의 책을 읽어 배경지식을 쌓는 것이 도움이 된다. 기초가 넓고 튼튼해야 탑을 높이 쌓을 수 있기 때문이다.

Q: 서울대 필독서 중 몇 권이나 읽어야 하나요?

A: 서울대학교 입학본부는 대학 입시 차원의 추천도서를 제시한 적이 없다. 서울대 필독서 100권은 고등학생 용도 중학생 용도 아니다. 그 책은 서울대에 입학한 학생이 교양으로 읽었으면 좋겠다고 서울대 내부에서 권장한 목록이다. 서울대 입학본부에서는 그 책을 읽으라고 말한 적도 없고 평가할 때 그 목록의 책을 읽은 학생을 뛰어나다고 평가하지도 않는다. 오히려 서울대 입학본부는 권장 도서만 읽어 모든 학생이 획일화될 것을 우려한다.

참고로 예년 지원자들이 읽었다는 책 제목 통계가 서울대 입학 웹진 〈아로리〉에 실려 있다. 그러나 상위에 자리매김한 책을 읽은 학생이 합격하는 것은 아니다. 〈아로리〉에서는 학생들이 다양하게 읽은 책들을 칭찬하고 있으며, '추천'된 책을 많이 읽는 경향에 대하여 안타깝다고 표현하고 있다.

마지막으로 독서와 관련해 실천해야 할 사항을 몇 가지 조언하고자 한다.

첫째, 공부방이 있으면 책장을 놓고 책을 가까이 두자. 공부방이 따로 없다면 책상 위 책꽂이에 문제집, 자습서만 두지 말고 좋은 책을 꽂아 두자. 기숙사가 있는 학교를 방문하면 기숙사 방에 있는 학생들의 책상은 각기 다른 모습임을 확인할 수 있다. 어떤 학생의 책상에는 문제집과 EBS 교재, 자습서만 빼곡히 꽂혀 있었는데, 그 학생의 머리 위 천장에는 '죽어도 서울대 간다.'고 큼직하게 써 붙인 종이가 있었다. 그 옆 학생의 책상에는 단행본이 몇 권 꽂혀 있었는데, 《역사란 무엇인가》, 《대항해시대》 등이 눈에 띄었다. 그런데 그 옆에 일반화학 책도 보였다. 문이과 통합형 공부를 하는 학생인 것 같았다. 서울대에 갈 수 있어 보이는 학생은 과연 누구일까? 후자가 더 어울리지 않을까? 남쪽 바닷가 고등학교에 방문했는데, 그곳 학생들 기숙사 책상에는 문제집보다 책이 더 많았다. 학생들은 공부하는 데 참고가 되는 책을 도서실에서 빌려와 읽기 때문에 책꽂이에 책이 많다고 답했다. 이 학생들처럼 책을 가까이 두고 습관처럼 책을 읽자.

둘째, 책꽂이에 둘 내 책은 딱 세 권으로 제한하자. 구매한 책을 다 읽고 난 뒤 다른 책으로 바꾸면 된다. 시간을 내어 서점에 가서 고르는 것도 좋다. 이것저것 둘러보는 사이 책에 대한 애정이 생기기 때문이다. 더 많이 사서 꽂아놓더라도 어차피 안 보게 된다. 세 권 외에 읽어야 할 책은 모두 도서실에서 빌려보는 것을 추천한다. 사서 보는 세 권의 책은 자신의 지적 성장에 도움이 되는 책이면 좋다. 그리고 학년이 올라가면 새 책을 마련해야 한다. 그러려면 학년이 올라가기 전에 사 둔 책은 모두 읽어야 한다. 학기 중간에 이미 다 읽었다면, 새 책으로 바꾸는 것도 좋다. 읽은 책은 큰 책장으로 옮겨 모아두자.

셋째, 책을 읽고 내용 파악이 되었는지, 나는 어떤 생각을 가지게 되었는지 정리해 두어야 한다. 즉, '독서록'을 쓰는 것이 도움이 된다. 구매한 책이라면 읽는 과정에서 든 생각을 책의 여백에 쓸 수도 있다. 빌린 책이라면 포스트잇에 생각을 적고 해당 쪽을 사진으로 찍어두면 된다. 더 중요한 일은 책을 다 읽은 뒤 저자가 중점적으로 개진한 의견에 대해 두 개의 질문을 만들어보는 것이다. 같이 책을 읽은 친구나 부모님이 있다면 서로의 질문에 답을 하는 과정에서 저절로 독서를 바탕으로 한 토론이 이루어진다.

수리력을 기르는 수학 공부법

현대사회는 수학이 만들어놓은 세계라서 수학을 공부하지 않고는 그 깊이를 알 수 없고, 시대를 이끄는 리더가 되기 어렵다. 유발 하라리는 그의 저서 《사피엔스》에서 "1687년 아이작 뉴턴은 《자연철학의 수학적 원리》를 출간했는데, 우주의 모든 물체의 운동을 단순한 수학 법칙으로 설명한 책이었다. 중세 유럽에서는 논리학, 문법, 수사학이 교육의 핵심을 이루고 수학 교습은 단순한 산술과 기하를 넘어서는 경우가 없었는데, 오늘날은 수사학을 공부하는 사람은 찾기 어렵고 모든 학문이 수학에 의존하고 있다."라고 주장했다. 사람들이 수학을 공부하기 시작하면서 금융업과 보험업이 생기고, 산업 혁명이 일어나고 그것이 대량생산으로 이어져 현대사회가 되었다는 것이다. 현대 사회에서 부의 축적은 수학 공부에서 비롯되었다는 주장이다.

직업과 연봉의 관계에서도 심화 수학을 필요로 하는 직업이 수학과 관계없는 분야의 직업보다 연봉이 높다는 주장도 있다. 경제·경영학과와 공학계열의 연봉이 높고 인문학이나 어학 전공자 쪽의 연봉이 낮은 것은 통계로 사실을 뒷받침할 필요도 없을 정도이다. 그러고 보면 대학의 외부 장학금도 수학이 많이 요구되는 전공에 쏠려 있다. 국어국문학과의 외부 장학금은 찾아보기 어렵지만 경영학과의 외부 장학금은 장학금 목록 리스트를 만들 정도다.

OECD는 'OECD 교육 2030'에서 미래 학습자가 가져야 할 4가지 역량을 제시했는데, 그 네 가지는 문해력Literacy, 수리력Numeracy, 데이터 이해력Data literacy, 디지털 이해력Digital literacy이다. 의사소통의 중요성으로 볼 때 문해력이 가장 앞서 제시된 것은 당연한데, 그 뒤를 이어서 바로 등장하는 역량이 '수리력'이라는 점에 주목할 필요가 있다. 그만큼 학생들에게 수학이 중요한 과목이라는 반증이다.

우리 교육과정도 이런 방향을 반영하고 있다. 이전 교육과정까지는 경제학과로 진학하려면 문과(인문·사회 과정)를 택해야 했고, 수능 또한 수학(나)형을 봤다. 이를 위해서는 미적분이나 기하를 배우지 않아도 되었고 수능의 출제범위도 아니었다. 그런데 2015 개정 교육과정은 문이과 통합형 교육과정이라고 설명하면서 이 수학의 경계를 무너뜨렸다. 전통적으로 이공계를 지망하는 학생들이 배워야 할 과목이라고 했던 미적분과 기하 과목을 이공계 학생들뿐 아니라 경영·경제 등 사회과학을 전공할 학생들에게도 유용한 과목이라고 수학과 교육과정 해설서에 명시했다. 즉, 과거의 수학 교육은 문과와 이과로 나눠 문과는 쉬운 수학으로 부담이 다소 적었고, 이과는 어려운 수학으로 부담이 컸다. 그러나 이제는 수학이 필요한 분야로 진출하려면 어려운 수학을 선택해서 배우고, 수학이 덜 필요한 분야로 진출하려면 쉬운 수학을 배우도록 교육과정이 바뀌었다. 따라서 경제학과에 진학하려는 학생은 수학 공부를 더 하게 되었고, 간호학과를 지망하는 학생은 굳이 어려운 수학을 선택하지 않아도 무방하게 되었다.

여기서 짚고 넘어가야 할 것은 고등학교 단계에서 대학이 요구하는 수학의 수준은 보통교과의 일반과목 수준이라는 것이다. 대학은 결코 대학 강의, 혹은 그 이상의 수준을 요구하지 않는다. 우리나라의 학생부종합전형은 대학에서 배울 분야를 고등학교 때 미리 배운다고 더 알아주거나 높은 점수를 주는 체제가 아니다. 그러므로 일단은 수능 시험 범위인 미적분, 기하, 확률과 통계를 학습의 결손 없이 잘 배우고 익히면 된다.

또한 수학 공부 방식도 이전과 달라지고 있다는 것을 기억하자. 수능 문제 같은 짧게 생각해서 답을 구하는 방식에 최적화된 공부에서, 개념을 적용하여 문제를 해결하는 과정을 서술하는 방식으로 변화를 꾀하고 있다. 답보다 중요한 것이 그 문제를 푸는 과정이다. 풀이의 기본은 정확한 '개념'이라는 것을 기억해야 한다.

수학 공부는 어떻게 해야 할까?

대부분 교과 공부가 학년이 오를수록 계단식으로 어려워지는데, 아이들이 특히 수학은 더 어려워진다고 느낀다. 그것은 수학 공부가 능력을 조금씩 길러 어려운 문제를 해결하는 것이 아니라, 새로운 개념이 등장할 때마다 갑자기 높은 벽을 마주한 듯 어려워지기 때문이다. 초등학교 1, 2학년에서는 두 자릿수 범위의 덧셈과 뺄셈을 배우는데, 3, 4학년에서는 세 자릿수의 덧셈과 뺄셈을 배운다. 이 경우는 같은 개념인데 조금 복잡해지는 것이라 서서히 오르막을 오르는 듯한 느낌으로 받아들이게 된다. 그러나 3, 4학년에서 분모가 같은 분수의 덧셈과 뺄셈을 배우고 5학년이 되면 분모가 다른 분수의 덧셈과 뺄셈을 배운다. 이어서 분수의 곱셈과 나눗셈까지 배우게 된다. 이때가 되면 지금까지와는 다른 새로운 개념과 마주하게 되는데, 다소 난이도가 높고 생경하다는 느낌을 받아서 아이가 수학을 어려워하거나 싫어하게 된다.

따라서 수학을 놓치지 않기 위해 중요한 것은, 앞서 나가는 것보다 지나온 단계에 대한 학습 '결손'이 없어야 한다는 것이다. 이전 학기에 배운 내용 중 학습 결손이 있으면 반드시 채우고 넘어와야 한다. 매 학년의 여름방학과 겨울방학이 학습 결손을 메우기에 적기이다. 예습보다 중요한 것이 복습으로 학습 결손을 점검하는 일이다. 중학교에 들어오는 과정에서도 초등학교 단계의 학습을 꼼꼼히 점검해야 한다. "중학교 수학은 왜 어렵나요?"라고 물으면 "방정식과 부등식이 등장하면서 어려워집니다."라는 대답이 돌아온다. 이때가 되면 수학으로 식을 세워 해(답)를 구하게 되는데, 본격적으로 '생각'이 필요하게 된다. 보통 이 단계에서 학생들은 주춤거린다. 그런데 수학에 흥미를 가지고 있으면 머리를 짜내 생각을 하는 것이 즐겁게 느껴진다. 문제를 해결했다는 쾌감과 함께 스스로 뿌듯함을 느낀다는 점에서 자기 보상이 된다.

중학교를 마치고 고등학교에 입학하기 전에도 시간 여유가 생긴다. 이 때도 해야 할 공부는 중학교 과정의 학습 결손을 찾아 보완하는 일이다. 중학교 단계의 학습 결손이 다 메워졌다면, 다음 학기 진도를 예습하는 것이 좋다. 그러나 예습을 이유로 진도를 너무 많이 나가기만 하는 것은 의미가 없다. 학교에서 해당 진도를 나갈 때 개념을 더 확실히 익히고 복습을 통해 문제를 풀어보는 과정을 거치는 것이 좋다. 이런 과정을 거치면 예습하는 과정, 학교 수업에서 진도를 나갈 때 생각하는 과정, 복습을 통해 문제를 풀어보고 내면화하는 과정, 시험 준비를 하면서 다시 복습하는 과정을 거쳐서 공부가 심화된다. 그 결과 성적이 잘 나온다면 내적 보상도 이루어진다.

한편 중학교 자유학년제나 2015 개정 교육과정에 따른 경험 중심의 공부에 대한 의문을 제기하는 학부모들이 있다. 부모가 수학 공부를 하던 시절에는 활동을 통해서 학생이 수학적 사고를 하고, 수학으로 실제 생활 속 문제를 해결하는 방식으로 공부하지 않았다. 그래서 경험을 중시하는 학교 수업 방식을 이해하지 못하는 일이 생긴다. 그런데 보통의 경우는 학생들이 수학적 체험을 하면서 수학에 흥미를 가지고 공부를 하게 되며 나아가 수학을 활용하는 방식을 배우게 된다. 그러므로 학교 공부를 무시해서는 안 된다.

어려운 수학적 개념을 스스로 깨우치고 적용하는 공부를 하는 것에는 한계가 있으며, 실력 있는 선생님이 문제를 어떻게 푸는지 그 방식을 배우는 것이 선행되어야 한다고 주장하는 학자도 있다. 이는 수능에서 가장 어려운 문제를 풀기 위해서는 체험하는 수학 공부에서 한 발자국 더 나가야 하는데, 이럴 때 모든 것을 스스로 하는 경험만으로 해결할 수는 없다는 말로 받아들이면 된다. 개념학습이 충분히 이루어진 다음에 문제풀이로 넘어가는 것이 현명하다.

자유학년제에서 공부 도전을 배우는 법

〈공부가 머니?〉에서는 중학교 1학년 임휘 학생이 출연한 회차에 자유학기제가 언급되었다. 자유학기제를 설명하며 임휘 학생의 성적표에서 보이는 특징을 이야기했는데, 학생이 수학 관련 활동을 두 가지나 선택한 깃을 보면 수학을 좋아하는 것으로 보인다고 진단했다. 이처럼 자유학기제 활동은 자신이 좋아하는 분야를 선택해서 진행한다. 따라서 성적표에서 학생의 흥미 분야를 알 수 있다. 제도에 대한 설명 외에도 자유학기제는 왜 생겼는지, 자유학년제로 확대된다는데 교육과정이 개정되면 없어질 수도 있는지, 기초학력이 떨어진다는데 자유학기제가 원인인지가 질문으로 나와 이야기를 나눴다.

2020학년도부터 중학교 자유학년제가 전면 실시되었다. 자유학기제로 시작한 중학교 교육의 변화는 바야흐로 자유학년제로 더 크게 변하고 있다. 자유학기제는 2013년부터 자유학기제 연구학교 42개를 선정하여 운영하기 시작했다. 모든 중학교에서 자유학기제를 적용한 교육과정을 운영한 것은 2016학년도부터다. 2019학년도에 고등학교에 입학한 학생은 자유학기제를 거쳐 온 학생이다. 이 학생들은 이전 학생들에 비해 참여형 수업에 익숙하다. 스스로 자료를 찾아 발표하는 습관이 있는 학생들이라는 평을 받는다. 그래서 수능 공부처럼 혼자서 책상에 오래 앉아, 외울 것은 외우고 문제를 풀면서 틀리지 않는 연습을 하는 방식의 공부와는 거리가 멀다는 말도 한다.

자유학기제는 진로를 탐색하는 학기라고 말하지만, 원래는 그보다 더 큰 의미를 가진 개념에서 출발한 제도다. '자유학기제'라는 이름에 그 의도가 담겨 있다. 진로를 중시했다면 진로학기제라고 이름을 붙였을 것이다. 자유학기제는 자유를 가르치고 배우는 학기라는 의미가 포함되어 있다. 자유는 곧 선택을 허용한다는 것과 같은 뜻이다. 학생은 경직된 중학교 교육과정에서 벗어나 자신이 원하는 분야를 선택하는 자유를 누릴 수 있게 되면서 자유의 소중함을 깨달을 수 있다. 한편 자유롭게 선택한 분야는 자신이 좋아하는 분야일 것이므로 진로와도 관련 있다. 그러니 자유학기제가 진로탐색과 관련을 맺는 지점이 생긴다. 이렇게 자유롭게 활동을 하는데 기존과 동일하게 시험을 본다면 이 활동은 위축될 것이다. 그래서 자유학기제 동안 이수한 과목의 이수 상황은 서술형으로 기재되어 학부모에게 전달된다.

자유학기제에 해당하는 중학교 1학년 때에는 서술형으로 이수 상황이 기록되다 보니, 2학년이 되었을 때 점수가 나오는 성적표를 보면 충격을 받는다고 말한다. 그러나 상대평가로 성적이 기재되면 100점이 아닌 이상 충격을 받기 마련이다. 어떤 사람들은 성적이 서술형으로 기재되고 교과 수업을 줄여 활동 중심으로 배우는 시간이 늘어나다 보니 기초학력 부진 학생이 증가했다고도 말한다. 그러나 또 다른 사람들은 기초학력이 떨어지는 학생이 늘어난 것은 자유학기제 탓을 할 일이 아니라고도 주장한다. 초등학교 단계에서 학생들이 마땅히 배워야 할 학업 수준을 잘 성취했어야 하는데, 그 단계에서 문제가 있었던 것이 중학교에서 나타난 것이라는 점, 기초학력 부진을 측정하는 도구는 타당했는가에 대한 의문 등도 가세하여 이 문제를 다룬다.

교육 선진국으로 알려진 북유럽 각국에서는 학업 성취 수준이 떨어지는 학생을 대상으로 특수교사가 별도의 수업을 한다. 진도 자체가 워낙 천천히 나가서 학생이 따라가지 못하는 경우가 드물지만, 그럼에도 불구하고 수업을 못 따라가는 학생은 특수교사가 별도로 가르쳐 수준을 맞춰준다. 우리나라에서 수업을 못 따라가는 학생을 대상으로 별도의 수업을 진행하면 지진아라고 낙인 찍힌다고 말하겠지만, 실시하고 있는 나라들에서는 그런 일은 생기지 않는다. 개인이 잘 배워서 사회생활에 적응하도록 돕는 것이 교육이며, 못하는 학생도 그 과목을 못하는 것이지 낙오자가 아니라는 점을 모두가 인정하므로 따돌림이나 낙인 현상이 나타나지 않는다고 한다.

그렇다면 자유학년제 학기에는 교과 공부를 얼마나 하지 않기에 학력 저하 논란이 있는 걸까?

중학교는 주당 교과 수업 30시간, 창의적 체험활동 시간 3시간으로 이루어져 있다. 자유학년제는 대체로 1학년 1, 2학기에 걸쳐 운영하는데, 주 33시간 중 1학기에는 주당 3시간, 2학기에는 주당 10시간을 운영한다. 자유학년제의 활동 시간은 교과와 창의적 체험활동 시수를 줄여 확보한다. 줄일 수 있는 시수는 각 교과별로 3년간 배우는 기준 시수의 20% 이내이다. 예를 들면, 수학 과목은 3년간 374시간이 기준 시수이며 20%를 줄일 수 있으므로 자유학년제 시간으로 74시간까지 사용할 수 있다. 그러나 특정 과목에서 집중적으로 많은 시간을 줄이는 학교는 없다. 170시간을 운영하는 2학기에는 주 10시간이 자유학년제 시간인데, ○○ 중학교 시간표는 다음과 같이 구성되었다.

1학년 2학기 자유학기 시수표

과목	3년간기준시간 (주당시수)	1학년 2학기 시간 (주당시수)	자유학기제 전용
국어	442 (26)	68 (4)	
사회	170 (10)	51 (3)	17 (1)
수학	374 (22)	68 (4)	17 (1)
과학	374 (22)	51 (3)	
기술가정	272 (16)	51 (3)	
체육	272 (16)	51 (3)	17 (1)
음악	136 (8)	34 (2)	17 (1)
미술	136 (8)	34 (2)	17 (1)
영어	340 (20)	51 (3)	17 (1)
선택과목	170 (10)	17 (1)	17 (1)
창의적 체험활동	306 (18)	51 (3)	34 (2)
계	3366 (198)	561 (33)	153 (9)
학교스포츠클럽		17 (1)	17 (1)
총계		578 (34)	170 (10)

학교스포츠클럽 시간은 정규 시간은 아니지만, 학교가 희망하는 학생 대상으로 스포츠 활동을 지도하는 시간이다. 이 시간도 자유학년제 시간에 활용할 수 있다. 그 결과 주 33시간 중 자유학년제에 사용한 시간은 9시간이다. 시수표를 보면 학습 시간이 줄어서 학력 저하가 우려되는 과목은 사회, 수학, 영어 과목이다. 즉, 10시간 중 3시간이 줄어들어서 문제가 된다고 할 수도 있다. 그런데 자유학년제 활동 주제 구성을 보면 꼭 그렇지는 않다는 것을 알게 된다.

자유학년제 활동은 크게 네 가지로 나뉜다. 흥미, 관심사를 반영한 여러 가지 전문 프로그램으로 학습 동기를 유발하기 위한 주제 선택 활동, 다양하고 내실 있는 예술·체육 교육을 통해 학생들의 소질과 잠재력을 계발하기 위한 예술·체육 활동, 학생 자치활동 활성화 및 특기·적성 개발을 위한 동아리 활동, 스스로 미래를 설계할 수 있도록 진로교육을 실시하는 진로 탐색 활동이 그것이다. ○○ 중학교의 각 활동은 다음과 같다.

○○ 중학교 자유학년제 활동 주제

분야	주제
주제 선택 활동	수학이 쑥쑥, 문제적 수학, 신나는 디베이트, 원탁의 기사, 신문스크랩을 통한 사회탐구, 세계문화탐구를 통한 세계여행 계획하기, 영어로 떠나는 세계여행, Extensive reading for pleasure, 창작과 기업가 정신
예술체육 활동	나도 웹툰 작가, 뮤직 배틀 트립, 뮤직 크리에이터, 미술 직업 세계, 보컬 트레이닝, 생활 속 미술체험
동아리 활동	동아리 활동
진로 탐색 활동	진로 탐색 활동

창의적 체험활동에서 감축한 시간은 기존의 창의적 체험활동 영역인 동아리 활동과 진로 활동으로 이루어지고 있다. 교과에서 감축한 시간은 학생이 원하는 분야를 선택할 수 있다. 만약 학생이 수학 분야를 좋아한다면 이와 관련된 주제인 '수학이 쑥쑥'과 '문제적 수학'을 선택해 기준 시간보다 더 많은 시간을 수학 학습에 사용하게 된다. 국어를 좋아하는 학생은 '신나는 디베이트'와 '원탁의 기사' 주제를 선택해서 토론을 통해 듣기·말하기 실력을 기를 수 있다.

그러므로 자유학년제는 '공부를 안 할 자유'를 주는 학기가 결코 아니다. 학생이 스스로 계획하고 탐구하는 사이에 학습 습관을 잡아가는 시기라고 해야 맞는 말이다. 이를 잘 활용하면 단순한 암기 위주의 수동적인 학습에서 벗어나 능동적으로 공부하는 올바른 습관을 들이는 시간으로 사용할 수 있다.

다만 학생들이 탐구에 중점을 두기보다 발표 자료 꾸미기에 중점을 두는 경향은 우려할 일이다. 수학 동아리 활동을 하면서 수학에 흥미를 키우고 개념을 적용해 보는 학습을 하는 대신에, 발표 행사 포스터 그리기, 발표장 꾸미기에 열을 올리면서 발표 내용은 인터넷 서핑으로 구한 자료를 재구성하는 수준에 머무르는 것은 경계해야 한다.

자유학년제에는 정기평가 기간이 별도로 없다. 따라서 시험이 없다고 학생들이 마냥 풀어질 수도 있다. 그러나 시험은 수업이 진행되는 사이에 '과정 중심 평가'라는 이름으로 이루어진다. 정량평가 성적이 나오지 않는 것이 공부를 하지 않는 요인이 될 수도 있다. 그러나 자유학년제의 원래 취지는 학생에게 시험 부담을 주지 않고 자신이 원하는 활동을 찾아 해보면서 하고 싶은 것이 무엇인지를 찾아보는 시기로 삼으라는 것이다. 이를 유념해서 자유학년제 학기를 보낸다면 학생은 더 자주적이고, 자기주도적으로 학습하는 사람으로 자랄 것이다.

논란에도 불구하고 자유학기제는 2020학년도부터 전면 자유학년제로 확대되며, 이미 많은 시·도 교육청에서 실시하고 있다. 중학생의 자유학년제는 우리 교육이 지향해야 할 '학생이 스스로 탐구하는 학습'과 '유연한 교육과정의 제공'이라는 측면에서 가치가 있기 때문이다. 한편 자유학년제에서 학생이 체험 활동을 많이 하게 되는데, 체험할 공간과 시설 등 인프라의 부족은 개선해야 할 점으로 꼽힌다.

다른 나라에 이런 제도가 있다는 것도 제도에 힘을 더한다. 아일랜드의 전환학년제Transition Year가 대표적인데, 중학교 3학년을 마치고 고등학생이 되기 전에 학교 공부뿐 아니라 다양한 공부를 하면서 진로를 탐색하는 시간을 가지는 제도다. 핀란드에서는 고등학교 졸업 후 대학에 가기 전에 1년을 진로 탐색기로 갖는 경우도 있다고 한다. 우리나라로 치면 일종의 재수 기간이 아니냐는 말이 있지만, 우리는 재수 기간을 어쩔 수 없이 해야 하는 재도전의 시간이라고 생각하지만, 핀란드는 발전적 성장의 시간으로 생각한다는 점이 큰 차이다. 덴마크에도 애프터스콜레 Efterskole라는 제도가 있다. 중학교를 졸업하고 고등학교에 가기 전 1년 짜리 기숙사형 학교를 다니는 제도인데, 전체 학생 중 30%의 학생이 이를 이용하는 것으로 알려져 있다. 이 학교에서는 학생 중심으로 교육과정을 운영하고, 프로젝트 학습을 하기도 하며 학생들을 위한 친교 활동 및 다양한 예체능 수업을 진행한다.

입시 설계를 위하여 중학교 자유학년제 활동을 활용하는 초점은 활동을 선택할 때, 쉽게 접근할 수 있는 활동보다 도전해야만 성취할 수 있는 활동, 마음이 내키지 않는 활동을 선택해 보는 시기로 삼는 데 있다. 좋아하는 활동은 언제든지 보완하고 발전시킬 기회가 있다. 그러나 성장은 도전을 바탕으로 한다. 성적도 산출되지 않으므로 난이도가 높은 활동에 도전해 보아야 성장한다. 또한 좋아하는 것만 잘하는 사람보다 폭넓게 협업할 수 있는 다양한 능력을 가진 사람을 가치 있는 인재상으로 설정한 시대상을 염두에 두면 이때 싫어하는 활동을 선택해서 정말 못 하겠는지를 시험해 보는 시기로 삼을 수도 있다. 자유학기제를 도전학기제라고 생각하고 어렵고 꺼려지는 활동에 도전하면 고등학교 때 과목 선택에서도 도전적인 선택이 가능하게 된다.

중학교 자유학년제는 2025학년도에 2022 개정 교육과정이 적용되면 다시 자유학기제로 바뀌게 된다. 창의적 체험활동과의 중복을 피하면서 주제 선택 및 진로탐색 활동을 102시간(주당 6시간)으로 줄인다. 이와 함께 진로 연계 학기라는 이름으로 3학년 2학기에 일부 시간을 활용하여 고등학교에서의 학습 안내 교육을 하게 된다.

중2병이 입시의 관건,
사춘기 아이와 소통하는 법

입시 준비에서 가장 중요한 것은 아이와 부모의 소통이다. 부모가 원하는 방향과 아이가 하고 싶은 것에는 차이가 있을 수 있기 때문이다. 이 차이를 좁히기 위해서는 아이와 꾸준히 대화하는 것이 가장 바람직한 방법이다. 아이가 중학생이 되면 말귀를 알아들어 부모와 대화가 통한다고 한다. 그러나 곧 질풍노도의 시기가 찾아온다. 사춘기 아이는 수시로 자기 방에 들어가 문을 잠가버리고 대화를 차단한다. 대화할 기회가 없으니 자연스레 식탁에서는 숙제 잘 하는지, 시험은 잘 볼 수 있는지 등 공부 이야기만 하게 된다. 얼굴 보고 말할 틈이 없으므로 밥상머리에서 겨우 이야기를 꺼내는 것이다. 그러나 아이는 부모가 공부 이야기를 하는 것이 듣기 싫으니, 얼른 수저를 놓고 상을 떠나기 일쑤다. 그러고는 바로 스마트폰을 들어버린다. 부모는 이대로 아이가 영영 마음의 문을 닫게 될까 봐 속이 탄다. 일종의 악순환이다.

여기서 문제는 대화를 할 수 있는 타이밍에 부모가 오로지 '공부' 이야기만을 꺼낸다는 것에 있다. 냉정하게 생각해보면 아이를 꾸짖는다고 아이를 공부하게 할 수는 없다. 자기 방에 있을 때, 아이가 책을 거들떠보지도 않을 수 있다. 부모가 아이를 책상에 앉힐 수는 있어도 본질적인 '공부'를 하게 만들 수는 없는 것이다. 결국 공부는 자신의 꿈을 이루기 위해, 필요에 의해서 하게 된다. 그런데 부모가 이에 대해 물으면 왜 아이들 대부분이 묵묵부답일까? 자신의 꿈이 부모의 기대에 못 미칠까봐 그러기도 하고 실제로 어떤 꿈을 가져야 할지를 모르기 때문이기도 하다.

아이와 애착 관계가 형성되어 있다면 아이의 사춘기에도 대화가 아예 차단되는 상황에 부딪히지는 않는다. 반항기라지만 아이도 누군가와 말하고 싶어 하고, 자신을 드러내고 싶어 한다. 그래서 사춘기가 오기 전부터 아이와 지속적으로 대화를 이어갈 필요가 있고, 아이의 입장에서 생각해 볼 필요도 있다. 아이의 퉁명스러운 대답에도, 그것이 아이의 본심이 아니었을 것이라고 스스로 달래며 아이와 마주해야 한다.

한편 사춘기에 들어선 아이와 소통이 안 된다면, 학교의 도움을 받는 것이 효과적이다. 예전에는 한 반의 학생 수가 60명을 넘었지만, 지금은 한 반에 25명 정도다. 그리고 학교에는 진로진학상담을 전문으로 하는 선생님도 있다. 담임선생님이나 진로진학상담 선생님은 아이와 잘 소통하는 선생님이나 친구를 통해서 아이의 꿈과 그것을 위해 어떻게 노력하려고 하는지를 알아볼 수 있다. 그러니 학교에서 아이의 정보를 얻는 것도 한 방법이다.

정보를 얻고 난 다음에는 아이의 마음이 되어 아이를 이해해야 한다. 아이는 왜 묻는 말에 퉁명스럽게 대답할까? 내 말은 왜 들어주지 않는 걸까? 사실 부모가 아이에게 다가가서 말할 때에도 아이는 자기에게는 관심이 없다고 생각할 수 있다. 아이는 칭찬을 받고 싶은데, 엄마는 '그 정도야 뭘' 하는 태도로 칭찬에 인색했을 수도 있다. 아무리 사춘기라고 해도 아직은 어린아이들이다. 아이가 부모를 거부한다고만 생각하지 말고, 아이를 대하는 내 태도, 즉 부모의 태도가 어떤지 되돌아보자.

5

책상에 앉기 싫은 아이,
공부 습관 들이는 방법

가수 김혜연 씨는 네 아이를 둔 엄마다. 위로는 두 딸이 있고 아래로는 2학년, 4학년 두 아들이 있다. 김혜연 씨는 딸보다 아들을 기르기가 더 힘들다고 말한다. 과연 정말로 아들 양육이 딸 양육보다 힘들고 어려울까? 아들은 부모가 원하는 방향으로 공부하거나 생활하지 않으니 속이 터지고, 큰소리를 내지 않으면 움직이지 않으니 더 버거울 수 있다. 아들과 딸을 떠나서 스스로 찾아서 공부하는 자녀가 이상적이지만, 현실에서는 찾아보기 힘든 것이 사실이다. 아이가 자발적으로 공부하게 만들기 위해서는 어떻게 해야 할까?

스스로 챙기는 습관 들이기

〈공부가 머니?〉 방송을 준비하면서 엄마들이 아이의 등교 준비를 전부 해

주는 모습을 자주 보게 된다. 모든 엄마가 아이가 학교에 입고 갈 옷이나 교복을 챙겨주고 가방과 준비물까지 챙겨준다. 이렇게 엄마의 손길을 받아 등교하는 것이 습관이 되다 보니, 한 고등학생은 엄마가 준비해주지 않으면 학교 가기 어려울 것 같다고 말했다. 아이의 일상에서 가장 쉬운 일 중 하나인 학교 갈 준비도 스스로 하지 못하는 상황에서는 의사 결정 능력을 기를 수 없다.

중학교 1학년인 홍세빈 학생은 수업을 마치고 소지품을 정리하는 데 시간이 오래 걸려 친구를 한참 동안 기다리게 한다. 학원에서도 정리가 늦어 가장 늦게 나온다. 이 학생의 지능검사 결과 작업처리속도 항목에는 문제가 없었다. 그런데도 이 학생이 생활 전반에서 느린 행동을 보이는 이유는 엄마가 전부 도와주기 때문이라고 아동심리 전문가가 진단했다. 엄마가 판단하고 명령하면 스스로 생각할 시간이 필요 없어지므로 여유가 생겨 느리게 반응하는 습관이 들었을 것이라는 점을 지적했다. 그는 엄마가 대신해주거나 할 일을 명령하기보다는 "이제 할 일이 뭐지?"라고 물어보며 아이가 스스로 생각하게 하는 방식으로 아이의 생활을 도와주어야 한다고 조언했다.

아이는 스스로 자신이 해야 할 일을 하면서 성장한다. 아이에게는 아이 몫의 일이 주어져야 한다. 아침에 자고 일어나면 이부자리 정리도 스스로 해야 하고, 입고 나갈 옷도 스스로 챙겨 입어야 한다. 다음날 가지고 갈 준비물과 교과서는 전날 미리 챙겨서 현관 옆에 두고, 아침에 들고 나갈 수 있도록 준비하는 것이 바람직하다. 그래야 스스로 해야 할 일을 챙기는 습관이 생기고, 그 과정에서 길러진 자기주도력으로 공부도 계획해서 하게 된다. 초등학생이라면 자신이 입을 옷을 스스로 선택하는 사이에 선택역량도 생긴다. 선택은 늘 존재를 건 모험이다. 옷을 입으며 매일 아이는 모험의 경험을 쌓는 것이다.

엄마가 챙겨주는 습관이 들게 되면 자신이 챙기지 못해 일어나는 모든 일을 엄마 탓으로 돌리기 쉽다. 책임을 지는 연습이 되지 않는 것이다. 준비물을 학교에 가지고 가지 못해서 생기는 문제도 엄마 때문이라고 하고, 집으로 전화해서 준비물을 가져다 달라고 한다. 이렇게 자라면 성인이 되어도 달라지지 않는다. 버릇은 변하지 않기 때문이다. 어릴 때부터 아이의 물건은 아이가 챙기고, 등교 준비는 전날 다 해 두고 잠자리에 들도록 해야 한다. 게으른 사람이 화초를 잘 키운다는 말처럼, 부모가 자녀의 일상을 부지런히 챙기기보다는 다소 게을러질 필요가 있다.

숙제 검사를 하고 단호하게 꾸짖기

공부에도 남녀 차이가 있을까? 초등학교 고학년과 중학교 1학년은 남녀학생 간 차이가 크다고 말한다. 여학생은 이미 성숙한 단계에 들어서서 자신이 할 공부를 꼼꼼히 잘 챙긴다고 하는데, 남학생은 덜렁거리고 자신이 해야 할 일을 잘 챙기지 않는다고 한다. 물론 남녀 차이도 있겠지만, 개인 차이가 더 크다. 어떤 남학생은 여학생보다 꼼꼼하고 스스로 잘 챙기지만 어떤 여학생은 남학생보다 덜렁거리고 숙제도 잘 안 한다. 그러나 대체로 선생님들은 남녀 차를 수긍하는 편이다. 학부모 입장에서도 아들 키우기가 딸 키우기보다 백배는 어렵다고 한다. 한편 남자아이 엄마라고 절망적인 것만은 아니다. 여학생은 자율적으로 과제를 수행하지만 주어진 과제를 잘하는 수준에 머무르는 경향이 있는 반면, 돌발 상황을 해결하는 방안은 남학생이 더 잘 내는 경향이 있다는 연구 결과가 있다. 남학생을 자녀로 둔 부모에게 위로가 되는 말이다.

공부에 있어 가장 중요한 자기주도학습 습관이 없는 아이들에게, 어떻게 하면 스스로 하는 습관을 들일 수 있을까? 보통 엄마들은 "숙제 다 했니?"라고 묻기만 할 뿐, 따로 검사는 하지 않는 경우가 많다. 그러나 검사를 하지 않으면 아이는 건성으로 대답한다. 스스로 하는 아이들은 가끔 검사하고 수시로 묻기만 해도 된다. 그러나 자기주도력이 약한 아이는 말로만 묻는 것이 아니라 실제로 했는지 검사해야 한다. 특히 남자아이는 매일 검사를 해서 공부 습관이 들 때까지 타의로라도 해야 할 것은 반드시 하도록 해야 한다.

만일 하지 않았으면 단호하게 꾸짖어야 한다. 이번만 용서한다고 말하는 것은 영원히 용서해주는 것과 같다. 한 번 용서하면 아이는 다음번에도 용서를 기대한다. 김혜연 씨의 아들 도형 학생은 숙제 선생님이 검사해주기는 하는데 매일 하지는 않았고, 손주들에게 자상한 할머니의 말은 도형 학생이 잘 새겨듣지 않는다. 이런 상황이다 보니 엄마만 교육적인 면에서 단호하게 대처하고 있는데, 바쁜 공연 일정으로 시간이 부족해서 매일 챙길 처지는 아니다. 그래서 전화로 아들에게 "숙제했니?"라고 물을 수밖에 없고, 아들은 숙제를 안 하고도 했다고 대답한다.

세빈 학생도 숙제를 "완벽하게… 반만 했어요."라고 말하면서도 잘못했다는 느낌이 없다. 이 학생은 게을러서 숙제를 하지 않은 게 아니라 앞으로 전공하고 싶은 그림을 그리느라 시간이 부족해 숙제를 하지 못했다. 예술 중학교도 일반 중학교와 같은 비중의 교과 수업이 있다는 것을 모르고 있는 것이 문제의 발단이었다. 엄마는 그런 세빈 학생에게 공부의 중요성을 설명하고 있지만 큰 효과는 없었다. 그런데 수학과 영어를 지도하는 선생님은 숙제를 해오지 않은 세빈 학생을 용서해 주거나, 이 학생을 위한 변명도 해주는 모습을 보였다. 아이가 숙제를 하지 않고도 잘못을 느끼지 못하고 당당한 이유가 이 때문인 듯했다.

엄마 혼자 단호하다고 문제가 해결되는 것은 아니다. 집안에 있는 어른들이 모두 같은 태도를 취해야 한다. 함께 있는 시간이 엄마보다 긴 도형 학생의 할머니도 단호하게 손자를 교육할 필요가 있다. 아이에게 스스로 공부하는 습관이 들 때까지, 주어진 공부를 다 했는지 점검해주는 사람이 반드시 필요하다. 이것이 아이의 공부 습관에 큰 영향을 미친다.

경청하는 습관 들이기

사춘기가 오기 시작하는 초등학교 고학년과 중학교 저학년 학생의 공부 습관은 어떻게 들여야 할까?

공부의 기본은 '경청'에 있다. 선생님의 말에 귀를 기울여 듣는 것이 우선이다. 설명을 듣고 이해하는 것이 공부의 시작이기 때문이다. 그런데 주의가 산만한 아이들은 경청하지 못한다. 특히 남학생이 경청하는 자세가 부족하다고 하는데, 이는 남자아이의 듣는 기능이 늦게 발달하는 것이 원인이라고 한다.

수업시간에 교사의 말을 집중해서 듣기 위해서는 공부할 내용을 미리 보고 수업에 들어가야 한다. 즉, 간단한 예습이 경청에 큰 도움이 된다. 내일 배울 것을 전날 예습하고, 쉬는 시간에 다음 시간에 공부할 내용을 예습하면 된다. 그런데 중학생의 경우 교과 교실제를 하면 교실을 옮겨야 하므로 쉬는 시간에 책을 보기 어렵다. 따라서 다음 날 학교에 가져갈 가방을 챙기며 미리 다음 수업을 준비하는 것이 좋다.

경청은 학교생활뿐 아니라 의사소통에서도 중요한 부분을 차지한다. 상대방은 자신의 말을 경청해주는 사람이 자신에게 호감이 있다는 생각을 하게 된다. 두 사람이 짝을 지어, 한 사람은 말을 하고 한 사람은 듣는 연습을 해보자. 고개를 끄덕여주고 가끔 말을 받아주기도 하며 3분간 이야기를 듣고 난 뒤, 자신이 들은 이야기를 요약해서 상대방에게 이야기해주는 것이다. 그다음에는 역할을 바꾸어 한 번 더 한다. 이렇게 하면 한 번은 말하는 연습, 한 번은 듣는 연습을 할 수 있다. 경청도 습관이기 때문에 노력한다면 충분히 해낼 수 있다.

공책 정리하기

수업 중 선생님의 설명을 듣고 그것을 공책에 적는 것은 공부가 된다. 적다 보면 모르는 게 무엇인지를 알게 되고 추후에 그것을 보완하며 진짜 공부를 할 수 있다. 공책에 적기보다 책에 적으라고 말하는 사람도 있지만, 개념을 정립하고 공부 습관을 들이는 데는 공책 정리보다 더 좋은 방법은 없다.

경청한 내용을 공책에 적기 위해서 과목별로 공책을 준비해야 한다. 공책에는 단원 이름과 학습목표를 적고 주요 내용을 요약해서 적는다. 그리고 오늘 공부에서 느낀 점도 같이 적는다. 의문이 들었던 점과 질문 내용 등도 적는다. 이렇게 공책 정리하는 방법을 '코넬식 노트 필기'라고 한다.

코넬식 노트 필기

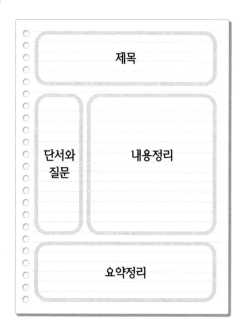

2020학년도 수능 만점자로 방송에 출연했던 송영준 씨는 '꿈틀노트'라는 것을 보여주었다. 손 안에 쏙 들어가는 크기의 작은 노트에 모르는 단어들을 깨알같이 적어둔 노트였다. 같이 출연한 홍민영 씨 역시 개념과 원리를 적은 노트를 보여주었다. 수능을 치르기 위해 늦게 시작한 한국지리를 다 맞은 비결도 개념을 잘 정리한 노트 덕분이라고 소개했다. 또 한 명의 만점자 손수환 씨도 평소 노트 정리에 신경을 썼다는 멘트를 남겼다. 수능 날, 정리한 노트만 들고 가서 간단히 시험 준비를 할 수 있었다고 자신의 경험을 소개했다.

그날 배운 내용의 개념을 그날 바로 이해한다는 점에서 공책 정리는 공부의 핵심이다. 여학생은 공책 정리를 잘하고 남학생은 잘하지 못한다는 편견이 있다. 여기서 주의할 점은 여학생은 여러 가지 색볼펜으로 공책 필기를 정성껏 하다가 정작 내용은 놓칠 수 있고, 남학생은 검사를 하지 않으면 필기를 빼먹거나 중단하기도 한다는 것이다.

초등학교 고학년 때의 공책 정리 습관은 중학생이 되어서도 이어진다. 그래서 초등학생 때 습관을 들이는 것이 중요하다. 공책 정리 상황을 확인하고 칭찬도 해 주어야 한다. 학교 선생님이 검사해주는 것이 가장 좋지만, 그렇지 않으면 부모가 직접 검사하는 것도 도움이 된다.

아이에게 적절한 보상하기

어떤 일을 잘 해낸 결과로 칭찬해주고 시상하거나 상품을 주는 것을 '강화라고 한다. 즉, 행동의 반응, 빈도나 강도를 높이는 자극을 말하는데 이 용어보다는 '보상'이라는 단어가 좀 더 일반화되어 있다. 도형 학생에게 "시험 잘 보면 선물 사 줄게."라는 제안은 보상을 기대하게 하는 행위다. 아이가 이를 기대하고 시험공부를 더 열심히 해서 시험을 잘 보았다면 보상이 적절한 역할을 한 것이다. 그러나 도형 학생은 이번 시험에 100점을 맞으면 스마트폰을 바꿔 달라고 먼저 말을 꺼냈다. 이전에 100점을 맞으면 엄마가 보상을 했던 적이 있었고, 그 외에도 수시로 크고 작은 보상이 이루어졌었다. 그러나 스마트폰은 초등학교 4학년이 요구하는 보상으로는 너무 큰 요구다.

보상에는 내적 보상과 외적 보상이 있다. 자기가 공부를 하면서 깨달은 것이 있고 알아가는 즐거움을 느낀다면 그보다 큰 보상은 없다. 관상용 닭을 기르는 석원 학생은 양계장을 하는 어른들이 닭의 질병을 물어볼 때, 그것에 대답하며 느끼는 뿌듯함이 보상이다. 그림을 그리는 세빈 학생의 경우 그림을 잘 그리는 것과 예술 중학교 입시를 통과하는 것이 보상이다. 이렇게 자신의 내부에서 스스로 주는 보상이 내적 보상이다.

그러나 모든 경우에 내적 보상이 이루어지는 것은 아니다. 자신이 좋아하는 과목이 아닐 경우 공부하기 싫을 것이고, 싫으면 자연스레 열심히 하지 않게 된다. 그렇게 되면 성과가 좋을 수가 없으므로 내적 보상이 이루어질 수 없다. 이럴 때 부모가 쓸 수 있는 방법이 외적 보상이다. 내부가 아니라 외부에서 다른 사람에 의해 주어지는 보상이 외적 보상이다. 도형 학생에게 공부를 잘했다고 사탕을 주는 것이 바로 외적 보상의 한 예다.

그러나 이 학생이 사탕 받는 것을 보상으로 생각할지는 미지수다. 스마트폰을 바라는 아이에게 사탕이라는 보상은 아마 효과가 적을 것이다.

보상은 게임과 관련이 있다. 게임은 점수가 오르는 것을 눈으로 확인하는 기쁨이라는 보상이 있는 반면, 공부는 오늘 해 봐야 뚜렷하게 언제 보상이 주어진다고 예상을 할 수가 없다. 그래서 사람들은 공부보다 게임을 더 좋아한다. 게임은 보상에 취해 중독이 되지만 공부 중독은 잘 되지 않는 이유다.

보상은 상대의 마음을 잘 읽어보고 해야 한다는 점에서 협상과 닮았다. 올스타전에 나가기 싫어하는 프로축구 선수들에게 보상으로 무엇을 제시해야 효과적으로 설득할 수 있을까? 세 가지 보상 방법이 있다. 출전 수당을 준다. 부상에 대비한 보험을 들어준다. 휴가를 준다. 이 중에 가장 매력적인 보상은 '휴가를 준다'일 것이다. 올스타전에 나갈 선수라면 이미 돈도 있고 부상을 대비한 보험도 들었을 것이다. 그들이 원하는 것은 휴가일 가능성이 크다. 이처럼 적절한 수준에서 아이의 마음을 읽고 보상을 생각해야 하는 부모의 마음은 참 고달프다.

지속적으로 보상이 이루어지면 아이가 더 큰 보상을 요구할 수도 있고, 부모도 더 큰 보상으로 아이의 행동을 유도하려고 하기도 한다. 이미 작은 보상은 아이를 자극하기에는 효과가 없어졌기 때문이다. 그래서 매번 보상을 하면 그 효과가 떨어진다는 사실을 기억해야 한다. 몇 번의 칭찬과 간혹 물질적인 보상을 섞어 사용해서 아이가 다음 보상을 궁금하게 만들 필요가 있다. 즉, '간헐적 보상'이 가장 효과적이라는 뜻이다.

동기 부여하기

임휘 학생의 엄마는 아들을 과학고에 보내고 싶어 한다. 중학교 1학년밖에 되지 않았는데, 학원을 보냈더니 10개월 만에 영재반에 들어간 것으로 볼 때 자질이 있어 보인다며 영재교육원 설명회까지 다녀왔다. 반면 휘 학생은 영재교육원 시험도 보고 싶지 않은 마음이라 모자가 갈등을 겪고 있었다.

보통 이런 상황을 보면 사회자인 신동엽 씨는 나에게 휘 학생이 과학고에 갈 수 있겠냐고 질문한다. 아이의 가능성을 단정적으로 판단할 수 없기에 이런 질문에는 항상 망설이게 된다. 그러나 휘 학생의 경우에는 묻지 않기에 왜 오늘은 입학할 수 있을지 물어보지 않느냐고 오히려 내가 되물었다. 그제야 사회자가 "휘가 과학고에 갈 수 있나요?"라는 질문을 던졌다. 나는 과학고의 경우 2, 3학년 성적이 바탕이 되니 갈 수는 있다고 대답했지만, 가고 싶다는 마음을 먹는 게 우선이라고 조언했다.

과학고 입시는 2, 3학년의 수학·과학 과목 성적을 평가하고, 추천서를 바탕으로 면접도 진행된다. 그런데 휘 학생은 아직 1학년이고 내년과 후년이 기다리고 있다. 이 시기를 어떻게 보내느냐에 따라 진학할 학교가 달라질 것이다. 과학고 교육과정은 수학·과학 과목이 절반 이상이다. 매일 이 두 과목 수업 시간이 일과의 반 정도를 차지한다. 그러니까 좋아하고 즐기지 않으면 잘할 수 없다. 과학고에 진학할 준비를 하는 것도 수학·과학 분야가 좋아야 할 수 있다. 이미 흥미를 놓았으면 다시 마음먹고 준비하기가 어렵다.

목표를 세움에 있어 가장 앞세워야 할 것이 동기 부여다. '과학고'라는 목표를 세우기 이전에 휘 학생의 마음에 수학·과학 공부를 하고 싶은 마음이 있어야 한다. 그 분야에 호기심을 가지고 탐구의 즐거움과 뿌듯함이 솟아나야 공부도 하고 성취도 한다. 휘 학생은 인터뷰에서 지금까지는 엄마를 기쁘게 하려고 죽어라 공부했는데, 그 결과에 대해 엄마가 기뻐하지도 않는 것 같아 공부하기 싫다고 답했다. 이런 아들을 과학고에 가도록 만들기는 어렵다. 이미 공부는 충분히 했으니, 지금부터는 공부를 왜 해야 하는지 스스로 물음에 답할 여유를 주어야 한다.

공부는 '왜'에 대한 답의 연속이다. 스스로 답을 찾아나가는 과정에서 '진짜' 공부를 할 수 있다.

아이에게 적절한 성취 압력 주기

배우 임호 씨는 초등학생 딸 밑으로 7살과 5살 두 아들을 두었다. 이 아이들은 학원도 여러 개 다니고 학습지도 풀고 과외 공부도 한다. 일반적으로 선행학습을 한다고 할 때, 유치원에서는 초등학교 단계를 공부하고 초등학교에서는 중학교 단계를 공부하기 마련이다. 그러나 이 집은 초등학교 6학년 때 고등학교 과정까지 전부 떼고 갈 기세로 보였다. 방송 당시 아이들은 온종일 공부에 시달리고 일상의 즐거움이 없어 보였다. 공부에 대한 과한 부담감에 일부러 답을 틀리게 적고, 선생님이 방문하면 숨어버리는 모습을 보일 정도였다.

가수 김지현 씨의 아들 한주 학생은 초등학교 때 이미 대학교 수학을 배웠고, 수학영재를 다룬 방송에 출연했을 정도로 공부를 잘했던 학생이다. 그런데 그 이후 주변 사람들의 관심과 기대가 큰 압박으로 느껴져 어느 순간 공부가 싫어졌다고 한다. 주변에서 아이에게 주는 성취에 대한 압력이 과한 경우, 처음에는 좋은 성적을 내지만 시간이 지날수록 자발적으로 공부하는 아이보다 뒤처지게 된다. 떠밀려서 하는 것은 자발적으로 하는 것보다 성과가 좋을 수 없다.

반대로 탤런트 최재원 씨의 경우는 성취 압력을 전혀 행사하지 않는 부모였다. 공부를 꼭 힘들어서 해야 할 필요가 있냐는 생각을 가지고 아이가 자발적으로 공부하기를 기다리고 있는 입장이었다. 그런데 생각과 달리 아이는 공부와 점점 거리가 멀어지는 듯 보였다. 배우 이철민 씨의 늦둥이 태건 학생의 사연도 성취 압력이 거의 없어 문제인 경우였다. 아버지는 늦둥이가 공부를 잘하기보다는 그저 건강하게 자라주기를 바란다. 엄마 김미경 씨가 아이에게 구구단을 가르치려고 하는데, 옆에서 구구는 비둘기, 육삼은 빌딩과 같은 말놀이를 즐기고 아이가 공부할 때도 축구 방송을 틀어놓고 함께 보자며 유혹한다. 이런 모습은 아이에게 성취 압력을 주지 않는 전형적인 모습이다.

아이에게 수준보다 높은 공부를 강요하면 아이는 폭넓게 기초를 다질 기회를 잃어버리게 된다. 유치원을 다니는 아이라면 아직 그림책을 보고, 색칠 공부를 하고 열심히 뛰어놀 나이다. 사칙연산이나 글자로 된 책을 읽는 것은 때가 되면 다 하게 된다. 교육을 서두르기보다는 아이의 발달

단계에 맞는 학습을 시키고 마음껏 놀게 하는 것이 좋다. 부모의 욕심이 과하면 아이는 의도하지 않은 방향으로 엇나갈 수 있다. 그래서 아이에게 적절한 성취 압력을 주는 일이 어렵지만 매우 중요하다. 일찍부터 영재고를 목표로 너무 심한 압력을 넣었다가 중간에 아이가 무너지기도 하고, 성취 압력을 주지 않아서 아이가 공부에서 멀어지기도 하기 때문이다.

어릴 때는 알파벳 하나 더 아는 것이 대견한 일이지만 좀 더 자라면 그 정도는 하루면 따라잡을 수 있다. 아이가 남보다 알파벳 하나 더 아는 것이 자랑스러운 시기는 결코 길지 않다. 초등학생만 되어도 알파벳 아는 것은 더는 자랑거리가 아니다. 우리 아이들이 살아갈 시대는 어른의 기준으로 판단되지 않는 시대다. 그래서 아이에게 스스로 판단하게 하고 부모는 지켜보고 지지해주는 것이 바람직하다. 유은성 씨가 했던 "부모가 아이의 미래를 선택해주지 않았으면 좋겠어."라는 말을 되새길 필요가 있다.

한편, 세상 모든 부모와 교육자는 아이가 올바른 선택을 할 수 있도록 선택 역량을 길러주어야 한다. 이 역량을 기를 수 있도록 적절한 압력을 주는 것이 성장 과정에서 때로는 필요하다. 아이가 창의적인 생각을 머리에 가득 넣고, 일터로 나갈 힘을 기를 수 있게 만드는 압력은 필요하다.

경쟁과 성장의 상관관계

공부를 더 열심히 하고 좋은 결과를 만들어내도록 부모들이 아이의 경쟁 심리를 부추기는 방법을 사용하는 경우가 있다. 물론 어떤 아이는 경쟁심이 강하여 경쟁 상태에 있으면 더 열심히 하기도 한다. 태건 학생은 경쟁심이 강했다. 영어 스터디에서 주어진 단어를 보고 자석 낚시로 알파벳을 낚아와 단어를 완성하는 놀이를 하고 있었다. 그런데 다른 아이가 먼저 완성하자 태건 학생은 교실 바닥에 쓰러지는 모습을 보였다. 아빠와 팽이 돌리기를 할 때도 경쟁심이 발휘되어 아빠를 반드시 이기려고 한다.

경쟁심은 아이가 공부에 몰두하는 계기가 될 수는 있지만, 그것으로는 자발성을 이끌어내기가 어렵다. 고등학교에 가서도 공부를 잘하는 아이는 결국 '자발적으로' 공부하는 아이다. 부모가 시킨 선행학습으로 좋은 점수를 내거나 경쟁심으로 잘하는 것에는 한계가 있다. 김연아 선수는 아사다 마오라는 라이벌이 있어서 성장했다고 할 수 있지만, 김연아 선수 스스로 훌륭한 연기를 하고, 난이도가 높은 기술을 익히는 것에서 오는 만족감이 더 컸다는 것은 이미 알려진 사실이다. 당장의 경쟁보다는 성장이 더 소중하다. 아이 스스로 성장의 기쁨, 새로운 것을 알고 문제를 해결할 때의 기쁨을 언젠가는 맛보아야 아이가 스스로 공부하게 되고 책상에 앉게 된다.

그런 면에서 다른 아이와 자신의 아이를 비교하는 일은 삼가야 한다. 아이들도 부모가 다른 아이나 형제자매와 자신을 비교하는 것을 모독이라고 생각할 정도로 싫어한다. 비교하게 되면 아이는 반감을 갖게 되어 공부는 하지 않고 부모와 자식 간의 관계만 나빠지는 결과를 낳게 된다.

수능과 내신 공부의 비법

1993년에 시작된 수능 초기에는 만점자가 없었다. 그러다가 1999학년도 수능에서 첫 만점자가 나와 1968년 대입 예비고사가 도입된 이후 30년 만에 첫 만점자가 탄생했다며 화제가 되었다. 그 주인공은 한성과학고 출신의 오승은 씨로, 어떻게 만점을 맞았는가란 기자의 질문에 "그냥 모르는 문제가 없었어요."라고 대답해서 또 한 번 화제가 되었다. 그 전에도 해마다 예비고사, 학력고사, 수능을 거쳐 오며 수석을 한 수험생에 대한 인터뷰가 있었는데 대부분 교과서를 중심으로 공부하고 사교육은 전혀 받지 않았다는 모범답안을 말하던 차에, "그냥 모르는 문제가 없었어요."라는 대답은 무심한 듯 새로운 느낌을 주었다. "최근에 본 책은?" "백과사전.", "H.O.T 중 좋아하는 멤버는?" "H.O.T가 뭐죠?"라는 문답도 함께 화제가 되었다. 오승은 씨는 서울대 물리학과를 수석으로 입학, 이후 MIT에 유학했고, 2003년에 생물 물리학 박사를 받고 하버드 대학에서 연구원으로 활동 중이라고 한다.

오승은 씨의 이력에서 여러 궁금증이 생길 수 있다.

Q: 과학고 학생이 수능 수석을 했다?

A: 그 당시에는 특목고도 모두 수능을 봐야 대학에 갈 수 있었다. 과학고
도 외고도 대학 갈 때의 중요한 전형 요소는 수능이었다. 수능을 잘 보
는 길 외에는 방법이 없었다. 그러나 그 당시의 수능은 출제 방식이나
과목이 지금과는 달랐다. 교과와의 관련성이 좀 적었다. 과목 이름도
달랐다. 언어, 수리·탐구 I (수학), 수리·탐구 II (사회·과학), 외국어(영어)
가 그 당시의 네 개 영역이다. 지금 수능은 지식 암기가 큰 비중을 차
지하지만, 당시 수능은 문제 안에 판단 자료가 대부분 제시되었고 그
것을 바탕으로 답을 추리하는 문제 형태였다.

Q: 수능으로도 창의적 인재가 나오지 않나?

A: 물론 수능이 창의적 인재로 성장시키는 가장 적합한 방식이 아닐 수
는 있지만, 당시에는 교과서 내용에서만 출제하는 학력고사로는 학생
의 창의성을 측정할 수 없다는 문제의식에서 수능이 시작되었다. 당
시에는 그 방법이 최선이었던 것이다. 1987년에 학력고사를 개선하
기로 하고 몇 년에 걸친 모의시험을 통해 시대에 가장 알맞은 방식으
로 개발된 시험이 수능이었다. 그래서 교과서 암기 중심의 공부는 개
선되었지만, 여전히 선택형 문제를 푼다는 문제점은 남아 있었다.

Q: 글쎄. 수능으로도 창의적 인재가 나오는 거 맞지 않나?

A: 그렇게 단정할 수 없다. 앞으로의 교육은 일부 학생만 창의적으로 기르는 교육이어서는 안 되고 모든 학생을 창의적으로 기르는 교육이어야 한다. 그래서 교실 수업이 창의성을 길러 주어야 하고 입시도 창의성을 기른 결과를 바탕으로 선발하는 구조여야 한다. 수능은 일부 학생에게 창의적 인재가 되는 기회를 줄 수 있지만, 대부분 학생이 창의성을 기르는 공부를 하도록 유도하지는 못한다. 고등학교의 공부 방향성을 설정할 때, 대입 제도가 그 방향성을 정해주는 역할을 일부 수행한다. 수능을 강조하면 대부분 학생이 창의성을 기르는 공부를 하지는 않는다. 현재 수능은 선택형 문제를 푼다는 점에서는 과거 수능과 같지만, 문제가 교과서 중심으로 돌아갔다는 점에서 개방적인 창의성을 기르는 데는 한계가 있다. 수능이 가장 중요한 전형 요소로 우뚝 서게 되면 결국 학생들은 '학생이 참여하는 학습'보다는 수능 문제풀이에 더 치중하게 되기 때문이다.

수능의 한계를 인식한 노무현 정부는 2004년에 '2008학년도 대입 개선안'을 통해 수능의 영향력을 줄이기 위해 수능 점수 대신 등급만 제공하기로 하고 입학사정관제를 도입하기로 결정했다. 이후 입학사정관제는 2015학년도 대입부터 학생부종합전형으로 이름이 바뀌었으며, 모든 이름을 줄여 부르는 트렌드에 발맞춰 '학종'으로 불리게 되었다. 그러다 보니 공부는 수시 학종 대비 공부와 정시 수능 대비 공부로 나뉘게 되었다.

한편, 입학사정관제 도입 초기에는 수시 대비 공부와 정시 대비 공부가 분화되지 않았다. 당시에 유행하던 '죽음의 트라이앵글'이라는 단어가 상황을 대변한다. 이 단어는 수능, 내신, 논술을 가리키는 말로, 입시를 위해 이 세 가지를 모두 대비해야 한다는 뜻이다. 앞에 '죽음'이라는 단어가 수식어로 붙은 것처럼, 학생들은 내신과 수능과 논술을 모두 대비하기에는 벅차고도 벅찼다. 2004년에 입학사정관제가 도입된다고 하자, 대학은 고등학교의 학생부를 읽을 준비가 되어 있지 않았기에 대학이 출제하는 자체 시험을 도입하려고 했고, 수능도 사용하기로 했다. 입시에서 세 가지 전형 요소를 모두 사용하자 '죽음의 트라이앵글'이라는 말로 학생들은 대입 제도에 저항했다. 그러다가 수시 입시는 전형 요소 중 한두 가지를 학생이 선택할 수 있게 되면서 이 용어는 점점 사라졌다.

지금 대부분의 수험생과 학부모는 수시 공부와 정시 공부는 다르다고 생각한다. 수시 공부는 내신을, 정시 공부는 내신 대신에 수능 문형에 적응하는 훈련을 중심에 두어야 한다고 믿는 것이다. 그러던 중 2019년 11월 28일, 교육부는 서울 시내 열여섯 개 대학에 정시 선발 비중을 40%로 확대하라고 권고했다. 이들 대학은 수시에 학종과 특기자 전형 비중이 45% 이상인 대학이기 때문에 조정이 필요하다고 했다. 이로 인해서 수험생과 학부모들은 정시 공부에 치중해야 하는 게 아닐까 혼란스러워하고 있다. 이는 내신 공부와 수능 공부가 다르다는 생각을 전제로 한다.

내신 공부의 특징은?

모든 과목을 다 잘해야 한다

이건 사실과 조금 다르다. 전 과목을 다 잘해야 하는 것도 아니고 모든 학기의 성적이 좋아야만 하는 것도 아니다. 국어 성적이 다 좋은데 2학년 1학기에 문학 성적이 낮다면 국어를 못하는 학생이라기보다 문학에 어려움을 겪는 학생 또는 문학은 잘하는데 시험을 못 본 학생으로 평가하기도 한다. 학종 평가에서는 '맥락'을 중시하기 때문이다.

내신 공부는 범위가 있다

당연히 내신 시험은 범위가 있다. 범위가 있기에 그 대비가 가능하지만, 문제가 지엽적일 때는 어려움을 겪기도 한다. 학교에서는 성적의 변별력을 위해 지엽적인 문제를 출제하기도 하는데, 이를 지양하도록 교육청에서 학교에 권고하고 있다.

과정 중심 평가인 수행평가 비중이 높다

단순히 지식을 이해하는 학습에서 할 수 있는 역량을 기르는 학습으로 변하면서 수행평가 비중이 높아지고 있다. 수행평가는 발표와 토론, 실험, 실습 등이 포함되는데 여기에 어려움을 겪는 학생은 고득점을 받기가 어렵다. 그러나 이런 능력은 사회생활을 위해서도 가져야 하므로, 훈련을 통해 관련된 역량을 길러야 한다.

지필고사에는 논술형, 서술형 문항이 포함되어 있다

부정적으로 보면 논술형, 서술형 문항은 어렵기만 하고 수능으로 대학 가는 데에는 별로 필요하지 않다고 생각하기 쉽다. 그러나 대학에서 공부하려면 리포트를 쓸 줄 알아야 하고, 논문 계획서도 써야 한다. 글쓰기 능력을 길러두지 않으면 대학 공부와 이후 사회생활을 훌륭하게 해낼 수가 없다. 논술형, 서술형 문항을 피할 일이 아니고 즐길 줄 알아야 한다.

학교 시험 문제는 수능에 비해서 완성도가 떨어진다

학교 시험은 수업이라는 맥락을 거쳐 실시하게 된다. 그러므로 국가 수준에서 전 수험생을 대상으로 출제하는 문항에 비하여 완성도가 낮을 수도 있다. 그러나 학교 시험은 수업과 연관해 출제되므로 수업을 잘 들은 학생이라면 더 잘 해결할 수 있다.

내신은 학원에서 대비해 준다

학원에 다니는 목적은 대부분 수능과 내신을 대비하는 데 있다. 평소에는 수능 대비를 하다가, 시험 때가 되면 내신 대비에 돌입한다. 학교 시험은 학교에서 선생님이 가르친 것에서 출제되지만, 결국은 학원에서 해결하려고 한다. 그러니 내신을 위해 학원에 다닌다고 하기 전에 학교 수업에 잘 참여할 일이다.

수능 공부의 특징은?

응시해야 할 과목을 선택하여 집중적으로 공부한다

2022학년도 수능부터 국어, 수학에도 선택과목이 생겨, 국어는 독서와 문학 과목을 공통으로 하고 언어와 매체, 화법과 작문 중에 한 과목을 선택한다. 수학은 수학Ⅰ, 수학Ⅱ를 공통으로 하고 미적분, 기하, 확률과 통계 중 한 과목을 선택해서 응시하게 된다. 공통과목이 75% 비중을 차지하므로 공통과목 공부가 중요하다. 각 영역에서는 자신에게 유리한 과목을 선택해 집중적으로 공부하게 된다. 탐구 역시 많은 학생이 선택하는 과목이 딱히 싫지 않다면 그 과목 중에서 선택하게 된다. 즉 국어, 수학, 영어, 한국사, 탐구 두 과목, 제2외국어 과목을 선택해서 응시하면 되므로 내신에 비해 과목 수가 적다. 따라서 부담도 줄어든 것처럼 보인다. 하지만 실제로 부담이 줄어드는 것이 아니다. 과목이 적으면 성적을 더 올려야 하는 부담이 따라온다.

탐구는 두 과목만 선택하면 된다

학교 내신은 사회와 과학 과목을 적어도 여덟 개 이상 이수한다. 그러나 수능에서는 단 두 과목만 응시하면 된다. 과목 수 부담은 적은 대신 거의 다 맞을 수 있도록 공부해야 한다는 것이 부담이 된다

대부분 선택형 문항이다

수학 문항에서 답을 구해서 표기하는 문항을 제외하고는 모두 선택형 문

항이므로 생각을 서술할 필요가 없다. 논술 같은 긴 글을 쓸 일도 없다. 그래서 수능을 부담 없는 시험이라고 생각한다.

유형이 있어 예측 가능하다

수능이 오래 지속되면서 제한된 내용에서 출제하다 보니 유형이 생겼다. 그러므로 수능을 대비하기 위해서는 우선 기출문제를 풀어야 한다고 한다. 이는 학교 시험에 비하여 큰 장점이라고 하는데, 대비가 불가능한 방향으로 발전할 미래사회를 염두에 둔다면 유형이 있다는 것은 학생의 성장을 방해하는 요인이기도 하다.

인터넷 강의로 공부할 수 있다

수능 공부는 유명한 강사의 족집게 같은 인터넷 강의(인강)를 들으면 확실히 성적이 오른다고 한다. 그러나 인강은 수동적인 학습이고 학생이 직접 생각해서 답을 만드는 학습이 아니므로 그 역기능도 생각해 볼 일이다.

실제 문제로 보는 수능의 특징

2020학년도 대입 수능 국어 영역의 마지막 문제인 45번 문제를 보면 수능과 학종의 차이를 분명하게 이해할 수 있다.

일단 제시문으로 시 한 편이 주어졌다.

새는 새장 밖으로 나가지 못한다.
매번 머리를 부딪치고 날개를 상하고 나야 보이는,
창살 사이의 간격보다 큰, 몸뚱어리.
하늘과 산이 보이고 울음 실은 공기가 자유로이 드나드는
그러나 살랑거리며 날개를 굳게 다리에 매달아 놓는,
그 적당한 간격은 슬프다.
그 창살의 간격보다 넓은 몸은 슬프다.
넓게, 힘차게 뻗을 날개가 있고
날개를 힘껏 떠받쳐 줄 공기가 있지만
새는 다만 네 발 달린 짐승처럼 걷는다.
부지런히 걸어 다리가 굵어지고 튼튼해져서
닭처럼 날개가 귀찮아질 때까지 걷는다.
새장 문을 활짝 열어 놓아도 날지 않고
닭처럼 모이를 향해 달려갈 수 있을 때까지 걷는다.
걸으면서, 가끔, 창살 사이를 채우고 있는 바람을
부리로 쪼아 본다, 아직도 벽이 아니고
공기라는 걸 증명하려는 듯.
유리보다도 더 환하고 선명하게 전망이 보이고
울음 소리 숨내음 자유롭게 움직이도록 고안된 공기,
그 최첨단 신소재의 부드러운 질감을 음미하려는 듯.

-김기택, 「새」

수능 문제는 다음과 같이 물어본다.

45. 〈보기〉를 바탕으로 (나)를 감상한 내용으로 적절하지 <u>않은</u> 것은? [3점]

> 〈보기〉 「새」에서 '새장에 갇힌 새'는 일상의 안온함에 길들어 자유
> 를 억압하는 일상을 벗어나지 못하는 현대인의 알레고리이다. '새'의
> 행동에 대한 묘사는 일상에 충실할수록 잠재된 힘과 본질을 잃어 가
> 는 아이러니와, 일상에 만족하며 자유로운 삶의 가능성을 외면하는
> 현대인의 모습을 보여 준다.

① 몸이 창살에 부딪치고 나서야 창살의 간격이 보이는 새는, 일상에 갇
   힌 자신을 의식하는 현대인의 모습을 보여 주는군.
② 바깥 풍경이 보일 정도로 적당한 간격의 창살로 된 새장은, 안온함과
   억압성이라는 양가성을 지닌 일상을 보여 주는군.
③ 닭처럼 날개가 귀찮아질 때까지 부지런히 걷는 새는, 성실한 생활이
   잠재력의 상실로 이어지는 아이러니를 보여 주는군.
④ 새장 문이 열려도 날지 않고 모이를 향해 달려갈 수 있을 때까지 걷
   는 새는, 자신의 본질에 충실하다 보니 오히려 자유를 상실하게 되는
   상황을 보여 주는군.
⑤ 하늘을 자유롭게 날도록 날개를 밀어 올리는 공기를 음미할 대상으로
   만 여기는 듯한 새는, 자유로운 삶의 가능성을 외면하고 일상에 안주
   하려는 현대인의 모습을 보여 주는군.

교실 수업에서는 시를 공부하면서 이 시와 관련한 알레고리, 아이러니 등
의 문학 용어를 배우게 된다. 그리고 문학이 독자에게 어떤 방식으로 말
을 걸고 어떤 의미를 말하려고 하는지를 생각하게 된다. 이를 바탕으로
이 시를 감상하고 비평하는 글도 쓰게 된다. 위 시의 보기에 나오는 올바
른 선지들은 학생이 스스로 파악한 생각을 머릿속에서 꺼내서 자신의 언
어로 구체화해야 한다. 어떤 학생이 답지와 같은 생각을 분석해서 글을
썼다면 이렇게 썼을 것이다.

새는 시인 자신을 말하며 확장하면 모든 현대인을 나타내는 알레고리이다. 새는 몸이 창살에 부딪치고 나서야 창살의 간격을 보게 된다. 새가 창살에 부딪치는 장면은 자신의 문제를 자각하기 시작하는 각성의 순간을 의미한다. 창살의 간격을 깨달은 새는 일상에 갇힌 자신을 의식하는 현대인의 모습이다. 바깥 풍경이 보일 정도로 적당한 간격의 창살로 된 새장은, 안온함과 억압성이라는 양가성을 지닌 일상을 보여 준다. 새는 닭처럼 날개가 귀찮아질 때까지 부지런히 걷는데, 이는 성실한 생활이 오히려 날 수 있는 잠재력의 상실로 이어지는 아이러니를 보여 준다. 새는 새장 문이 열려도 날지 않고 모이를 향해 달려갈 수 있을 때까지 걷는다. 일상에 충실하다 보니 오히려 자유를 상실하게 되는 상황을 보여 준다. 하늘을 자유롭게 날도록 날개를 밀어 올리는 공기를 음미할 대상으로만 여기는 듯한 새는, 자유로운 삶의 가능성을 외면하고 일상에 안주하려는 현대인의 모습을 보여 준다.

학교에서는 학생이 자신의 생각을 자신의 언어로 나타낼 수 있기를 기대한다. 그러나 수능 문제는 이런 글을 쓰게 할 수 없다. 현재로서는 50만 명의 글을 다 평가할 수 있는 방법이 없기 때문이다. 그래서 수능 문제는 답지를 제시하고 하나를 고르게 하는 방식을 쓴다. 그래서 수능 문제를 풀기 위해서는 다섯 개의 보기 중 맞는 답을 고르는 연습을 해야 한다. 이 문제의 답은 ④번이다. 설명 중 '새장 문이 열려도 날지 않고 모이를 향해 달려갈 수 있을 때까지 걷는 새는, 오히려 자유를 상실하게 되는 상황을 보여 주는군.'이라는 부분은 맞다. 그러나 '자신의 본질에 충실하다 보니'가 아니고 일상에 충실할수록 자유를 상실하게 되는 것이므로 이 부분이 틀렸다. 이 문제에서 정답을 고르는 힘은 문제가 답지를 만드는 방식에 대한 이해와 답지를 고르는 연습으로 이루어진다.

수능 문제의 특징이 여기에 있다. 시를 분석해서 수준 높은 글 한 편을 완성해보는 학습 경험을 만드는 것이 교실 수업에서 추구하는 것인데, 수능에서는 출제자가 분석한 내용 중 오류를 골라내는 학습을 해야 한다. 학종 공부와 수능 공부, 서·논술형 시험과 선택형 시험의 기본은 같아도 성적을 잘 받기 위한 노력의 방향은 다르다. 그래서 기본기를 잘 닦으면 학종에 성공하는 것은 맞는데, 수능은 '연습'이 필요하다. 그러나 다짜고짜 수능 적응부터 하면 기본기가 없어서 수능도 잘 볼 수 없다.

문학 시간에 시를 감상하는 글을 쓰는 것과 시를 감상한 말들을 보고 적절하지 않은 것을 고르는 것은 공부하는 방식이 같아도 문제풀이 연습을 하지 않으면 답을 고르기가 쉽지 않음을 보여준다. 글쓰기는 며칠 쉬었다고 눈에 띄게 실력이 줄지는 않지만, 문제풀이는 매일 하지 않으면 티가 난다. 이러한 차이는 비단 국어 영역에서만 나타나는 것은 아니다.

지금까지 나열한 것이 수능과 학종의 차이다. 수능과 학종은 그 근본이 다른데, 수능이 확대되자 고민이 시작된 것이다. "앞으로는 정시 선발 비중이 40%나 된다는데, 수시 이월 인원까지 합하면 적어도 45%는 될 것이다. 그렇다면 이제는 수시인 학종에 치중할까, 정시인 수능에 치중할까?" 고민은 생각보다 깊고 어렵다. 아무래도 수시보다는 수능 정시에 눈길을 주는 형국이다.

학종 공부와 수능 공부의 선택

2027학년도에 대학에 가는 학생들까지는 현행 대입 제도가 근본적으로 변화하지 않을 것이다. 현행 대입 제도는 요약하면 수시 학종 대 정시 수능이다. 사교육에서는 그동안 수시 경쟁이 치열했는데, 이제 정시가 늘어나고 수시가 줄어들면 경쟁이 더 심화될 것이므로 정시 대비를 해야 한다고 말한다. 그러기 위해서는 학원에 와야 한다며 손짓하고 있다. 학생과 학부모는 어떤 결단을 내리는 것이 현명할까?

막상 해답은 수시 대비 공부와 정시 대비 공부가 다르지 않다는 점에 있다. 수능을 잘 보기 위한 몇 가지 요인이 있지만, 가장 중요한 것은 시험 과목의 학습 목표를 통해 개념을 분명히 익혀야 한다는 점이다. 과거 삼수 끝에 수능 만점을 받은 한 수험생은 한 문제 이내로 틀려야 합격할 수 있는 대학이 목표였다. 그 개수보다 더 틀리는 원인을 곰곰이 생각해보니 개념 정립이 덜 되었다는 결론을 냈다고 한다. 그래서 한 해 동안 개념을 정리하는 공부를 했더니 만점을 맞았다고 했는데, 2020학년도 수능 만점자들도 이와 비슷한 이야기를 했다.

2020학년도 대입 수능 만점자는 열다섯 명이다. 사회탐구 응시자는 열한 명, 과학탐구 응시자는 네 명이 만점을 맞았다. 사탐 응시자 중에서 세 명을 〈공부가 머니?〉에서 초대했다. 김해외고 송영준 씨, 잠실고 손수환 씨, 청심국제고 홍민영 씨가 나왔다. 만나서 이야기를 나눠 보니, 이 수험생들이 수능만 대비한 것은 아니었다. 학교 공부를 통해 개념 원리를 파악하고 수업에 잘 참여했고, 독서도 많이 하면서 수시 준비를 했는데 수능을 보고 가채점을 해보니 만점이었다고 한다. 셋 중 영준 씨와 수환 씨는 만점이면 어디든 갈 수 있지만 수시에서 지원한 학과를 변경하지 않을 것이므로 수능 만점이라는 것을 알면서도 면접에 갔다. 그리고 서울대에 합격했다. 서울대는 이 학생들이 수능 만점인 줄 모른 채 학종으로 선발하였다. 민영 씨는 서울대 사회학과에 지원하기 위해 서울대가 아닌 대학의 면접은 포기했다고 한다.

특히 매스컴에 세세한 사연이 소개된 송영준 씨는 수능을 잘 봐서 개천에서 용이 난 경우인 것처럼 나와 관심을 모았다. 영준 씨를 만나기 전에는 그의 점수가 수능 대비도 해주지 않는 외고에 다니는 학생이, 학교 교육과정을 무시하고 수능 준비만 한 결과라고 생각했다. 그런데 만나보니 그게 아니었다. 그는 독서량이 많은 데다가 다방면에서 재능을 보였다. 영준 씨에게 수능 만점은 오히려 덤이었다.

영준 씨는 진로에 대해 조금 더 고민해보려고 문이과 관계없이 선택할 수 있는 '자유전공학부'에 지원했다고 한다. 영준 씨의 꿈은 중학생 때부터 검사가 되는 것이었는데, 《당신을 위한 법은 없다》 같은 대한민국 법체계에 어떤 문제가 있는지 알려주는 책을 읽고 막연하게 법을 가장 잘 아는 검사가 되어 사람들을 도우면서 살고 싶다는 생각을 했다. 그 후 고2 토론대회에서 '심신미약 감형제도'에 대한 토론을 준비하면서 자신이 법에 정말 관심이 많다는 것을 알게 되고 진로를 굳혔다고 한다. 영준 씨는 학교 공부뿐 아니라 독서에도 관심을 두었다. 매일 점심시간에 학교 도서관에서 여러 분야의 책을 찾아 읽었다고 한다.

영준 씨가 전교 꼴찌를 했다고 알려져 이슈가 되었는데, 반 편성 배치 고사 때 127명 중 126등을 했던 것을 두고 하는 말이었다. 그때는 영어와 수학만 봐서 그랬던 것이고 이후 잘하지 못했던 것은 사실이지만 꼴찌는 아니었다고 해명했다. 첫 학기가 끝나고는 전교 14등을 했다고 한다. 공부의 바탕은 어느 정도 있었던 학생이었다. 그는 배치고사 성적을 보고 놀라 기숙사 정독실에서 새벽 다섯 시 반부터 공부를 했다. 공부의 절대 시간을 늘리기 위한 노력이었다.

영준 씨의 공부는 교과서를 중심으로 빨간 펜으로 표시해가며 진행한 15회독이 핵심이다. 그 시작은 개념을 이해하는 것이라고 한다.

"저는 모든 공부의 기본은 개념이라고 생각했기 때문에, 개념을 완벽하게 이해하기 전에 문제를 풀지 않았어요. 문제집을 풀기 시작한 시기는 개념을 알고 난 뒤부터였는데요. 그래서 수능 당일에도 개념서만 들고 갔습니다."

한편, 서울대는 입학 당시 꼴찌에서 출발한 이 학생을 학종으로 선발했다. 수업에 잘 참여해서 실력을 기르고 독서도 많이 한 결과, 수시 합격을 한 것이다. 영준 씨는 개념 중심으로 공부하라고 누차 강조한다. 수능 준비도 개념을 중심으로 한 공부에서 출발한다. 그런데 개념 중심으로 공부하다보면 수시에서 먼저 뽑힌다. 영준 씨의 서울대학교 합격의 결과가 수능으로 이룬 개천에서 용이 난 케이스라는 말로 포장되는 건 옳지 않다.

손수환 씨의 공부법도 다르지 않았다. 중학교 때 야구선수를 했던 그는 성공하려면 야구보다는 공부가 좋겠다는 생각으로 공부를 시작했다고 한다. 공부는 중3 때부터 하기 시작했다. 역시 공부의 양을 늘리기 위해 수능 임박해서 여섯 시간 잔 것을 제외하면 네 시간 이상을 자본 적이 드물었다고 한다. 우스갯소리인 3당 4락(세 시간 자면 합격하고, 네 시간 자면 떨어진다)을 실천한 것이다.

그는 "수시를 더 열심히 준비했기 때문에, 수능은 최저 등급만 맞추자는 생각이었는데, 원래 국어 성적이 왔다 갔다 했는데, 국어가 생각보다 쉬웠고 수학시험이 끝나고, 만점 받겠다는 생각이 들었어요."라고 했다. 수환 씨는 서울대 경영학과에 수시로 합격했다. 수환 씨도 경영학으로 진로를 결정한 데는 독서의 영향이 컸다고 말했다. "저도 《새 열린경제학》, 《경제야 다시 놀자》 등 경제와 관련된 책을 고등학생 때 읽게 되면서 경제에 흥미를 가졌고, 진로를 경영컨설턴트로 잡게 되었습니다."

그는 내신을 위해서는 교과서에 충실하라고 조언한다. "저는 1, 2학년 때에는 시험 한 달 전부터 국어, 영어, 사탐은 최소 10회독, 그 외 과목은 최소 5회독을 했고요. 범위가 늘어난 3학년 때는 6~7회독을 했습니다."그리고 영준 씨와 마찬가지로 개념을 익히는 공부를 하라고 한다. 개념 이해 이후에 문제집을 풀었다. 수능을 준비하기 위해서는 문제집을 풀어야 하는데, 다짜고짜 문제집부터 풀 일이 아니고 개념을 익히는 가운데 내신을 챙기고 나서 문제집을 풀어야 한다고 설명했다.

홍민영 씨는 수시를 준비했지만, 수능 만점을 맞는 바람에 면접을 포기하고 정시에 지원했다. 지원한 학과는 사회학과. 점수보다 꿈을 기준으로 지원했다. 민영 씨는 원래 수능 준비만 했던 것은 아니다. 민영 씨의 고등학교 생활이 증거다.

"중학생 때 꿈이 기자여서 사회 이슈에 관한 책들을 많이 읽게 되었는데요. 세계화의 신제국주의에 대한 사례를 설명한《빈곤의 연대기》, 제2차 세계대전 나치 강제수용소에 대한 이야기를 그린《죽음의 수용소에서》등을 읽으면서 사회학 이론에 관심을 갖게 되었어요. 그래서 기자보다는 사회학자로 진로를 정했는데, 아직은 더 공부하고 싶은 바람이 커서 대학을 통해 사회학에 대해 좀 더 넓고 깊은 지식을 배운 후에 진로를 결정하고 싶습니다."

수능 시험을 잘 보는 법에 관해서는 계속 개념 학습을 언급했다. "단어를 보고 개념을 떠올리는 것이 가장 중요하고요. 대단원, 소단원의 이름을 적은 후에 각 단어에 해당하는 개념들을 적어 넣습니다. 사탐은 개념이 가장 중요한 과목이기 때문에 현재 1등급을 받고 있다고 하더라도, 오직 감으로 풀었다면 언제든지 몇 단계 아래 등급으로 떨어질 수 있어요. 문제를 먼저 푸는 것보다 기본이 중요한 과목입니다. 저의 경우, 일주일에 서너 시간 정도 개념 복습을 했고, 실전 모의고사를 풀면서 감을 유지하려고 노력했습니다. 100일 만에 사탐 1등급 정말 쉽게 받을 수 있습니다!" 민영 씨가 다닌 국제고에는 한국지리 과목이 개설되어 있지 않다. 과목을 정한 것은 수능 접수할 때라고 한다. 그러나 민영 씨는 수능 만점을 위해서 공부한 것은 아니었다.

"지원하려는 과와 연관해서 생활기록부를 만들고자 다양한 활동을 했던 건 아니에요. 저는 사회 학문에 진짜 관심이 있었기 때문에 제 생활기록부에 온통 사회 이슈들로 채워졌는데요. 동아리 활동의 경우, 저는 일반토론, 독서토론, 역사정치외교, 모의재판, 또래 상담, 인권 등 6, 7개의 동아리 활동을 했어요. 물론 동아리 활동이 공부에 방해가 되면 안 된다고 생각해요. 그러나 저의 경우, 동아리 활동이 제 학교생활의 재미 중 많은 부분을 차지했어요. 원하는 주제를 발제해서 직접 토론했고, 심리학 포럼 총 관리자를 맡아서 포럼 진행도 했습니다. 이렇게 지속적으로 토론 동아리 활동을 하다 보니, 전국학생 나라사랑 토론대회에서 '중국 불법 조업에 대한 해경들의 무력 단속은 허용되어야 하는가?'에 찬성하며 1등을 해서 국방위원장상을 받았습니다. 또한 세 권의 책을 읽고 '한반도 비핵화에 대해 어떻게 생각하는가?'에 대해 토론하고, 이 세 권을 엮는 주제로 글을 썼는데 저는 '다수와 소수'라는 주제로 1등을 하며 교육부장관상을 받게 되었습니다. 봉사 활동은 중1 때에 본 연극 〈꽃신〉으로 인해 '위안부' 피해자 문제에 관심을 가지게 되었습니다. 그래서 6년간 할머님들을 위한 봉사 활동을 했고, 올해는 그 봉사단체의 고등학교부 부장으로도 활동했어요. 저개발국 어린이들을 위한 편지 번역 봉사까지 300시간 정도의 봉사시간을 3년 동안 쌓게 되었습니다. 그러나 단순히 봉사시간을 위해 인권 문제와 관련된 활동을 하는 건 추천하지 않습니다. 노력을 쏟을 마음의 준비를 하는 게 첫 번째 자세라고 생각해요.

독서 활동은 각 과목을 공부하면서 궁금한 점이 생기면 관련된 책을 꼭 읽었어요. 예를 들어, 국어에서 문학 작품의 일부만 지문으로 있다면 그 작품의 전문을 읽고 싶어서 그 책을 찾아 읽었습니다. 물론, 가고 싶은 학과와 연관이 있는 책이면 좋지만 학과만 의식하다 보면 오히려 선택의 폭이 좁아져서 책을 고르기 어렵더라고요. 또한 요즘은 '융합형 인재'를 원하기 때문에 여러 분야의 책을 읽는 것이 중요하다고 생각합니다."

수능 만점자 셋 모두 학종에서도 좋은 결과를 거둔 것은, 이 두 전형의 대비가 근본적으로는 같다는 것을 뒷받침한다. 긴 이야기의 결론은 '수시냐 정시냐'가 아니라 '어떻게 공부를 할 것인가'라는 것이다.

수험생은 다음 세 가지를 반드시 유념해야 한다. 이것에 있어서는 저를 전적으로 믿으셔야 한다.

- 개념을 알아야 수능을 잘 본다. 그런데 개념 위주 공부를 하면 먼저 수시에 붙는다.
- 자기주도학습 태도가 갖추어져야 한다. 공부할 마음이 있어야 공부가 된다.
- 독서와 토론을 열심히 해야 한다. 독해력이 있어야 수능 문제도 이해한다.

제 2장

고교학점제와 대입제도 변화에 대비하셔야 합니다

고교학점제 완전 이해

인공지능이 개인의 학습을 돕게 되는 날이 오면 학습자 개인의 요구와 속도에 맞는 개인별 학습이 가능해질 것이다. 현재는 알든 모르든 한 교실에 앉아 아는 학생은 알고 모르는 학생은 모르는 채로 두고 진도를 나가는 형편이다. 인공지능 시대가 되면 이런 방식의 교육은 개선될 전망이다. 협력 과제도 인공지능과 함께 하고, 토론도 인공지능과 하게 될지 모른다. 개인별로 진도가 다르면 협력 학습과 토론 학습을 같은 반이라고 같이 할 수는 없을 것이기 때문이다. 어쩌면 배우는 지점을 코드화하고 이 학생이 현재 수행하는 학습 코드와 같은 지점을 학습하는 학생을 전세계에서 찾아 온라인에서 협력 학습을 할 수도 있다.

어쨌든 교육의 목적지는 개인화에 있다. 개인을 존중하는 학습 방식이 우리나라에 도입된 것은 제7차 교육과정부터다. 이 교육과정은 1997년 12월에 고시되고 2002년에 고등학교 입학하는 학생들부터 적용되었다.

이전까지는 고등학교도 초등학교나 중학교처럼 모든 학생이 똑같은 과목을 똑같은 속도로 배웠다. 입시도 학력고사나 수능 초기처럼 모든 학생이 같은 시험을 보았다. 1995년 5·31교육개혁에서는 이런 교육과정을 개개인을 무시하는 싸구려 교육으로 규정하고 학생에게 선택권을 주는 21세기형 교육을 하기로 하고 선택형 교육과정을 고시했다.

그러나 선택형 교육과정은 생각처럼 쉽지 않았다. 과목을 선택하게 하려면 선택하는 학생을 다르게 수용할 수 있는 교실이 필요하고, 선택으로 생기는 불편을 감수할 만한 이득이 있어야 하는데 이 모든 것은 갖추어지지 않았다. 2002년 교실은 학급당 학생 수를 줄였다고 하지만 43명이 기준이었으며 학교별로 학급 수도 어마어마했었다. 한 학년에 15학급이 넘는 학교가 수두룩했던 시절이었다. 그러니 학생들을 두 반으로 묶어 희망대로 배정하면 한 반은 60명이 넘고 한 반은 20여 명이 되니 60명을 들일 교실이 없는 것이다. 또한 수능이 위력을 발휘하고 있으니 굳이 선택 과목을 찾아 교실을 돌아다니며 쉬는 시간을 낭비할 필요가 없었다. 야자라고 불리던 야간 자율학습 시간에 밤 늦게까지 공부하느라 피곤한 심신을 달래기 위해서는 쉬는 시간에 책상에 엎드려 단잠을 자거나 수다를 떨어야 했던 시절이었으니 과목 선택과 이동 수업을 반기지도 않았고 선택 인원이 적은 과목을 폐강한다고 해도 불만을 표했던 학생도 없었다.

문제의 발단은 교실 붕괴에서 찾아왔다. 2000년 초반 고등학교 아이들은 과거 아이들처럼 싫어하는 과목이나 수능에 해당하지 않는 과목 시간에는 자거나 딴짓을 하기 시작하였고, 이에 대해 학교는 제재를 가할 방법이 없었다. 과거라면 체벌을 했을 것이지만 학교 체벌이 없어진 이후 학생의 자발성에만 기댈 수밖에 없으므로 교실 상황이 좋아질 것을 바라기는 어려웠다. 이전 아이들은 교실에서만큼은 불필요하거나 싫어해도 하는 척도 하고 고개도 끄덕여 주었다. 하지만 어느 순간부터 교실은 무너지기 시작하였다.

이런 상황에 대한 해법으로 2007 개정 교육과정을 연구하던 2005년 무렵, 학점제가 논의되기 시작하였다. 현재 운영되는 방식은 단위제라고 하는데, 이 제도는 출석만 하면 과목 이수가 되고 졸업이 된다. 그래서 이 제도를 F를 맞으면 졸업이 안 되는 식으로 바꾸어야 학생들이 학교에서 실질적으로 뭔가를 배우고 졸업하지 않겠느냐는 의견이 제시되었다. 출석만 하면 이수가 되는 단위제를 F를 줄 수 있는 '학점제'로 개선하자고 한 것이다. 학점제는 고등학교 학사제도 방식을 대학과 같은 방식으로 바꾸어 적용하는 것을 말한다.

그런데 학생들이 어려워하는 과목을 필수로 정해놓고 성적이 나쁘면 F를 주기로 한다면 너무 많은 학생들이 졸업을 하지 못할 수도 있다. 아이들은 수학, 과학, 세계사, 경제, 세계지리, 윤리와 사상 같은 과목을 어려워한다. 그래서 이 학생들이 어려운 과목 대신 최소한의 고등학교 수준의 과목을 정해서 수강할 수 있게 하는 방식을 도입하려고 한다. 즉 과목 선택형 교육과정을 도입하기로 한 것인데, 이미 제7차 교육과정이 과목 선택형이었으므로 고교학점제형 교육과정이라 해도 선택이라는 점에서는 새로울 것이 없었다.

대학은 대부분 과목의 학점을 3학점으로 통일하여 어디서나 선택이 가능하도록 되어 있지만 제7차 교육과정의 과목들은 주당 4시간, 6시간, 8시간 과목들이 혼재해 있었다. 물론 주당 6시간이나 8시간 과목은 두 학기에 걸쳐 배우게 되었다. 그래서 과목의 단위 수를 통일할 필요가 생겼고, 2007 개정 교육과정에서는 대부분의 과목을 6단위로 통일해서 매일 한 시간씩 일주일 동안 공부할 수 있는 학습량으로 만들기로 하였다. 그러나 고교학점제는 논의만 됐을 뿐 실제 도입하지는 않았다. 실제로 추진하기까지 교사 수급, 시설 보완 등 넘어야 할 산이 크고 많았다. 이어진 2009 개정 교육과정에서도 단위 수를 5단위로 통일하여 선택이 자유롭게 하려고 시도는 했지만 고교학점제를 내세우지는 않았다. 일정 수준까지 공부를 한 학생만 이수를 시키는 제도로 바꾸기가 쉽지 않았다.

2013년이 되자 다시 교육과정 개정을 논의하기 시작하였다. 이 개정은 대입 제도 개선에서 비롯되었다. 우리나라 대학입시는 단순한 방식에서 복잡한 방식으로 바뀌어 왔다. 물고기는 헤엄치기로, 원숭이는 나무타기로, 치타는 달리기로 선발하는 것이 공정한 방식인데 모두 달리기로 선발하는 것은 바람직하지 않다는 주장이 나타났고 이 주장은 대입에 반영되었다. 2012학년도 대입 전형은 3,700가지가 넘는다고 하였다. 복잡함을 권장하던 정부는 박근혜 정부로 바뀌면서 대입을 간소화하는 방식을 택하였다. 다양한 방식의 대입 제도를 그대로 두면서도 단순화하는, 어렵고도 어려운 작업을 한 결과 현재와 같은 방식으로 정리되었다. 수시는 학생부 교과 및 종합, 논술, 실기 및 특기자 전형으로 유형화하고, 정시는 수능과 실기 및 특기자 전형으로 단일화한 것이다.

입시를 개선하면서 한 가지 더 해결해야 할 일이 있었는데, 그것은 당시 2011년 스티브 잡스의 사후, 문·이과통합형 인재에 대한 강조와 관련이 있었다. 세계가 문·이과 구분을 하지 않으며, 심지어 중국(베이징)도 문·이과를 나누지 않는 교육과정으로 개편했는데 늘 중국(베이징)보다는 앞서가던 우리 교육과정은 문·이과로 구분되어 문과를 선택하면 어려운 수학과 과학을 배울 기회가 없고, 이과를 선택하면 인문학을 배울 기회가 없었다. 정부는 창의 융합 인재 육성을 목표로 문·이과의 벽으로 막힌 교육과정을 개선하려고 하였다.

그런데 당시 교육부는 교육과정에서 문·이과가 나뉘어 융합 교육이 이루어지지 않는 이유를 수능에서 찾았다. 사회와 과학 교과 중에서 한 영역을 선택한 뒤 그 안에서 과목을 두 개까지 선택하는 수능의 방식 때문에 학교에서 융합 교육이 이루어지지 않는다는 것이다. 이 문제점을 부각하여, 융합 과목을 만들고 수능을 개선하기로 하였다. 이를 위해 문·사·철을 융합한 인문학 과목과 사회와 과학을 융합한 과목을 만들려고 하였지만 교육과정을 개정하면서 이런 과목을 만들기는 불가능하다는 생각을 하게 되었다. 모든 과목은 나름대로의 존재 가치가 있고 통합은 개인이 분리된 것들 중에서 선택하고 학습하여 자기만의 방식으로 통합된 것이어야 가치가 있다는 결론에 이른 것이다. 그래서 결국 교육과정 개정은 통합사회와 통합과학 과목을 만들어 모든 고등학교 1학년이 배우게 하는 것으로 마무리되었다. '모든'을 강조한 것은 그 이전 교육과정에서는 과학

고라면 통합과학이나 통합사회와 유사한 과목을 배우지 않았고, 일반고에서도 이런 과목을 편성하지 않는 학교가 많았기 때문이다.

이 개정의 결과물이 2015 개정 교육과정이다. 2015 개정 교육과정은 수능을 개선하기 위해 만들어졌지만 통합사회와 통합과학을 공통으로 수능 과목에 포함하는 안은 최종적으로 적용되지 못하였다. 결국 2015 개정 교육과정은 문·이과를 구분하지 않는 교육과정으로 탄생하기는 하였다. 이전 교육과정에서는 문과를 선택하면 미적분을 배워야 할 경제과 지망생은 미적분을 배울 수 없고, 물리학 등 과학 과목도 배울 수 없었다. 간호학을 전공하려는 학생은 이과를 선택하니 생명과학이나 화학 이외에도 물리학과 지구과학을 덤으로 배워야 하지만 정작 필요한 인문학과 심리학 등은 배울 수가 없었다. 그러나 2015 개정 교육과정에서는 이 장벽을 없앴다. 한편 문·이과 통합이 되었으니 쉬운 수학과 쉬운 사회를 배우고도 의약학계나 공학계열의 진로를 택할 때 불이익이 없어야 한다는 주장은 공부는 하기 싫지만 좋은 자리를 차지하는 데는 밀리지 않고 싶은 이기심에서 비롯된 주장이다. 고등학교에서는 대학에 진학해서 공부하는 전 단계까지는 공부해야 한다. 이를 두고 전공적합성 또는 계열적합성이라고 한다.

문·이과 구분이 없는 교육과정을 전면 운영하는 것은 공급자인 학교와 교사 입장에서는 쉬운 일이 아니다. 아이들이 배우고 싶은 과목을 다 제공하기가 쉽지 않고, 외부에서 수강하도록 한다면 이동 중에 사고라도 나면 책임을 누가 질 것인가 하는 문제가 있다.

급식은 어느 학교에서 제공할까?

차비는 주어야 하나?

수업이 2교시 이후에 있어 늦게 오는 학생의 대책은 무엇인가?

공강 시간에 지도 교사가 배정되어 있어야 하나?

아이들이 가장 많이 원하는 보컬 트레이닝 과목은 과연 고등학교 수준의 과목인가?

이런 질문은 끝이 없다.

이뿐이 아니다.

한 선생님이 더 많은 과목을 담당하는 것은 어떻게 보상할 것인가?

수업이 없거나 적은 선생님은 어떻게 하나?

과목을 한 학기에 이수시키면 정작 수능은 3학년 말에 있는데, 아이들이 다 까먹고 난 뒤에 시험 봐야 하는 어려움을 두고 보아야 하나?

이러한 논의가 완결된 것은 아니지만 개개인의 학습 욕구를 존중하는 과목 선택형 교육과정은 2025학년도 고등학교 1학년부터 고교학점제라는 이름으로 고등학교에 적용되게 되었다. 우선 적용해보는 학교들부터 시작하여 많은 학교들이 고교학점제를 운영해보고 있다. 그리고 교육부는 2021년 2월에 고교학점제 종합추진계획을 발표하였다.

학교야 고교학점제를 잘 운영하기 위하여 극복해야 할 문제가 많다고 하더라도 학생과 학부모 입장에서는 어떤 과목을 선택해서 공부를 할지, 어떤 방식으로 공부를 할지, 어디까지 공부를 할지, 대학입시는 어떻게 될지 등이 궁금하다.

한편 학생 선택 교육과정이 최초로 도입되던 2000년경의 학부모는 대학에서 과목 선택을 경험한 분들이 워낙 소수라서 고등학교에 과목 선택을 도입한다는 상황을 이해하기가 어려웠었는데, 현재의 학부모들은 대학 교육이 대중화 되던 시기에 살아서, 이미 대학에서 과목 선택을 경험해보았기 때문에 고교학점제가 쉽게 이해가 된다고 한다.

교육과정을 이해하기 위한 사전 준비
학교 교육과정 편성표를 찾아보자

학교 교육과정은 '학교알리미(www.schoolinfo.go.kr)' 사이트에서 찾아볼 수 있다. 사이트를 방문해서 다음과 같은 순서로 찾는다.

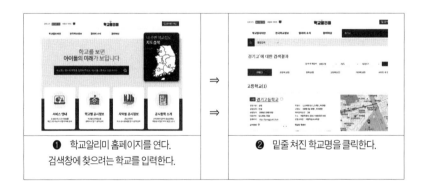

❶ 학교알리미 홈페이지를 연다. 검색창에 찾으려는 학교를 입력한다.

❷ 밑줄 쳐진 학교명을 클릭한다.

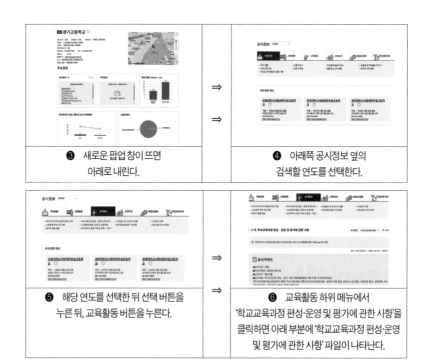

❸ 새로운 팝업 창이 뜨면 아래로 내린다.	❹ 아래쪽 공시정보 옆의 검색할 연도를 선택한다.
❺ 해당 연도를 선택한 뒤 선택 버튼을 누른 뒤, 교육활동 버튼을 누른다.	❻ 교육활동 하위 메뉴에서 '학교교육과정 편성·운영 및 평가에 관한 사항'을 클릭하면 아래 부분에 '학교교육과정 편성·운영 및 평가에 관한 사항' 파일이 나타난다.

❹번에서 해당 연도는 현재 검색하고 있는 연도를 기본으로 하는데, 공시정보는 정보별로 올리는 시기가 있으므로 연초에 검색하면 아무 정보도 없는 경우가 있다. 이럴 때는 당황하지 말고 전년도를 선택한 뒤 선택 버튼을 누르면 전년도에 탑재한 모든 자료를 볼 수 있다. 우리가 찾으려고 하는 '학교교육과정 편성·운영 및 평가에 관한 사항' 파일은 한글 파일이나 엑셀 파일로 탑재되어 있다. 파일에는 학교 교육과정 운영 계획을 포함하여 입학 연도별 교육과정 편성표가 제시되어 있고, 그 해에 1, 2, 3학년이 배우는 교육과정도 들어 있다. 거기서 고등학교 1학년 신입생에 해당하는 교육과정 편성표를 찾아본다.

고등학교 2020학년도 입학생 교육과정 편성표

구분	교과영역	교과(군)	세부과목 유형	세부과목	기준단위	운영단위	1학년 1학기	1학년 2학기	2학년 1학기	2학년 2학기	3학년 1학기	3학년 2학기	총이수단위	필수이수단위
학력 지정	기초	국어	공통	국어	8	8	4	4					16	10
			일반	독서	5	4				4				
			일반	문학	5	4			4					
		수학	공통	수학	8	8	4	4					16	10
			일반	수학Ⅰ	5	4			4					
			일반	수학Ⅱ	5	4				4				
		영어	공통	영어	8	8	4	4					22	10
			일반	영어Ⅰ	5	4			4					
			일반	영어Ⅱ	5	4				4				
			일반	영어 독해와 작문	5	3					3			
			일반	영어Ⅱ	5	3						3		
		한국사	공통	한국사	6	6	3	3					6	6
	탐구	사회	공통	통합사회	8	6	3	3					6	10
		과학	공통	통합과학	8	6	4	2					8	12
			공통	과학탐구실험	2	2	2							
	체육·예술	체육	일반	체육	5	4	2	2					10	10
			일반	운동과 건강	5	4			2	2				
			진로	스포츠 생활	5	2					1	1		
		예술 (음악/미술)	일반	음악	5	5	2	3					10	10
			일반	미술	5	5	3	2						
	생활·교양	교양	고양	진로와 직업	5	2	1	1					2	16

교과 영역	교과(군)	구분	과목	단위	기준	선택Ⅰ	선택Ⅱ	계
기초	국어	진로	고전읽기	5	4	4	4	24
	수학	진로	기하(1학기)	5	4			
	수학	진로	수학과제탐구(2학기)	5	4			
	영어	진로	진로영어	5	4			
탐구	사회	일반	사회·문화(2학기)	5	4	4	4	
		일반	생활과 윤리(1학기)	5	4			
		진로	여행지리(1학기)	5	4			
		일반	한국지리(2학기)	5	4			
		일반	세계사(2학기)	5	4			
		진로	사회문제탐구	5	4			
		진로	지역이해	5	4			
		진로	세계지리	5	4			
		진로	국제법	5	4			
		진로	국제경제	5	4			
	과학	일반	물리Ⅰ(1학기)	5	4	4	4	
		일반	화학Ⅰ(2학기)	5	4			
		일반	생명과학Ⅰ(1학기)	5	4			
		일반	지구과학Ⅰ(2학기)	5	4			
		진로	생활과 과학	5	4			
	기술·가정	일반	정보(1학기)	5	4	택3	택3	
		진로	프로그래밍(2학기)	5	4			
생활·교양	교양	일반	철학	5	4			8
		일반	심리학	5	4			
		일반	환경	5	4			
	제2외국 어/한문	일반	독일어Ⅰ/독일어Ⅱ	5	4	4 택1	4 택1	
		일반	일본어Ⅰ/일본어Ⅱ	5	4			
		일반	중국어Ⅰ/중국어Ⅱ	5	4			

학교 지정

교과 영역	교과(군)	과목 구분	과목	기준 단위	운영 단위					선택	선택	합계
												48
기초	국어	일반	화법과작문	5	6					3	3	
		일반	언어와매체	5	6					3	3	
		일반	심화국어	5	6					3	3	
		진로	화법과토론	5	6					3	3	
	수학	일반	미적분	5	6					3	3	
		일반	경제수학	5	6					3	3	
	영어	공통	영어회화	5	6					3	3	
		일반	영어권문화	5	6					3	3	
		일반	영미문학읽기	5	6					3	3	
탐구	사회	일반	세계지리	5	6					3	3	
		일반	동아시아사	5	6					3	3	
		일반	경제	5	6					3	3	
		일반	정치와법	5	6					3	3	
		일반	윤리와사상	5	6					3	3	
		진로	사회탐구방법	5	6					3	3	
		진로	국제관계와국제기구	5	6					3	3	
	과학	진로	물리학II	5	6					3	3	
		진로	화학II	5	6					3	3	
		진로	생명과학II	5	6					3	3	
		진로	지구과학II	5	6					3	3	
		진로	융합과학	5	6					3	3	
		진로	정보과학	5	6					3	3	
생활 · 교양	기술 · 가정	진로	빅데이터분석	5	6					3	3	
	제2외국어	진로	독일어권문화	5	6					3	3	
		진로	일본문화	5	6					3	3	
		진로	중국문화	5	5					8택	8택	

교과 영역										계
일반	교육학				5			4		
일반	보건				5			4		
일반	실용경제				5			4		
일반	논술				5			4		

구분					2 택1	2 택1	4
이수단위 소계	30	30	30	30	30	30	180
창의적 체험활동	4	4	4	4	4	4	24
학기별 총 이수단위	34	34	34	34	34	34	204
학기당 과목수	6	6	4~8	3~7	1~8	1~8	
학년별 총 이수단위	68		68		68		204

〈구분〉 아래의 '학교 지정, 학생 선택'이란 학교가 지정해서 학생에게 배우도록 하는 과목인지, 학생이 선택할 수 있는 과목인지를 나타낸다. 학교 지정은 '필수 과목'에 해당한다.

다음 설명을 이해하기 위해서는 아래 표를 먼저 보아야 한다.

〈표〉 일반 고등학교(자율 고등학교 포함)와 **특수 목적 고등학교**(산업수요 맞춤형 고등학교 제외) 단위 배당 기준

교과 영역		교과(군)	공통 과목(단위)	필수 이수 단위	자율 편성 단위
교과 (군)	기초	국어	국어(8)	10	학생의 적성과 진로를 고려해 편성
		수학	수학(8)	10	
		영어	영어(8)	10	
		한국사	한국사(6)	6	
	탐구	사회 (역사/도덕 포함)	통합사회(8)	10	
		과학	통합과학(8) 과학탐구실험(2)	12	
	체육 예술	체육		10	
		예술		10	
	생활 교양	기술 · 가정/ 제2외국어/ 한문/교양		16	
소계				94	86
창의적 체험활동				24(408시간)	
총 이수단위				204	

이 표를 바탕으로 아래 설명을 보자.

〈구분〉 아래 '기초, 탐구, 체육·예술, 생활·교양'이란 교과 영역을 말한다. 교과 영역은 기초, 탐구, 체육·예술, 생활·교양 영역으로 구성된다. 기초영역은 2015개정 교육과정에서는 국어, 수학, 영어 교과와 한국사 과목을 말한다. 전체 학점 중에서 기초 영역은 1/2 이하로 이수할 수 있게 하는 등 영역 구분은 무엇을 규정하기 위한 분류일 뿐 큰 의미가 있는 것은 아니다.

'교과(군)'이란 같은 과목이 속한 그룹을 말한다. 국어 교과에는 국어, 문학, 독서, 화법과 작문 외에도 많은 과목이 있다. 교고(군)에서 (군)이란 교과 안에 또 교과가 있는 경우가 있어 붙인 말이다. 사회 교과에는 사회, 역사, 지리, 윤리 교과가 하위 교과로 나뉘고, 그 하위 분류로 지리 안에는 한국지리, 세계지리, 여행지리 등의 과목이 있다.

'기준단위'는 교육부가 정한 국가 수준 교육과정에서 그 과목을 이수할 때 걸리는 시간을 규정한 것이다. 앞으로 단위는 학점으로 바뀔 것이다. 1학점은 주당 1시간씩 한 학기에 학습하는 분량이다. 기준단위가 5라는 것은 주당 5시간을 한 학기에 공부한다는 뜻이다.

'운영 단위'는 기준 단위(학점)를 학교에서 교육부나 교육청에서 허용한 범위 내에서 늘리거나 줄여 운영할 수 있는데, 학교가 실제로 늘리거나 줄여서 운영하는 단위를 나타낸다. 3년 동안 배우는 시간의 양이 정해져 있으므로 기준 단위(학점)보다 늘리면 상대적으로 배울 수 있는 양은 적어지고, 줄이면 양은 늘어나지만 깊이가 없을 수도 있다.

'총 이수 단위'는 각 교과 및 선택 영역을 공부하는 소계와 그 합을 나타내는 부분이다.

'필수 이수 단위'는 교육부가 정한 국가 수준 교육과정에서 국어 교과는 10단위 이상 이수하라, 수학 교과는 10단위 이상 이수하라 등으로 규정한 시간 양을 말한다. 총 이수 단위가 필수 이수 단위 규정을 충족했음을 보여주기 위해 제시한 것으로 모든 학교가 동일하다.

표의 아래쪽으로 내려오면 '이수 단위 소계'가 보인다. 매 학기 30이라고 되어 있다. 즉 주당 30시간씩 3학년 2학기까지 동일하게 학습한다는 뜻이다.

'창의적 체험활동'은 매 학기 4단위로 되어 있다. 창의적 체험활동은 현재는 자율활동, 동아리활동, 봉사활동, 진로활동으로 구성되어 있는데, 주당 4시간 편성한다는 뜻이다.

'학기별 총 이수단위'는 '교과30단위+창의적 체험활동4단위'를 합하여 34단위라는 뜻이다. 즉 주당 수업시수는 34시간이며 17주를 공부하면 한 학기에 해당한다는 뜻이다. 그래서 6교시 있는 날 하루, 7교시 있는 날 4일로 구성된다.

1학년 1학기를 보면 '국어4, 수학4, 영어4, 한국사3, 통합사회3, 통합과학4, 체육2, 음악2, 미술3, 진로와직업1'을 배운다는 것을 알 수 있다. 총합은 30단위이다. 2학기도 별반 다르지 않다. 이 부분은 2015개정 교육과정에서는 특성화고등학교를 제외한 모든 학교가 공통으로 배우므로 어느 학교나 거의 동일하다. 그러나 2학년부터는 배우는 과목이 다르다.

2학년 1학기를 보면 독서4, 수학Ⅰ4, 영어Ⅰ4, 운동과 건강2가 필수로 지정되어 있다. 운동과 건강을 제외한 이 과목들은 수능 범위에 해당하는 과목이며 상위 과목을 배우기 위해서는 먼저 배워야 하는 과목들이므로 학교가 지정했다. 2학기에는 문학4, 수학Ⅱ4, 영어Ⅱ4, 운동과 건강2를 지정했는데, 역시 문학, 수학Ⅱ, 영어Ⅱ가 수능 범위에 해당하는 과목이기 때문이다.

그리고 2학년 1학기와 2학기에는 각각 다른 과목을 3과목 선택하도록 하였다. 과목 중에는 1학기에만 또는 2학기에만 선택할 수 있게 허용하고 있기도 하지만 대부분 과목은 제한이 없다.

〈표〉를 보면 고전읽기, 진로영어, 사회문제 탐구, 지역이해, 세계지리, 국제법, 국제경제, 철학, 심리학, 환경, 생활과 과학은 1, 2학기 모두 개설되어 원하는 시기에 선택할 수 있다. 1학기에만 선택할 수 있는 과목은 기하(1학기), 생활과 윤리(1학기), 여행지리(1학기), 물리Ⅰ(1학기), 생명과학Ⅰ(1학기), 정보(1학기)과목이다. 수학과제탐구(2학기), 사회·문화(2학기), 한국지리(2학기), 세계사(2학기), 화학Ⅰ(2학기), 지구과학Ⅰ(2학기), 프로그래밍(2학기) 과목은 2학기에만 선택할 수 있다. 이 정도의 선택 기회를 제공하고 학교 내에서 개설하지 못하는 과목은 인근 학교에서나 온라인으로 선택 기회를 주면 거의 고교학점제형 교육과정이라고 할 수 있다.

만약 학생이 공대 컴퓨터공학과를 가려고 한다면 1학기에는 '기하, 물리Ⅰ, 생명과학Ⅰ'을 선택하거나 '기하, 물리Ⅰ, 정보'를 선택할 것이다. 혹은 '기하, 물리Ⅰ + 생활과 윤리 또는 여행지리'를 선택할 수도 있다. 기하나 물리 중 하나를 선택하지 않을 수도 있다. 그러나 학생이 학업역량이 충분하다면 '기하, 물리 I , 생명과학 I '을 선택하라고 상담받을 가능성이 높다. 컴퓨터공학을 전공하는 데 필요하면서 학습량이 많은 과목의 조합이 '기하, 물리 I , 생명과학 I ' 조합이기 때문이다.

교과 및 과목의 구성

〈보통교과〉

교과 영역	교과(군)	공통 과목	선택 과목	
			일반 선택	진로 선택
기초	국어	국어	화법과 작문, 독서, 언어와 매체, 문학	실용 국어, 심화 국어, 고전 읽기
	수학	수학	수학 I , 수학 II , 미적분, 확률과 통계	기본 수학, 실용 수학, 인공지능 수학, 기하, 경제 수학, 수학과제 탐구
	영어	영어	영어 회화, 영어 I , 영어 독해와 작문, 영어 II	기본 영어, 실용 영어, 영어권 문화, 진로 영어, 영미 문학 읽기
	한국사	한국사		
탐구	사회 (역사/ 도덕포함)	통합 사회	한국지리, 세계지리, 세계사, 동아시아사, 경제, 정치와 법, 사회·문화, 생활과 윤리, 윤리와 사상	여행지리, 사회문제 탐구, 고전과 윤리
	과학	통합 과학 과학 탐구 실험	물리학 I , 화학 I , 생명과학 I , 지구과학 I	물리학 II , 화학 II , 생명과학 II , 지구과학 II , 과학사, 생활과 과학, 융합과학
체육· 예술	체육		체육, 운동과 건강	스포츠 생활, 체육 탐구
	예술		음악, 미술, 연극	음악 연주, 음악 감상과 비평 미술 창작, 미술 감상과 비평

교과 영역	교과(군)	공통 과목	선택 과목 일반 선택	진로 선택
생활·교양	기술·가정		기술·가정, 정보	농업 생명 과학, 공학 일반, 창의 경영, 해양 문화와 기술, 가정과학, 지식 재산 일반, 인공지능 기초
	제2외국어		독일어 I 일본어 I 프랑스어 I 러시아어 I 스페인어 I 아랍어 I 중국어 I 베트남어 I	독일어 II 일본어 II 프랑스어 II 러시아어 II 스페인어 II 아랍어 II 중국어 II 베트남어 II
	한문		한문 I	한문 II
	교양		철학, 논리학, 심리학, 교육학, 종교학, 진로와 직업, 보건, 환경, 실용 경제, 논술	

① 선택과목의 기본 단위 수는 5단위이다.
② 교양 교과목을 제외한 일반 선택과목은 2단위 범위 내에서 증감하여 편성·운영할 수 있다.
③ 교양 교과목과 진로 선택과목은 3단위 범위 내에서 증감하여 편성·운영할 수 있다.
④ 체육 교과는 매 학기 편성하도록 한다. 단, 특성화 고등학교와 산업수요 맞춤형 고등학교의 경우, 현장 실습이 있는 학년에는 탄력적으로 운영할 수 있다.

　　교과는 보통교과와 전문교과 I, 전문교과 II로 구분된다. 전문교과 I은 과학고, 외국어고, 국제고, 예술·체육고에서 주로 공부하도록 정한 과목들이다. 전문교과 II는 특성화고에서 이수하도록 정한 과목이다.

　　2025년에는 영재학교, 과학고를 제외한 특목고는 일반고로 전환한다고 하였으므로, 고교학점제 교육과정에서는 전문교과 I을 별도 분류하지는 않을 전망이다.

　　처음부터 다시 보면 교과는 보통교과와 보통교과와 전문교과 I, 전문교과 II로 나눈다. 보통교과는 공통과목, 일반선택과목, 진로선택과목으로 나눈다. 공통과목은 선택과목을 배우기 전에 그러니까 주로 1학년에서 배우는 과목이다. 일반선택과목은 수능 범위 안에 있는 과목을 포함해서 진로선택과목을 배우기 전에 배워야 할 과목들이다. 진로선택과목은 위계가 낮은 과목, 진로 특성을 반영한 과목, 위계가 높은 과목이 혼재되어 있다. 예컨대 수학과의 진로선택과목을 보면 '기본 수학, 실용 수학, 인공지능 수학, 기하, 경제 수학, 수학과제 탐구'가 있는데, 기본 수학은 고등학교에는 왔지만 수학 실력은 학습결손이 많아 1학년 공통과목 수학을 이해하지 못하는 학생용, 실용 수학은 특성화고등학교용인데 위계가 좀 낮다. 기하 과목은 이공계열 진학자나 상경계열 진학자에게 필요한 전공 관련 과목, 경제 수학은 상경계열 진학자에게 필요한 전공 관련 과목이다. 수학과제 탐구는 위계가 정해져있지 않으나 스스로 탐구한다는 면에서 보면 위계가 낮은 과목이거나 진로 특성을 반영한 과목은 아니지만, 수학 탐구 역량을 기를 수 있는 과목이다.

〈고교학점제 종합 추진계획〉과 〈2022 개정 교육과정 총론 시안〉 훑어보기

2021년 2월 17일, 경기도 구리시 소재 갈매 고등학교에서 고교학점제 연구·선도학교 운영 성과보고회가 있었다. 이 성과 보고에 이어서 교육부는 〈고교학점제 종합 추진계획〉을 발표하였다. 고교학점제는 본격적으로 2025학년도에 고등학교에 적용되므로 2021학년도 초등학교 6학년이 고등학교에 입학할 때부터 적용된다. 우선 학점제형으로 교육과정이 개정된다. 2022년에 개정 고시하고 2023년에 교과서 등 집필, 2024년에는 교과서 선정, 2025년 고등학교 입학생부터 적용하는 일정이다. 교육 과정 명칭은 '2022 개정 교육과정'이다. 교육부는 2021년 11월 24일, 개 정 교육과정의 총론 시안을 발표하였다. 총론이란 학교가 교육과정을 운 영하는 기준을 담은 것을 말한다. 총론에는 연간 수업 시수, 교과목의 종 류, 과목별 운영 기준 학점 및 평가 방안과 지원 방안 등이 담겨 있다. 이 에 비해 각 교과 및 과목의 내용 기준이 담긴 문서는 각론이라고 한다.

개정 중점

교육부는 총론 시안에서 '교육환경 변화에 적극적으로 대응하기 위해 국가·사회적 요구를 반영하여 미래 사회가 요구하는 포용성과 창의성을 갖춘 주도적인 사람으로 성장할 수 있도록 초·중등학교 교육과정 개선'을 추진한다고 밝혔다.

- '미래 사회가 요구하는 역량 함양이 가능한 교육과정'으로 '학습자의 삶과 연계한 깊이 있는 개념적 학습과 탐구 능력 함양, AI 소프트웨어 교육을 비롯한 디지털 기초소양 강화, 기후 생태환경 변화 등이 가져 오는 지속가능한 발전 과제에 대한 대응 능력 및 공동체적 가치를 함 양하는 교육 강화, 기초학력 보장 지원 및 특수교육 대상 학생, 다문화 학생 등 모두를 위한 교육과정 강화'를 내세웠다.
- '학습자의 삶과 성장을 지원하는 맞춤형 교육과정'으로 '학습자 스스로 목적의식을 가지고 자신의 진로와 적성을 바탕으로 무엇을 어떻게 배

울지 주도적으로 교육과정을 설계할 수 있도록 지원하고 미래의 다양한 진로와 직업 사이에서 이동할 수 있도록 융통성을 유지하고, 스스로 삶과 진로를 설계할 수 있도록 진로연계 교육과정을 운영하도록' 한다고 내세웠다.

특히 학습자 주도성을 내세웠는데, 이는 학습자가 자신의 삶과 학습을 주도적으로 설계하고 구성하는 능력으로, 미래사회에 변화의 주체가 될 수 있도록 하는 것을 강조한다고 하였다.

'지역·학교 교육과정 자율성 확대 및 책임교육 구현'으로 '학생의 요구와 학교의 여건을 고려한 학교 교육과정의 자율성 확대 및 지역 학교 간 교육격차 완화와 책임교육 구현과 다양한 교육 주체들의 역할과 전문성을 존중하는 상호협력 체제 구축 및 지역사회와 교육공동체 간 상호협조 체제 마련'을 내세웠다.

'디지털·AI 교육환경에 맞는 교수·학습 및 평가체제 구축'으로 '비대면 원격교육의 확대와 디지털 시대의 교육환경 변화에 부합하는 미래형 교수 학습 방법과 평가체제 구축, 온 오프라인 학습, 에듀테크 활용 등 유연한 교육과정 운영을 통해 학습자 개별 맞춤형 지도 및 평가 강화' 등을 내세웠다.

주요 변화 사항

2022 개정 교육과정으로 개정하면서 고려된 사항을 '지향점'으로 나타냈다.

미래 전망	4차 산업혁명 도래, 인구 급감, 학습자 성향 변화, 기후환경 변화 등 불확실성 심화		인간상 설정 시 고려사항
국민 의견	개인과 사회 공동의 행복 추구 자기 정체성을 바탕으로 한 자기 주도적학습, 책임 있는 시민으로 성장 ※ 국가교육회의 설문조사 ('21.5.17. ~ 6.17.)	⇒	☞ 자기주도성 (주체성, 책임감, 적극적 태도) ☞ 창의와 혁신 (문제해결, 융합적 사고, 도전)
글로벌 동향	학생 행위 주체성(student agency) 변혁적 역량, 세계 시민 역량 등 강조		☞ 포용성과 시민성 (배려, 소통, 협력, 공감, 공동체의식)

대부분 사항은 익히 알고 있는 점들이다. 2015 개정 교육과정 고시 이후에 충격적인 사건은 이세돌 기사와 인공지능 알파고의 바둑 대결과 코로나19로 촉발된 전 지구적인 감염병 현상이다. 이러한 상황에 대응해 개정 교육과정이 마련되었다.

글로벌 동향의 학생 행위 주체성student agency은 '자기주도성'으로 나타냈다. 이는 불확실한 미래에 대응하기 위해서는 학생이 스스로 선택하고 학습해야 한다는 점을 강조한 것이다.

이를 근거로 '자기주도적인 사람', '창의적인 사람', '교양 있는 사람', '더불어 사는 사람'으로 인간상을 정하고 핵심역량으로는 '자기관리', '지식정보처리', '창의적사고', '심미적감성', '협력적 소통', '공동체역량'을 정했다. 대체로 2015 개정 교육과정과 같고, 자주적인 사람을 자기주도적인 사람으로, 의사소통 역량을 협력적 소통 역량으로 바꾼 것만 달라졌다.

2015 개정 교육과정에는 없던 기초 소양을 강조했다.

기초소양	개념(안)
언어 소양	언어를 중심으로 다양한 기호·양식·매체 등을 활용한 텍스트를 대상, 목적·맥락에 맞게 이해하고, 생산·공유·사용하여 문제를 해결하고 공동체 구성원과 소통하고 참여하는 능력
수리 소양	다양한 상황에서 수리적 정보와 표현 및 사고 방법을 이해·해석·사용하여 문제해결, 추론, 의사소통하는 능력
디지털 소양	디지털 지식과 기술에 대한 이해와 윤리의식을 바탕으로, 정보를 수집 · 분석하고 비판적으로 이해 · 평가하여 새로운 정보와 지식을 생산 · 활용하는 능력

학습에 필요한 언어 문해력과 수리 문해력, 디지털 문해력을 기초 소양으로 정리해서 내세운 점이 2022 개정 교육과정의 특징이다.

공동체 가치를 함양하고 역량을 강화하는 교육 측면에서 초·중·고 전체에서 '인간과 환경의 공존을 추구하는 생태전환교육', '시민성 함양을 위한 민주시민교육'이 이루어진다. 두 가지 사항은 모든 교과와 연계해서 반영하게 된다.

초·중·고 학생 모두를 대상으로 디지털·AI 소양을 함양하는 교육도 강화한다.

'AI·SW 등 신산업기술 혁신에 따른 미래 세대 핵심 역량으로 디지털 기초소양을 함양하고, 교실 수업 개선 및 평가 혁신과 연계'하며 '모든 교과

교육을 통해 디지털 기초소양 함양 기반을 마련'한다.

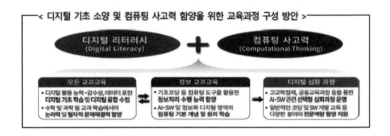

학교 교육과정에서 정보 교육도 강화한다. 초등학교는 학년 별 34시간, 중학교는 68시간 이상 편성·운영하도록 하고, 고등학교에는 인공지능AI 및 빅데이터 등 다양한 신기술 분야 과목을 신설하여 학생이 선택하여 학습하도록 한다.

〈초·중등학교 교육과정에서의 정보교육 강화 방안 예시〉

구분	교과목 편제 및 교육과정 편성	교과 내용 재구조화
초등학교	• 정보 관련 내용을 학생 수요 및 학교 여건에 따라 학교장 개설과목으로 편성 가능 ※ 실과 교과를 포함하여 학교 자율시간 활용을 통한 34시간 이상 시수 확보 권장	• 정보 관련 교과(실과) 내용에 인공지능(AI) 등 신산업기술 분야 기초 개념·원리 등 반영 • 놀이·체험 활동 중심으로 간단한 프로그래밍 등 디지털 역량 함양을 위한 과목 신설
중학교	• 학교 자율시간 및 교과(군)별 시수 증감을 통한 정보시수 확대 이수 권장 기준 마련 ※ (개선안) 정보 과목은 학교 자율시간을 확보하여 68시간 이상 편성·운영을 권장	• 인공지능에 대한 학습(learning about AI) 관련 내용 강화 • 디지털 기초 소양 함양 교육과 연계한 기본·심화를 위한 정보 과목 개설

고등학교	• 정보교과를 신설하고, 진로·적성에 따른 다양한 선택과목 편성 ※ (현행) 기술 · 가정교과군 → (개선안) 기술 · 가정/정보	• 인공지능(AI) 및 빅데이터 등 다양한 신기술 분야 과목 신설

초 · 중학교 진로연계학기 운영

초등학교는 입학 초기의 안정적 적응 및 중학교 생활 준비 등을 위해 교과 및 창의적 체험활동, 학교 자율시간 등을 활용하여 진로연계학기를 운영한다. 초등학교 1학년 입학 초기와 6학년 2학기 시간에 운영한다.

중학교는 중학생의 안정적인 학급 전환 및 고교생활 준비 등을 위해 교과 학습과 진로를 연계한 교육과정을 중학교 3학년 2학기에 운영한다. 이 시간에는 중학교 단계에서의 기초학력 보장을 위한 교과 수업을 하고, 고등학교 교육과정을 안내하며, 과목 선택 연습, 희망 진로 구체화, 학업 설계를 해보게 된다.

한 학기 수업은 16주로 줄어

고교학점제가 되면 단위는 학점으로 바뀐다. 단위란 고등학교 수업을 계량하는 기준인데, 50분 수업을 17회 하는 분량을 말한다. 17회란 한 학기 수업이 17주이니 매주 1시간씩 수업을 하면 1단위이다. 대학에서 1학점이란 주당 1시간 수업을 한 학기 하는 분량을 말하므로 단위와 학점은 양적인 면에서는 같다.

고교학점제로 바뀌면 1학점은 50분을 기준으로 16회를 이수하는 수업량으로 정한다. 현재 17회(16+1회로 2020년에 개정되었다.) 운영에서 1회가 줄어들게 된다. 학기별로 1주씩 줄면 학생들의 방학은 연간 2주 늘게 된다. 학사 일정을 당기면 학년 종료가 2주 앞당겨질 수 있다. 혹은 혹서기를 피하여 여름방학을 길게 할 수도 있다. 그런데 우리나라는 입시를 위해 학기 중 공부를 더 시키고 싶어 하므로 아무래도 여름방학이 길어지기보다는 겨울방학이 길어질 가능성이 높다. 겨울방학이 길면 방학 중 학생부종합전형 평가를 할 수 있는 시간이 나오므로 수시와 정시를 통합하여 운영할 수 있는 시간적 여유도 생길 수 있다. 만일 이렇게 된다면 이런 결정을 발표하는 것은 2024년 2월이 될 것이다.

수업 주 수가 1주일 주는 것은 학생에게는 큰 영향을 주지 않는다. 대학은 한 학기 수업이 15주이며 영재학교도 15주인데, 학교에 따라서는 16주를 하기도 한다. 고등학교는 대학이 방학을 하고 난 뒤에도 한참을 더 학교 가는 것이 상례였는데 이제는 그 차이가 줄게 될 전망이다. 수업을 준비하고 연수를 받아야 하는 교사에게 1주일은 큰 시간이다.

과목은 학기 단위로 편성

학기 단위로 과목을 편성하고 방학 중 계절 수업을 할 수 있도록 학사 운영을 지원하겠다고도 했다. 학기 단위의 과목 편성이 의무사항인지는 분명하게 밝히지 않았다. 한편 미이수 제도를 두기로 했으므로 학기 집중 이수 편성이 불가피할 것이다. 학년 단위로 과목을 편성하면 미이수 이후 부분을 대체 이수할 경우, 또는 보충 이수를 학생이 거부할 경우 다음 학기 수업을 이어서 받도록 하는 것은 불합리하기 때문이다.

예컨대, 사회문화라는 과목을 학생이 2학년에서 선택하여 듣고 있는데, 이 과목은 1학기에 2학점, 2학기에 2학점으로 분리되어 있다. 그런데 이 학생이 1학기 때 이수를 못 하는 일이 발생했다. 그리고 2학기가 되었다. 그러면 이 학생은 사회문화 과목 2학기 해당 부분을 수강하면 안 될 것이다. 앞부분이 미이수 상태가 되었으므로 그것을 먼저 해결해야 하기 때문이다. 그래서 모든 과목은 학기제로 편성되어야 한다.

미이수 과목을 이수하는 계절 수업이 있다

미이수한 과목을 보충해서 다음 학기로 넘어가기 위해 방학 중 계절 수업을 할 수 있게 한다는 점은 유급제가 있기는 하지만 실제로 유급을 시키지는 않으려는 정책적 장치로 보인다. 학점제는 학점을 누적하여 졸업 기준에 도달하면 졸업할 수 있는 제도인데 이는 대학도 마찬가지이다. 대학에서는 F학점을 여러 개 받으면 졸업을 못 하고 한두 학기를 더 다닌다. 그런데 고등학생이 미이수 과목이 많아 졸업을 못 하게 되는 것은 받아들이기가 쉽지 않다.

학점제를 하는 다른 나라의 예를 보면 미이수가 되거나 졸업시험을 통과하지 못한 경우 고등학교를 1년 더 다니는 경우가 많이 있다. 교육 강국 핀란드 고등학교에도 4학년 학생들이 있다. 그런데 우리나라는 재수는 당당하게 여기지만 유급은 매우 수치스럽게 여기므로 학교에서도 유급시키기가 쉽지 않을 전망이다. 그러므로 이번 학기에 미이수된 과목은 방학 중 계절학기를 통하여 재이수하거나 다른 과목을 대체 이수할 수 있게 해 주겠다는 말로 들린다.

문제는 재이수나 대체이수가 내실 있게 운영될 것인가에 있지만, 학생이나 학부모 입장에서는 대부분 출석을 제대로 하고 수업도 잘 따라가기만 하면 미이수할 일이 없으니 방학은 계절 수업을 듣는 기회로 삼지 말고 보람 있는 일을 추진할 계획을 세우고 실천하며 공부 역시 복습과 예습으로 채우는 시간을 가질 일이다.

과목당 학점은 1~5학점

과목 편성은 1~5학점으로 할 수 있다고 하였다. 과목은 한 학기 내에 이수할 수 있는 분량으로 정한다면 최대 주당 5시간짜리 과목을 개설할 수 있다. 한 주에 교과 수업은 평균 29시간이 될 것이므로 5시간짜리 과목으로만 구성되면 5과목이 4시간이 남는다. 그런데 우리나라 교육과정에서 한 학기 내에 국어, 수학, 영어가 빠지는 학기는 상상하기 어렵다. 어떤 때는 국어, 수학, 영어 과목 중 한두 교과는 두 과목을 배우기도 하므로 모든 과목을 5학점으로 편성하기는 어려울 것이다. 여기에 학점 크기를 같게 해야 동일 선상에서 선택이 가능하다는 점도 있으므로 학교에 따라 5학점 과목과 3학점 과목처럼 학점 크기를 이원화하여 편성하게 될 가능성이 크다.

학교는 2024학년도에나 2025학년도에 입학할 학생의 교육과정을 편성할 것이므로 그 이전에는 확정된 안을 알기는 어렵다. 단, 2022년에 고교학점제형 교육과정을 고시하면 학교가 새 교육과정을 어떻게 편성하면 좋을지를 시뮬레이션해 보는 연구 단계를 거치게 될 것이므로 중학교 3학년이 되면 정보를 얻을 수 있을 것으로 보인다.

전문성이나 대학 교육을 받기 위한 예비과목을 이수하는 것이 중요하다는 '전공적합성'이라는 가치도 있지만 다양성이라는 가치도 있다. 꼭 전공에 필요한 과목이 아니라도 다양한 지식과 경험이 있으면 나중에 그것을 보충해서 전문적 영역으로 확보할 수도 있다. 그런 점에서 고등학교에서 2학점으로 편성한 교양 과목 등을 어떻게 수강해서 학생의 관심을 보여주었는지도 학종 평가에서 관심을 둔다. 고교학점제 교육과정에서는 이런 과목을 개설할 수 있도록 하여, 1학점 미니과목(보고서 작성, 체험 등)이라고 하였다. 이 시간에는 분기 집중 이수, 미이수 보충을 위한 수업 운영 등을 할 수 있다고 예시하였다.

분기 집중 이수는 학기 집중 이수를 반으로 쪼갠 형태의 이수를 말한다. 베이징 교육과정에서는 학분이라는 단위가 있고, 핀란드 교육과정도 1년의 과정을 4~5시기로 쪼개서 운영하는데, 이렇게 한 학기보다 더 적은 시기에 이수를 할 수 있게 편성하는 방식이다. 즉 16시간이 1학점이므로 주당 2시간씩 하면 반 학기에 1학점짜리 과목 이수가 가능하다. 이 방식은 2009 개정 교육과정부터 규정상으로는 운영이 가능했지만 실제 운영은 되지 않았던 것이다. 1학점 분기 이수를 하면 중간고사 이전까지 2시간씩 이수하고 마치고 이후 기말고사까지는 2시간씩 다른 1학점 과목을 이수할 수 있게 된다.

학생 선택 중심 과목구조 개편

학점제형 교육과정에서도 2015 개정 교육과정처럼 공통과목을 유지하고, 학생별 상황에 따라 기본과목을 공통과목으로 대체 이수하도록 허용한다. 2025학년도부터는 외국어고, 국제고, 자사고가 모두 일반고가 되므로 외국어고와 국제고에서 개설했던 과목을 전문 교과에 둘 필요가 없어졌다. 고시 외 과목도 활성화하기로 했다. 이와 함께 고시 외 과목의 현황 관리 및 정보를 제공하는 체제를 만들기로 하였다.

그 결과 과목 구조가 표와 같이 바뀌게 된다.

〈현행〉

교과	과목
보통	공통과목
	일반선택과목
	진로선택과목

〈개편 방안〉

교과	과목		과목 성격
보통	공통 과목		기초소양 및 기본학력 함양, 학문의 기본 이해 내용 과목 (학생 수준에 따른 대체 이수 과목 포함)
	선택 과목	일반 선택	교과별 학문 내의 분화된 주요 학습 내용 이해 및 탐구를 위한 과목
		진로 선택	교과별 심화학습 및 진로 관련 과목
		융합 선택	교과 내 · 교과 간 주제 융합 과목, 실생활 체험 및 응용을 위한 과목

교과에서는 2015 개정 교육과정과 다르게 융합 선택과목이 생겼다. 학생은 일반 선택과목과 진로 선택과목을 먼저 선택한 뒤 융합 선택과목을 이어서 선택하게 될 전망이다. 예컨대 과학 과목을 위주로 선택한다면 일반 선택과목의 '물리학, 화학, 지구과학, 생명과학'을 먼저 선택하고 '역학과 에너지, 전자기와 빛, 물질과 에너지, 화학반응의 세계, 세포와 물질대사, 생물의 유전, 지구시스템과학, 행성우주과학'에서 진로에 맞는 몇 과목을 선택하게 될 것이다. 이후 선택의 여력이 있다면 '과학의 역사와 문화, 기후 변화와 환경생태, 융합과학 탐구'를 선택하게 될 것이다.

2015 개정 교육과정의 전문 교과 중 보통 교과로 넘어온 과목은 외국어고와 국제고에서 배우던 과목들이다. 체육·예술계 고등학교와 과학고에서 배우는 과목은 특목고용 과목으로 남게 되어 일반고에서는 선택하지 않아도 되는 과목으로 남게 된다. 즉 일반고 학생이라면 굳이 고급미

적분, 고급물리학 등의 과목을 배우지 않아도 대입에 지장이 없다.

〈2022 개정 교육과정 보통교과〉

교과 (군)	공통과목	선택과목		
		일반 선택	진로 선택	융합 선택
국어	공통국어 1, 2	화법과 언어, 독서와 작문, 문학	주제 탐구 독서 문학과 영상, 직무 의사소통	독서 토론과 글쓰기 매체 의사소통, 언어생활 탐구
수학	공통수학 1, 2 (기본수학 1, 2)	대수, 미적분 I, 확률과 통계	미적분 II, 기하, 경제 수학, 인공지능 수학, 직무 수학	수학과 문화, 실용 통계 수학과제 탐구
영어	공통영어 1, 2 (기본영어 1, 2)	영어 I, 영어 II, 영어 독해와 작문	영미 문학 읽기, 영어 발표와 토론, 직무 영어	실생활 영어 회화, 미디어 영어, 세계 문화와 영어
			심화 영어, 심화 영어 독해와 작문	
사회 (역사/도덕 포함)	한국사 1, 2	세계시민과 지리 세계사 사회와 문화 현대사회와 윤리	한국지리 탐구, 도시의 미래 탐구, 동아시아사 주제 탐구, 정치, 경제, 법과 사회, 윤리와 사상, 인문학과 윤리	여행지리 역사로 탐구하는 현대 세계 사회문제 탐구 금융과 경제생활 윤리문제 탐구
	통합사회 1, 2		국제 관계의 이해	기후 변화와 지속 가능한 세계
과학	통합과학 1, 2 과학 탐구 실험	물리학, 화학 지구과학, 생명과학	역학과 에너지 전자기와 빛 물질과 에너지 화학반응의 세계 세포와 물질대사 생물의 유전 지구시스템과학 행성우주과학	과학의 역사와 문화 기후 변화와 환경생태 융합과학 탐구

체육		체육Ⅰ, 운동과 건강Ⅰ	체육Ⅱ, 운동과 건강Ⅱ (미니) 체육탐구	스포츠 생활 (미니) 스포츠 활동 과 분석
예술 (음악/미술)		음악, 미술, 연극	음악 연주와 창작, 음악 감상과 비평, 미술 창작, 미술 감상과 비평	음악과 미디어 미술과 매체
기술·가정 /정보		기술·가정	로봇과 공학세계 가족과 가정생활	창의 공학 설계, 지식 재산 일반 생애 실계와 자립 (미니)아동발달과 부모
		정보	인공지능 기초, 데이터 과학	소프트웨어와 생 활
제2 외국어 /한문		독일어 프랑스어 스페인어 중국어 일본어 러시아어 아랍어 베트남어	독일어 회화, 프랑스어 회화, 스페인어 회화, 중국어 회화, 일본어 회화, 러시아어 회화, 아랍어 회화, 베트남어 회화	
			심화 독일어, 심화 프랑스 어, 심화 스페인어,심화 중 국어, 심화 일본어, 심화 러시아어,심화 아랍어, 심화 베트남어	독일어권 문화, 프 랑스어권 문화 스페인어권 문화, 중국 문화, 일본 문화,러시아 문화, 아랍 문화, 베트남 문화
		한문	심화 한문	언어생활과 한자
교양		진로와 직업, 생태와 환경	인간과 철학, 삶과 종교 논리와 사고, 인간과 심리 교육의 이해, 보건	인간과 경제활동 논술

〈2022 개정 교육과정 특수목적고등학교 교과〉

계열	교과 (군)	선택과목	
		진로 선택	융합 선택
과학계열	수학	전문수학 이산수학 고급기하 고급대수 고급미적분	
	과학	고급물리학 고급화학 고급생명과학 고급지구과학 과학과제 연구	물리학실험 화학실험 생명과학실험 지구과학실험
	정보		
체육계열	체육	스포츠개론 육상운동 체조운동 수상운동 기초체육전공실기 심화체육전공실기 고급체육전공실기 스포츠경기체력 스포츠경기기술 스포츠경기분석	스포츠트레이닝기초 스포츠의학기초 스포츠마케팅기초
예술계열	예술	음악이론 음악사 시창·청음 음악전공실기 합창·합주 음악공연실습 미술이론 드로잉 미술사 미술전공실기 조형탐구 무용의이해 무용과몸 무용기초실기 무용전공실기 안무 무용제작실습 무용감상과비평 문예창작의이해 문장론 문학감상과비평 시창작 소설창작 극창작 연극과몸 연극과말 연기 무대미술과기술 연극제작실습 연극감상과비평 영화의이해 촬영·조명 편집·사운드 영화제작실습 영화감상과비평 사진의이해 사진촬영 사진표현기법 영상제작 의이해 사진감상과비평	음악과문화 미술매체탐구 미술과사회 무용과매체 문학과매체 연극과삶 영화와삶 사진과삶

학점 기반의 고등학교 졸업 체제 구축

　과목 이수 기준에는 과목 출석률을 포함시킨다. 학업성취율은 40% 이상을 충족하면 이수하도록 한다. 한편 40%의 학업성취율로 이수할 경우

상위과목을 이수할 역량이 부족하다는 반론이 나온다. 60% 학업성취율도 낮은데 40%로 정하면 결국 출석만으로도 이수가 되므로 학생의 학업 질 관리가 안 될 수 있다.

3년간 취득한 학점이 192학점 이상이면 졸업이 가능하도록 규정한다. 교과는 현행 180학점에서 172학점으로 준다. 주당 1시간이 줄어든다. 창의적 체험활동은 24단위에서 18학점으로 축소한다. 결국 주당 평균 수업시수는 34시간에서 32시간으로 줄어들게 된다. 학생은 학기당 최소 수강학점인 28학점은 수강해야 할 것으로 보인다.

보충이수를 통한 학점 취득 지원

미이수제도를 도입하지만, 학교에서는 진단평가, 학습관리 등 미이수 예방에 중점을 둔다. 미이수가 발생한 경우 보충이수 지원을 원칙으로 하되, 대체이수도 가능하도록 하였다. 대체이수란 별도 과제 수행, 보충 과정 제공 등 본 과목의 내용이나 수업량을 축소하여 수강하는 방식을 말한다. 미이수 과목을 다음 학기나 학년도에 수강하는 재이수 방식은 장기적으로 도입을 검토한다고 한다. 보충이수 후 부여되는 성적은 성취도 E등급으로 한다. 보충이수에 참여하지 않을 경우 해당 과목 미이수(I*) 처리된다. F학점이라고 하지 않고 I학점이라고 하기로 했다. I는 Incomplete의 약자이다.

학점제형 평가제도 설계

2019학년도 고등학교 입학생의 진로선택과목에 성취평가제를 적용한 것을 확대하여 2025학년도 고등학교 입학생부터는 전체 선택과목에 대하여 성취평가제를 적용한다. 성적은 '원점수, 과목평균, 성취도, 수강자 수, 성취도별 학생 비율 산출'로 구성한다. 현행 진로선택과목과 같은 방식인데, 단 미이수를 제외한 5단계인 점은 다르다.

〈성취평가제 확대에 따른 성적 산출 방식(예시)〉

과목명	학점 수	원점수/과목평균	성취도 (수강자 수)	성취도별 학생 비율
정치와법	4	85/64.4	B(55)	A(7.3) B(30.9) C(12.7) D(30.9) E(18.2)

이렇게 되면 공통과목에만 석차등급이 적용되는데, 석차등급이 적용되는 공통과목이 학생부위주전형에서 차지하는 비중이 커질 것을 우려하는 목소리가 크다.

한편, 학교알리미 정보공시 등 내신 평가에 대한 모니터링 체제를 구축하여 시·도단위에서는 학교별 평가 상황을 모니터링하고, 중앙단위에서는 한국교육과정평가원을 중심으로 현황 분석 등 성취평가 관리 체제를 구축한다. 이 경우 과목 특성상 또는 학업 우수학생이 몰리는 과목의 경우 A 비율이 높을 때도 조정을 해야 하는가가 문제가 된다. 또한 비율만으로 적정한 평가가 이루어졌다고 판단할 수 있는가 하는 점도 문제이다.

공동 교육과정 및 학교 밖 교육 활성화

인근 고교, 지역 대학 및 공공기관 등과의 지역 교육공동체 구축을 통해 학생 과목선택을 지원한다. 인근 고교와 함께 개설하는 온·오프라인 공동교육과정 운영도 지원하고, 대학, 기업, 연구기관 등 지역사회와의 협력을 기반으로 학점제를 운영하는 고교학점제 선도지구 운영을 확대한다. 지역사회 기관에서 이루어지는 교육활동인 '학교 밖 교육'을 학점으로 인정하는 방안도 추진되는데, 학기별로 외부에서 이수할 수 있는 학점의 상한선을 두게 될 것이다.

지역 교육과 관련해서 국가 수준 교육과정 권한의 일정 부분을 시·도교육청으로 이관해야 한다는 목소리가 동시에 존재한다. 교육과정 분권화와 관련한 것이다.

우선 학교 간 공동교육과정을 정비한다. 공동교육과정의 정규 시간 내 운영을 확대하고 2025년부터는 창의적 체험활동 운영을 공동교육과정으로 허용하고, 타 시도교육청 개설 공동교육과정에 대한 이수 허용 등 제도 운영을 활성화한다.

온라인 공동교육과정 플랫폼을 개선한다. 교실온닷(~'20.)→교실온닷·온라인클래스 병용('21.~'22.)→K-에듀 통합 플랫폼('23.~)으로 전환한다. K-에듀 통합 플랫폼 개통('23 1차 개통) 시 교실온닷(edu.classon.kr) 폐지를 검토한다.

학교 밖 교육 학점을 인정한다. 삶과 연계된 교육이 이루어질 수 있도록 대학, 연구기관 등 지역사회와 연계한 '학교 밖 교육' 운영을 활성화한다는 것이다. 온라인 공동교육과정까지는 학교 내 교육과정으로 간주한다.

<**학교 밖 교육 공통 가이드라인(안)** >

- '학교 밖 교육'의 의미

학생의 진로·적성과 연계된 내용으로서, 학교 내 또는 학교 간 개설 및 운영이 어렵다는
학교장의 판단에 따라 지역사회 기관에서 이루어지는 교육 활동

- '학교 밖 교육'의 요건 및 운영 형태

(요건) 교육감 승인 및 학교교육계획에 반영한 지역사회 기관* 및 프로그램

* 대학, 연구기관, 지자체 시설, 청소년 체험 시설 등 공공성을 가진 기관(사교육 기관, 사설
연수원 등은 제외)

(운영 형태) 교과 또는 창의적 체험활동 형태로 운영

- '학교 밖 교육'의 학점 인정 범위

졸업 학점(192학점) 중 학교 밖 교육에 대한 학점인정 범위 제한 및 단계적 확대

고교학점제가 되면 어떤 과목을 선택해야 할까?

학생부종합전형으로 대학에 진학할 때 중시되는 평가 요소는 '학업 역
량'이다. 학업 역량 평가는 대학의 전공 모집단위(학과나 학부 등)에서 공부
할 때 기초가 되는 과목을 얼마나 잘 공부했는지에 중점을 둔다. 그러므
로 고교학점제가 되어도 딱히 공부해야 할 과목이 달라지지 않는다. 대학
이 국어, 영어, 수학, 사회, 과학 등 전 과목을 두루 잘하는 학생을 선호한
다는 점에는 변함이 없다. 다만 공대나 자연대로 진학할 학생이 아니라면
과학은 좀 덜 배울 것이고, 사회과학 계통으로 진학할 학생이라면 과학

과목보다는 사회 과목을 더 많이 배울 것이다.

공부에 흥미가 없는 학생도 상당수이므로 교육과정에 제시된 일반과목이 아닌 다른 과목에 관심이 더 많은 학생도 분명히 있다. 이런 학생들을 위해서 학교는 다양한 과목을 개설하여 그들의 학업 요구를 들어주어야 한다. 그러나 공부를 잘하고 싶은 학생이라면 주어진 시간에 선택해서 공부해야 할 과목은 오히려 단순해진다.

국어, 수학, 영어 교과에서 학생들은 국어와 영어에서는 자신이 좋아하는 과목을 선택하면 된다. 그러나 수학은 수학Ⅰ, 수학Ⅱ, 미적분, 확률과 통계와 진로 선택 과목의 기하 과목 중 자신의 진로와 관련성이 높은 과목을 선택하게 될 것이다.

이전 교육과정에서는 미적분과 기하는 이공계로 진학하는 학생이 배워야 할 과목이라고 했지만, 2015 개정 교육과정에서는 이공계 진학 희망 학생뿐 아니라 사회과학을 전공할 학생에게도 필요한 과목이라고 설명하고 있다.

사회와 과학 과목 중에서 대학 공부를 위해 필요한 과목은 이공계에서는 과학Ⅰ, 과학Ⅱ 과목을 많이 배울수록 도움이 되고, 사회는 세계사와 윤리와 사상을 배워두는 것이 도움이 된다. 인문사회계열의 공부 기본 과목이 역사와 철학이기 때문이다.

과학을 전 영역에 걸쳐 공부하는 것이 유의미하다는 점을 서울대는 계속 알리고 있다. 서울대 웹진 〈아로리〉에 실린 면접 이야기도 같은 맥락이다.

다른 친구들은 난이도를 어떻게 체감하는지 모르겠지만 전 쉽게 풀었습니다. 저는 지구과학 면접이었는데 학교에서 배우는 지구과학 I 과 II 과목을 잘 공부한 학생이라면 어려움이 없었을 것이라 생각합니다. 교과서에서 다루는 기본 개념만 충실히 이해하고 있어도 충분히 쉽게 풀 수 있을 것이라 생각하고 최근 몇 년 사이의 기출 경향과 비교해 보아도 여전히 쉬운 기조는 유지되고 있는 것 같습니다. 특히 3학년에 들어서 지구과학 II 과목을 이수했는데 수업시간에 공부한 내용이 나와 별 어려움 없이 면접에 임했던 것 같습니다. 물론 고등학교 때는 지구과학만이 아니라 과학 교과 전반을 모두 공부해야 해서 조금 힘이 든다는 생각도 했지만, 과학 시간에 배운 내용들이 사실 서로 연관성이 높은 개념들이 많아서 기본적으로 과학적 현상을 이해하고 풀이하는 데 도움이 된 것 같습니다. 그때는 이걸 왜 배우는지 몰랐지만 결국 면접에서 도움을 받았다고 생각하니 공부하기를 정말 잘했다는 생각도 합니다.

또한 2018년에 서울대에서 각 학교에 배포한 〈2015개정교육과정에 따른 고교생활 가이드북〉에서도 같은 내용을 확인할 수 있다.

화학을 전공한다고 해서 화학 공부만 하는 것은 권장하지 않습니다. 당연히 화학을 전공하고자 하는 학생이라면 깊이 있게 화학을 공부하는 것은 상식입니다. 그러나 물리학, 생명과학, 지구과학의 학문 분야는 사실 매우 긴밀하게 얽혀 있습니다.
단일 전공만으로는 전문성이 떨어지고 연구 주제가 한정되기에 두 개 이상의 분야의 지식을 응용할 수 있도록 미리 지식 기반을 다져놓는 차원에서 공부를 소홀히 하지 않기를 바랍니다.

대학이 재학생의 말을 통하여 이러한 뜻을 전하는 것은 학생들이 이런 방향으로 학습하기를 바라기 때문이다.

고교학점제에서의 대학입시

   고교학점제에 어울리는 대학입시 제도 개선은 2021년부터 본격적으로 논의를 시작한다고 발표하였다. 2022 개정 교육과정과 고교학점제 등 새로운 교육제도를 반영한 2028학년도 대입제도 관련 미래형 수능 및 대입 방향 논의를 2021년부터 착수한다는 것이다.

   대학입시에 사용하는 전형요소는 현재 학생부, 논술, 수능 세 가지이다. 각 요소는 성적을 만드는 곳이 다르다는 점이 특징이다. 학생부전형은 고등학교가 자체 교육에서 평가한 성적이 전형요소가 되는 방식이다. 논술전형은 대학이 문제를 출제해서 만들어낸 성적으로 사정하는 방식이다. 수능은 국가가 평가해서 성적을 만들면 대학이 이를 전형에 사용하는 방식이다. 대입제도 개선은 이 세 가지 요소를 어떻게 사용하고 배분하는가에 달려있다. 이밖에 교과 본고사를 보는 방식도 있지만 70년대와 1994년부터 시작한 수능 초기에 교과 본고사를 시행한 결과 사교육이 크게 증가해서 늘 사회적 문제가 되었기 때문에 고려 사항이 아니다.

대입제도 개선의 쟁점

현재의 전형요소를 수정·보완하는 차원에서 실시할 것인가 또는 완전히 새로운 틀을 만들 것인가를 먼저 논해야 하지만, 어떤 논의를 하더라도 기본적으로 고려해야 할 사항은 변함이 없다.

고교 교육 정상화를 염두에 둔 대입제도는 무엇인가?

● 고교 교육 정상화를 염두에 둔 대입제도는 학생부종합전형이라는 의견에는 이미 합의가 되었다. 그러나 이 전형에 대한 이해도는 낮아 결과에 대해 수긍이 안 된다는 지적이 있다. 이러한 부정적 의견을 불식해야 하는 문제가 남아 있다.

● 2022학년도부터 교육부가 서울 소재 16개 대학은 수능 정시비율을 40%까지 늘리도록 강권하자 각 고등학교에서는 수능에 중점을 두는 교육과정으로 돌아가려고 하고 있다. 수업 역시 수능 대비 문제풀이로 회귀하는 모습이다. 고교학점제가 교실 수업 혁신을 추구하는 해법이라면 이 방향에 맞게 대입제도를 강화해야 한다.

● 한편, 학생부종합전형 이외에도 학생부가 없는 학습자가 고등교육 기회를 가질 수 있는 대입제도 역시 필요하다는 주장이 있다. 일리가 있다. 늦게 철든 학생, 검정고시를 친 학생들이 대입 기회를 얻을 수 있는 문

도 일부 열려 있어야 한다. 이들에게 고등학교 이후의 학생부를 만들 수 있는 기회를 부여해서 학생부종합전형에 합류하게 하는 방안도 생각할 수 있다.

'공통과목은 상대평가, 선택과목은 성취평가'로 설정하면 이에 합당한 전형 요소는 무엇인가?

◦ 대학입시에서 비중이 큰 과목은 선택과목인데 이 과목이 성취평가로 제공되면 정량평가를 하기 어렵다. A등급 비중이 90%인 학교도 있고 5%인 학교도 있다. 이는 동일한 잣대를 기준으로 삼은 것이 아니므로 공신력이 없기 때문에 성적을 점수로 계산할 수 없다.

◦ 현행 대입제도에서는 교육부가 2019년에 정량평가를 기본으로 삼는 학생부교과전형을 지역균형 전형으로 10%는 유지하도록 서울대 등 서울 소재 16개 대학에 강권했었다. '공통과목은 상대평가, 선택과목은 성취평가' 하에서 학생부교과전형을 유지하기는 어렵다. 등급 비율을 반영해서 정량평가를 한 뒤 정성평가를 부과하는 방안을 사용할 수 있지만 이 경우 순수한 정량평가 중심 교과전형은 아니게 되므로 이 전형의 명칭을 학생부교과전형이라고 해야 할지 미지수다.

수능은 유지해야 하나? 서·논술형 수능이 필요한가?

◦ 과목형 수능은 일부 과목만 학습하게 한다는 점에서 부정적인 측면이 있다. 국어, 수학, 영어에 비하여 탐구 과목 비중은 지나치게 낮다. 이

러한 문제점을 해소할 방안으로 수능을 폐지하는 방안과 개선하는 방안을 생각할 수 있다.

○ 현재로서는 수능 폐지는 고려 대상이 아닌 것으로 보이며, 선택형 시험이 갖는 문제점을 해소하기 위해 서·논술형 시험을 도입하는 방안이 추진될 것이다. 이는 학교 시험처럼 선택형 문항과 서·논술형 문항이 공존하는 형태일 수도 있고, 선택형 수능과는 별도로 서·논술형 문항이 있는 시험을 볼 수도 있다. 또는 선택형 시험은 폐지하고 서·논술형 시험만 만들 수도 있다. 이에 대한 논의가 치열하게 이루어질 것이다.

수시와 정시는 분리해야 하나? 통합할 수는 없나?

○ 수시 입시로 고등학교 3학년 2학기가 버려지고 있다. 3학년 2학기의 학사 운영이 교과 진도 나가기가 아니더라도 버려지지는 않게 하는 방안을 고려할 필요가 있다. 수시와 정시 통합은 2018년의 논의과정에서 다루었는데 현재로는 통합이 어렵다고 결론이 났다고 보아야 한다.

○ 단, 새롭게 검토할 수 있는 방안은 수시와 정시로 나누지 않고 시기를 통합하되 전형 요소로 나누는 방법이다. 학생은 대학에 수능과 내신과 기타 서류를 제출하면서 본인이 원하는 전형에 지원하고 대학은 예고한 전형 요소로 선발하는 방식이다.

○ 수업하는 주 수가 16주로 줄어들게 되어 3학년 2학기를 마치고 전형을 시작해도 서류평가를 할 수 있는 시간은 확보할 수 있을 것으로 보인다.

계층사다리 역할을 하는 전형이 가능한가?

　• 수능, 학생부 모두 계층사다리 역할을 충분히 한다고 보기 어렵다. 모든 성적 자료는 소득이 높은 가정의 자녀가 더 높은 점수를 받는 것으로 연구 결과가 말하고 있다. 각각의 전형 요소를 지지하는 측에서는 상대 전형 요소가 부정적임을 주장하지만 모두 계층사다리 역할을 하지는 못한다고 하는 것이 맞다.

　• 계층사다리 역할을 하는 전형요소를 따지기보다는 대학 공부가 계층사다리 역할을 하도록 별도의 선발 기회를 부여하는 것이 바람직하다. 빈곤 등의 이유로 고등학교 단계에서 학습 결손이 있어 대학 진입이 어려운 학생은 이미 초등학교 단계부터 학습 부진을 겪고 있다는 점을 염두에 두고 학습 결손이 시작되는 각 시기에 학습 결손을 메우는 관리가 더 필요하다.

대입제도 방향과 학습 방향

　고교학점제하에서의 대입제도는 학생부종합전형과 서·논술형 수능이 중심이 될 전망이다. 그런데 학교 교육의 중심이 역량을 길러주는 데 있다면 평가 역시 수행평가 및 서·논술형 평가가 중심이 될 것이다. 그 결과를 서·논술형 수능으로 측정한다면 어떤 전형 요소가 되더라도 그 중심은 독서와 글쓰기, 수학 공부가 차지하게 된다. 그런데 독서와 글쓰기는 국어 시간에만 해당되는 것은 아니다. 독서와 글쓰기에 꼭 필요한 것이 배경 지식인데 이 배경 지식은 학교 공부의 모든 영역에서 채워진다.

고교학점제 교육과정에 대한 교육부의 발표가 주는 시사점을 헤아려 보면 수긍이 될 것이다.

고교학점제에서는 역량을 강조하는 교육을 한다

역량을 강조하는 교육은 '학생이 무엇을 아는가?'보다는 알고 있는 것을 기초로 '무엇을 실제로 할 수 있는가?'에 초점을 두는 교육이다. 이와 관련하여 기초·기본 역량 강화를 중요시한다. 기존의 3R(읽고, 쓰고, 셈하기)에서 벗어나 여러 교과를 학습하는 데 기반이 되는 언어, 수리, 디지털 소양 등을 기초소양으로 강조하겠다고 한다.

이와 함께 OECD의 교육 핵심 기반 중 인지적 기반의 요소와 정의를 제시하였다.

● (언어 소양) 다양한 목적을 위해 다양한 형식과 상황에서 텍스트와 시각적 정보를 이해, 해석, 사용하고 창출하는 능력(부호/부호시스템의 인코딩 및 디코딩을 기반으로 의미 만들기)

● (수리 소양) 디지털 환경을 포함한 일상생활에서 수학 도구, 추리 및 모델링을 사용하는 능력

● (디지털 소양) 전통적인 문해력(literacy)과 동일한 기초능력에 의존하지만, 디지털 이해력(digital literacy)는 디지털 상황에서 적용되며, 새로운 디지털 도구와 역량에 의존함

● (데이터 소양) 데이터로부터 의미 있는 정보를 도출할 수 있는 능력, 데이터 읽기, 작업, 분석 및 데이터와의 논쟁 능력, 그리고 '데이터의 의미'를 이해하는 능력을 포함

이렇게 보면 언어, 수리, 디지털이 중요하고 현재에는 비중이 적지만 디지털 능력의 비중이 점차 커질 것으로 보인다. 그런데 수학을 모르고 AI 학습에 치중하면 분수 계산도 모르면서 자율주행차 모형을 만들겠다고 하는 것과 다름이 없다. 결국 디지털에 대한 소양을 기르는 시간이 확보는 되어야 하지만 그보다 더 중요한 역량은 수리 역량이다.

모든 공부를 다 하면 좋지 않겠느냐고 할 수도 있다. 하지만 학교 수업은 시간이 정해져 있다. 고등학교는 고교학점제가 적용되면 교과는 29시간이 된다. 학교 또는 학생은 이 시간을 어떻게 배분해서 무엇을 공부할 것인지 정해야 한다. 배울 수 있는 과목은 배움의 도구가 되는 국어, 영어, 수학과 삶의 기술을 배우는 기술·가정, 정보 및 네일 아트, 바리스타 등의 과목, 예술·체육 과목과 사회나 자연의 현상을 배우는 사회와 과학 과목이 있다. 어떤 과목을 많이 배우면 어떤 과목은 적게 배우게 되는데, 상황을 보면 문해력과 수리력 공부는 소홀히 할 수가 없다.

교육부는 중학교 때, 미래 역량 함양을 위한 수업 방법 및 서·논술형 평가 확대 등 교실 수업을 개선하겠다고 하였다. 역시 읽고 쓰는 것은 중학교에도 중요하고 고등학교에 와서는 더 중요해질 전망이다.

교과서 제도가 바뀐다는 내용도 포함되어 있다. 현재 사용하고 있는 서책형 교과서는 교육과정이 개정된 첫해에 사용하더라도 책은 두 해 전에 만들어서 한 해 전에 검·인정을 거친 것이므로 변화 적응력이 떨어진다는 단점이 있었다. 개정되는 교과서 제도에서는 온·오프라인 연계 등 교과서 형식을 다양화한 미래형 교과서를 도입하겠다고 한다. 이 교과서는 서책형 교과서에서 벗어나 실시간 지식·정보를 반영 가능한 온라인 연계 교과서·가 된다고 했다.

교과서 내용은 교사와 학생, 학생 간 상호활동(체험하기, 생각 표현하기 등) 중심의 교수·학습으로 구성할 수 있도록 과목별 토의·토론, 문제해결, 실험·실습 과제 등을 확대 구성하도록 한다고 하므로 역시 활동 중심 수업이 강화될 것이다. 교과서 자유발행제가 시행되면 학교에서 직접 만든 교과서로 수업을 하게 될 가능성이 커진다. 이렇게 되면 학교 공부 자체에 집중해야 한다. 다른 곳에서 정보를 얻기가 쉽지 않기 때문이다. 이런 사정을 감안한다면 학교 공부에 가장 필요한 것은 문해력과 수리력이다. 그러므로 공부하는 방식과 내용이 달라진다고 해도 경쟁 있는 대학에 진학해서 세계적 인재로 성장하기 위한 기본 공부는 달라지는 것이 별로 없다.

'꺼내는 교육'이라는 IB 교육과정

고교학점제 도입이 논의되는 동안 몇몇 시·도교육청에서 IBD PInternational Baccalaureate Diploma Programme를 도입하기 위한 준비를 하고 있다고 밝혔다. 우선 초·중학교부터 도입하는 데 이어서 고등학교에도 아주 소수이지만 이미 도입되고 있다. 또한 일부 과목은 IB 교육과정 문서를 한국어판으로 공식 번역하여 학교에 적용하기가 더 쉬워졌다. IB 교육과정은 교육비가 많이 드는 교육이라고 알려졌지만 공교육에 도입 후 우리나라 교사들도 자격을 받아 수업을 담당하게 되면서 비용은 더 들게 없어 귀족학교 논란은 피하게 되었다.

IBInternational Baccalaureate는 1968년에 스위스 제네바를 기반으로 설립된 교육기관에서 제공하는 교육과정이다. 이 교육과정은 초등학교와 중학교 및 고등학교 교육과정으로 구분되는데, 16~19세의 학생들을 위해 고등학교에서 개설하는 IB 교육과정을 국제 바칼로레아 디플로마 프로그램IBDP이라고 한다. 이 교육과정은 IB 기구의 승인을 받아야 개설할 수 있다.

IBDP는 2년 동안 이수하는 고교 교육과정이며 매년 5월과 11월에 시험이 치러진다. 과목별로 IAInternal Assessment라는 수행평가를 실시한다. 성적은 IA와 EAExternal Assessment를 합쳐 점수를 내며, 각 과목은 1점부터 7점까지 점수로 평가한다. IB 교육과정에서 제공하는 여섯 개의 과목을 이수한 뒤 시험에 응시해야 하며 논술 과목인 TOKTheory of Knowledge와 EEExtended Essay를 합쳐 최대 3점의 점수를 더 받을 수 있어, IB Diploma의 총점은 45점이다.

IB 교육과정은 여섯 개 그룹으로 구성되어 있으며 그룹 6의 예술을 제외한 그룹 1~5에서 각 한 과목을 필수로 선택하고 나머지 한 과목은 6그룹에서 선택하거나 1~5그룹에서 선택할 수 있다. 각 과목은 표준과정 SL:Standard Level과 상급과정HL:Higher Level으로 제공하는데, 학생은 서너 과목은 HL 수준으로 이수해야 한다. 각 그룹의 과목은 다음과 같다.

그룹 1(언어): 작문, 구술능력, 모국어의 이해, 세계 문학 등

그룹 2(제2 외국어): 영어를 포함한 모국어가 아닌 언어, 의사소통 능력 중심 과목

그룹 3(개인과 사회): 경영학, 경제학, 지리학, 역사, 철학, 심리학 등

그룹 4(자연 과학): 화학, 생물, 물리, 환경과학, 디자인공학 등

그룹 5(수학): Mathematical Studies SL, Mathematics SL, Mathematics HL과 Further Mathematics SL 및 컴퓨터 과목

그룹 6(예술): 음악, 미술, 영화, 공연예술 등

교과 교육과정 이외에도 3점이 걸린 특별활동 과정도 이수해야 한다.

● Extended Essay(EE): 학생이 선택한 여섯 개 과목 중 한 과목에 대한 논문 작성. 교사의 지도로 관심 분야를 탐구하여 4000 단어 분량으로 작성
● Theory of Knowledge(TOK): 지식, 관념, 사상, 논리 분석력 등을 다루는 통합 교과적인 교육과정. 2년 동안 최소 100시간 수업
● Creativity Action Service(CAS): 전인교육 취지로 실시. 연극 영화 등 예술 활동 참여, 운동, 봉사활동 등 2년간 각 영역 50시간으로 150시간 활동

시·도 교육청이 이 교육과정에 관심을 가지는 이유는 수업과 평가 방식 개선 때문이다. 이 교육과정을 '꺼내는 교육과정'이라고도 부르는데, 학생이 학습 과정에서 자신의 역량을 충분히 발휘할 수 있도록 학습이 전개되기 때문이다. 이런 방식의 수업은 우리나라 영재학교 교육과정과도 유사하고 이제는 일반고에서도 학생이 참여하는 수업이 확대되고 있으므로 완전히 새로운 방식은 아니다.

평가에 관해서는 공인된 성적을 받을 수 있다는 점이 특징이다. 일반고에서 받은 점수나 등급으로는 학습이 어느 수준인지를 판단하기가 쉽지 않다. 학생이 ○○고등학교에서 세계사 과목의 성적이 A이며, 평균이 60점인데 91점을 맞았다고 하면, 이 학생의 성취도가 어느 정도인지 파악은 가능하지만 다른 학교와 비교했을 때 우열을 가리기는 어렵다. 그러나 IB 교육과정은 전 세계에서 이수한 모든 학생의 성적이 과목별로 7점 만점에 학생이 받은 점수가 표기되므로 세계 어느 나라, 어느 학교에서 시험

을 보든지 동일한 점수는 동일한 성취 수준으로 평가된다.

이러한 방식을 우리나라 교육에도 원용하여 학교 평가문제를 분석해 학생의 수준을 재평가할 수 있지만, 쉽게 도입할 수 있는 사항은 아니다. 교사의 평가권에 손을 대야 한다는 점도 문제이며, 평준화 학교에서 학교 별 수업과 평가에 우열을 나타내게 되면 평준화에 불만이 생길 수도 있기 때문이다. 학생이 배우는 과목도 다양하기에 모든 과목을 표준화하는 것 도 쉽지 않다. 그러므로 국어, 수학, 영어와 사회 및 과학 과목에 한하여 성적을 표준화할 가능성이 높은데, 이조차 학교에서 다른 이수 단위로 가 르치거나 유사 과목을 신설하여 가르친다면 표준화하기가 더 어려워진 다. 따라서 결국 국내 학교에 IBDP를 도입한다면, IBDP는 그 교육과정대 로 도입되고 국내 교육과정은 국내 교육과정대로 운영될 것이다.

IBDP를 이수하고 나면 여섯 개 과목과 보너스 점수가 기록된 성적표를 받게 된다. 예를 들어, 같은 모집단위에 지원한 두 학생이 같은 과목을 이 수한 다음과 같은 성적을 제출했다고 하자. 두 학생의 총점은 42점으로 동일하지만, 둘 중 한 학생을 서류평가로 선발한다면 누가 선발될까?

두 학생 중 한 명을 선발해야 한다면 전공과 관련 있는 HL 과목을 이 수한 학생을 선발하게 된다. 즉, 어떤 과목을 높은 수준으로 선택하여 이 수했는가를 기준으로 평가하는 것이다. 'IB 교육과정 성적자료' 표를 보면 수학과 화학을 더 중시하는 모집단위라면 B 학생을 선택할 것이다. 물리 학을 중시하는 모집단위에서는 A 학생을 선택할 것이다. 그러나 두 학생 모두 물리학을 SL 수준으로 이수한 것으로 보면 물리학을 중시하는 모집단위에 지원하지는 않을 것이다.

IB 교육과정 성적자료

A학생			B학생		
SUBJECT	LEV	GR	SUBJECT	LEV	GR
KOREAN A: LITERATURE (한국어 A: 문학)	SL	7	KOREAN A: LITERATURE (한국어 A: 문학)	SL	6
ENGLISH B (영어 B)	SL	7	ENGLISH B (영어 B)	SL	6
ECONOMICS in ENGLISH (영어 경제학)	HL	6	ECONOMICS in ENGLISH (영어 경제학)	HL	7
CHEMISTRY in ENGLISH (영어 화학)	HL	6	CHEMISTRY in ENGLISH (영어 화학)	HL	7
PHYSICS in ENGLISH (영어 물리학)	SL	7	PHYSICS in ENGLISH (영어 물리학)	SL	6
MATHEMATICS in ENGLISH (영어 수학)	HL	6	MATHEMATICS in ENGLISH (영어 수학)	HL	7
Extended essay	B	3	Extended essay	B	3
TOK	A		TOK	A	
Combined grade			Combined grade		

　결론적으로 보면 어떤 교육과정을 이수하더라도 학생은 자신의 진로에 적합한 과목을 선택하여 지원하게 될 것이라는 점은 변함이 없다. 그런데 입시의 향방은 학생이 국어, 수학, 영어와 사회 및 과학과 제2외국어 과목 중 어떤 과목에 도전하는가에 달려 있다. 고교학점제를 비롯한 어떤 제도 가 도입되어도 복잡할 것이 없는 이유다.

　그럼에도 불구하고 논란이 되고 있는 지점은 소수 과목을 깊이 배울 것인가, 다수 과목을 두루두루 배울 것인가와 과목의 내용 차이에 있다. 좀 더 확대해서 보면 교육과정 주권과도 관련이 있다. 내용 면에서 우리나라 교육과정과는 달리 IB 교육과정에서는 분야별로 여섯 과목을 2년에 걸쳐 배우며, 같은 이름의 과목이라도 내용 수준에 차이가 있다. 국어는 배우는 방식이 다르고 수학·과학은 새롭게 소개되는 개념도 배우며 영어는 내용면에서 어렵지 않다. 그리고 우리 학생들을 가르치는 교육과정의 형태와 내용을 외국 교육과정에서 가져오는 것이 바람직한가에 대한 논의도 있다.

대입 준비의 기본, 수능 vs 학종

　학종 평가에서 큰 비중을 차지하는 것으로 알려진 비교과는 2022학년도 대입부터 축소되어 2024학년도에는 교육과정 내 창체만 남게 되었다. 또한 2024학년도 대입부터는 자기소개서도 폐지되니 학종을 준비하는 방식이 달라지게 되었다. 비교과 채우는 게 힘들어 학종이 어렵다는 생각은 이제는 불식될 것이다.

　학종은 원래 학교생활기록부를 종합적으로 살펴보고 선발하는 제도인데, 학생부에서 가장 비중이 큰 것은 교과 학습 부분이다. 학생들은 주 34시간 정규수업을 한다. 이 중 30시간은 교과 학습 시간이고 나머지는 창체 시간이다. 그런데 고교 교육이 학생 참여 중심으로 이루어져 학생이 다양한 학습 경험을 갖기를 바라는 측면에서 강조되는 전형이 학종이라면, 30시간이 의미 있게 변하기를 바랄 것인가, 아니면 창체 4시간만 의미 있게 변하기를 바랄 것인가? 그래서 이미 학종은 2015학년도부터 입학사정관제에서 이름을 학생부종합전형으로 바꾸면서 교과 학습과 세특이 중심인 전형으로 달라졌다. 현재도 이런 특징이 계속 유지되고 있다.

그럼에도 불구하고 착시를 일으키는 부분이 있기 때문에 오해가 생긴다. 교과학습에 결손이 있고, 학습 참여도가 떨어지는 학생들이 지원자의 대부분을 형성하는 대학의 모집단위에서는 교과 학습의 성과를 학생부 교과영역에서 찾아보기 어렵다. 따라서 비교과 활동과 자기소개서가 중시되기도 한다. 이러한 착시 현상은 언론 보도가 거들면서 확산되었다. 학종으로 대입을 준비하려면 비교과를 챙기라거나 자기소개서가 중요하다는 보도들이 여기에 속한다. 이 보도는 틀리면서도 맞다. 경쟁이 심한 대학에 지원하는 학생은 상위 20%고, 나머지 학생은 이 대열에 끼지 않고도 학종을 통해서 대입 관문을 통과할 수 있다. 그러므로 교과 학습과 세특이 중심이 되는 학생은 상위 20%고 나머지 학생은 비교과 활동을 열심히 하고 자기소개서에서 자신이 한 활동을 잘 드러내면 합격할 수 있었다.

비교과 반영 요소가 축소되면 대학이 평가에 반영할 수 있는 사항이 교과 성적과 세특에 집중된다. 즉, 학종으로 대학 입시를 준비한다는 말은 곧 교과 학습에 충실히 임한다는 뜻이다. 평가 성적은 과정 중심 평가 결과를 포함하고 있으므로 당연히 정량 성적도 중요하다. 그리고 수업에서는 개념과 원리 및 기능을 중시한다. 이 점은 사교육에서는 얻기 어려운 부분이다. 중요한 것은 학종을 버리고 수능을 준비한다 하더라도 '개념'은 반드시 알고 있어야 한다는 점이다. 개념을 모르면 수능에서 좋은 성적을 받기 어렵다. 그런데 개념을 잘 알고 활용할 수 있는 능력을 기르다 보면 어느새 학종에 다가간 자신을 발견하게 될 것이다. 수능 점수가 좋지 않더라도 당연히 학종으로 수시에서 선발된다.

대학이 입시를 통한 고교 변화에 집중하고 있다

대입 제도를 이해하려면 교육부의 정책과 대학의 고민을 읽어야 한다. 교육부의 정책은 대입 전형 기본사항에서 알 수 있다. 그리고 대학은 시행계획을 통해 입시를 확정 발표한다. 대학이 시행계획을 만들 때에는 좋은 학생을 선발하는 것뿐 아니라, 고등학교 교육에 좋은 영향을 미치는 방향을 고려한다.

대학은 입시 전형을 설계할 때 내적으로는 자기 학교 지원자의 수준이 높아지고 지원 경쟁률도 높아지면서 외적으로는 고등학교 교육의 변화에 이바지하는 방향에 관심을 가진다. 고등학교 교육에 관심을 가지는 이유는 장기적으로 보면 고등학교 학생의 학력 수준이 높아질수록 각 대학의 신입생의 학력 수준이 높아질 것이고 그렇게 되면 더 좋은 학생을 선발할 가능성이 커지기 때문이다. 물론 대학이 사회 발전에 기여해야 한다는 사회적 책임감도 한몫한다.

대학 입시가 고등학교 교육을 변화시킨다는 주장은 맞는 말일까? 한국의 고등학교를 진학형과 취업형으로 구분한다면, 진학형 고등학교 교육은 대학 입시를 대비하지 않았던 적이 한 번도 없다. 대부분의 학생들이 대학에 진학할 준비를 하는데 고등학교가 발등에 떨어진 불을 무시하고 한가하게 미래 역량을 대비해줄 수는 없었기 때문이다. 외국에서는 학교에서 대입을 준비해주지 않는다고 말하지만, 그것은 대학 진학률이 낮은 나라의 이야기일 뿐이다. 그래서 대학 입시는 고교 교육의 방향을 결정하는 주요 요인이 된다.

앞으로 대학은 어떤 전형 요소를 중심으로 학생을 선발할까? 자라나는 아이들은 어떤 준비를 해야 할까?

여러 줄 세우기로 변화하는 입시

학력고사나 수능처럼 점수가 있는 전형 요소는 한 줄 세우기로 선발하기에 용이하다. 학력고사 시절에는 같은 과목을 시험보고 총점 순으로 누적 분포표를 만들어 사용했었다. 현재 수능처럼 시험을 보고 성적이 나온 뒤 지원하는 '선시험 후지원' 시절에는 경쟁률은 낮았다. 1987학년도 대입에서는 문과 7천등이면 K대, 9천등이면 E대학에 갈 수 있었을 때 이야기이다. 1988학년도 대입에서는 우선 지원을 하고 학력고사를 각 대학에 가서 보는 방식인 '선지원 후시험'이 시행되었는데, 점수를 모르고 지원하니 경쟁률이 높아져서 9천등이라야 지원하던 학교에 2만 4천등까지도 지원했고 실제로 합격했다. 그 당시는 전·후기에 한 학교씩 지원할 수 있었으므로 결국 이 제도는 재수생을 양산한다고 비난받았다. 하여간 총점으로 몇 등이면 어디 간다는 것이 정해지는 시험은 단순하다.

그런데 한 줄 세우기 입시는 금붕어와 원숭이와 낙타의 특성을 무시하고 사막을 가장 먼저 건너온 지원자를 선발하는 제도라는 점에서 원시적이고 수준 낮은 것이라는 비판을 받았다. 그래서 입시는 학생의 장점을 바탕으로 여러 줄을 세워 선발하는 제도로 바뀐다. 붕어는 헤엄치기로 뽑고, 원숭이는 나무타기 능력을 보고 뽑고, 낙타는 사막을 건너는 능력을 보고 뽑는 방식을 택한 것이다.

다양화가 지나치다 보니 2012학년도 대입 무렵에는 삼천 가지가 넘는 전형이 생겨 지원자와 학부모가 어떻게 대학 입시를 준비해야 할지 모르겠다는 원성이 넘쳤다. 그래서 2013년에는 대입 제도를 다시 간소화하기로 결정했다. 그 결과 수시는 학생부와 논술을 근간으로 학생을 선발하고 정시는 수능 점수로 학생을 선발하는 대입 제도가 시작되었다.

2013년의 논의 결과 논술은 점차 축소하고 학생부 중심 전형과 수능 전형은 각 전형 요소의 취지를 살려 운영하도록 하였다. 그러던 중 2016년에 와서 학생부 위주 전형과 수능 전형을 두고 공정성 논란을 겪게 되었다. 학종은 금수저 전형이라든지, 학종 선발로 인하여 계층사다리가 무너졌다든지 하는 학종에 대한 비난이 그것이다. 학생부 위주 전형 중 교과전형은 학생들이 가고 싶어 하는 대학과는 거리가 멀기 때문에 논의 대상이 아니었다.

지금도 학생부종합전형과 수능의 세력 다툼은 계속되고 있다. 학생부종합전형은 고등학교에서 공부한 것은 고등학교에서 평가하고 그 평가 결과를 대학이 지원자로부터 받아 선발 자료로 삼는다는 점에서 고등학교 교육을 바로 서게 하는데 도움이 된다는 것이 학종 지지자의 의견이다.

그러나 수능을 지지하는 사람들도 많다. 학생들은 상대평가 체제에서 고등학교 첫 시험을 망치면 바로 수능파가 되기 때문이다. 한편 수능은 고등학교 교육과정 중 일부 과목만 본다는 점, 특히 쉬운 과목으로 응시자들이 몰린다는 점, 선택형 문항이므로 답을 고르는 훈련에 국한된 공부를 한다는 점 등 부정적인 요소가 커서 지금과 같은 형태로 유지되기는 어려울 것이다.

학생을 '선발'하는 대학이 관건이다

2001년생은 2020학년도 대입에 응시했다. 이들은 전년도 고3에 비해 6만 명이 적었다. 그래서 대학 가기가 다소 수월하다고 소문이 났었다. 그 바람에 2000년생들이 재수 대열에 줄줄이 합류해서 현역이 재수생보다 대입에 유리한 점이 크게 눈에 띄지는 않았다. 대입 지원 경쟁률도 줄기는 했지만 예년에 비해 크게 줄어들지는 않았다. 그런데 2002년생이 수험생이 되는 2021학년도 대입은 학생 수가 2020년보다 또 6만여 명이 줄었다. 그래도 학생을 '선발하는 대학'에 가기는 쉬워지지 않았다.

학생들이 모든 대학에 고르게 지원한다면 대학 가기가 수월해진다고 할 수 있지만, 선호도가 높은 대학의 경쟁이 줄어들지 않는다면 대학 가기가 쉬워진다는 말은 맞지 않는다. 즉, 대학은 정원이 정해져 있고, 여건이 더 좋은 대학에 수험생들이 몰린다면 경쟁률은 지금과 별반 다르지 않다. 50만 명이 대입에 응시했을 때, 10만 등 안에 들면 좋은 대학에 갈 수 있었다고 하면 전체 학생 중 20% 이내에 속하면 된다는 말이다. 40만 명이 응시했을 때도 여전히 10만 등 안에 들어야 한다면 25% 안에만 들어가면 되니 숫자로 보았을 때는 수월해진다고 할 수 있다. 그러나 결국 10만 등 안에 들어야 한다는 사실에는 변함이 없으므로 실질적인 경쟁은 줄지 않는다는 뜻이다.

학생 수가 줄어들다 보니 지방의 많은 대학들은 정원을 채우지 못해 어려움을 겪고 있다. 정시 모집이 끝나고 실시하는 추가 모집에서 학생들이 가고 싶어하는 대학과 인기 학과가 포함되는 경우가 생겼다. 재수보다는 추가 모집에 응하는 것이 더 이득이 되는 시대가 온 것이다. 전문 대학은 일반 대학보다 더 어려움을 겪고 있다. 여전히 사람들이 4년제 대학을 더 선호하기 때문이다.

지금의 대학은 학생을 선발하는 대학과 학생을 모집하는 대학으로 나눌 수 있는데, 학생을 모집하는 대학은 정원을 채우지 못하기 때문에 학생부, 수능 등의 전형 요소로 합격생을 가를 필요가 없다. 이들 대학에 들어가는 데 필요한 것은 고등학교 졸업 자격이다. 그러나 학생을 선발하는 대학은 어떤 전형 요소로 학생을 선발하는가가 관심의 대상이고 논란의 대상이다. 학생부종합전형과 수능의 비율을 두고 공론화를 했던 2018년의 일도 학생을 선발하는 대학에 관한 사항이다.

그러다 보니 대학 입시에 대한 논의는 현재 시점에서 모든 대학과 관련된 것이 아니라, 경쟁이 심한 대학에 한정된 이야기이다. 학생을 채우지 못하는 대학은 어떤 방식으로 선발하든지 대중의 관심을 끌지 못하고 있다. 이들 대학은 현재 전형 유형 중에서 학생부교과전형으로 학생이 와주기를 사정한다. 대입 제도 공론화 과정에서도 학생부교과전형 비중이 큰 대학교는 정시 비중을 늘리지 않아도 된다는 사항은 이러한 현실을 반영한 것이다.

수능 시대, 원서 쓰는 방식의 영향

수능이 존재하는 한, 수시 원서 쓰는 방식은 크게 변하지 않는다. 두 가지 방법이 있다. 하나는 수능성적을 바탕으로 정시에 지원할 수 있는 대학을 염두에 두고, 같은 수준의 대학을 포함해서 그 이상의 대학에 지원하는 것이다. 또 다른 방법은 정시로 갈 수 있는 대학은 지원 대상에서 제외하고 그 이상의 대학에 지원하는 것이다. 이를 정해 수시 원서 여섯 개의 기회를 활용하면 된다. 이 6회의 수시 기회에는 정원의 10% 정도를 선발하는 교과전형과 40%정도를 선발하는 종합전형이 섞여 있다. 그런데 교과전형은 성적이 좋은 일부 수험생들이 6번의 기회 중 일부를 사용하는 전형이다. 학교장 추천을 받아야 하는 전형에서는 학교가 6개 대학에 추천하지 않을 뿐 아니라 수능 최저 학력기준이 높아 교과전형보다는 종합전형이 더 유리한 경우도 많기 때문이다.

즉, 수시에 지원한다는 말은 학종 전형에 지원한다는 말이고 수시를 포기하고 정시만 대비한다는 말은 수능만을 염두에 둔다는 뜻이다. 그런데 수능 정시만을 염두에 두었을 때 성공하기란 쉽지 않다. 수능 시험은 당일

시험의 여건에 따라 쉽게 무너질 수도 있기 때문이다. 시험 당일의 몸 상태도 성적을 좌우하고, 시험문제의 난이도 역시 성적을 좌우한다.

수능 시험장 가는 길에 넘어졌다는 학생, 전날 잠을 설치는 바람에 머리가 맑지 않았다는 학생, 감기에 걸려 기침이 나고 콧물이 흘러 정신이 없었다는 학생 등 시험 당일의 불운은 예측이 불가능하고, 운이 나쁜 경우 그 불운이 내게 찾아오기도 한다. 1교시 시험이 어렵게 출제되는 바람에 시험을 망친 것 같아 이후 모든 과목을 망쳤다는 학생도 많다.

수능성적은 표준점수와 백분위점수, 등급으로 제공되는데 정시에서는 표준점수나 백분위점수가 사용된다. 그런데 탐구 과목은 수험생마다 다른 과목들을 선택하므로 대학은 과목의 난이도에 따라 조정해서 반영한다. 조정하는 기준은 백분위점수다. 수험생이 모든 문제를 다 맞았다 하더라도 수험생이 선택한 과목이 쉽게 출제되면 백분위가 낮아지고, 지원하는 대학이 백분위에 의한 변환점수를 주는 곳이라면 다 맞아도 백분위가 낮아 합격이 어려울 수 있다. 서울대는 2022학년도 대입부터 탐구영역은 표준점수를 그대로 쓰는데 이것도 선택한 과목을 다 맞아도 표준점수가 낮으면 큰 불운인데 과목을 선택할 때 미리 알 수 없다는 점이 곤혹스럽다. 그래서 수능만 준비하는 것을 진학지도 교사들은 권하지 않는다.

통계에 의하면 수능성적이 좋은 학생이 수시에서도 합격률이 높다. 다음은 서울교육연구정보원의 2021 대입 설명회 자료에 실린 분석표이다.

2019 수능 점수별 수시최초합 비율 비교

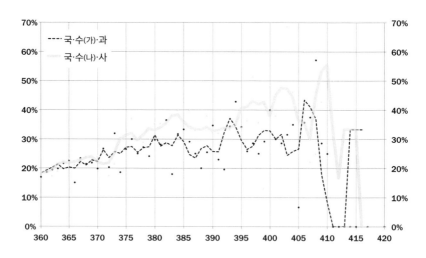

수능성적이 아주 높은 학생은 수시에 지원했더라도 면접에 불참하고 정시 지원을 했을 것이므로 수능성적 최고 구간은 합격률이 떨어지지만, 그 구간을 제외한 나머지 구간에서는 대부분 수능성적이 좋을수록 수시 합격률이 높다. 특히 수능 표준점수 합이 370점 이상일 때 합격률이 20%를 넘어선다는 것은 여섯 장의 원서를 쓴다면 한 군데 이상은 붙는다는 의미다. 370점 이상의 점수는 상위 열다섯 개 대학에 지원할 수 있는 점수다. 그러므로 이 수험생들은 그 대학들에 수시 지원을 해서 합격했을 가능성이 높다. 즉, 수능 모의고사 성적을 기준으로 학생이 지원할 만한 대학을 선택하는 상황에서 수능성적이 높은 그룹이 수시에 합격할 가능성이 높은 그룹이라는 뜻이다. 즉, 수시를 대비하는 공부와 정시를 대비하는 공부는 완전히 다른 것이 아니고 큰 상관관계가 있다는 것이다.

이런 결과가 나오는 이유는 수능 점수와 내신 성적이 크게 다르지 않다는 것이다. 각 과목에서 중요한 개념을 알고 있어야 내신도 좋을 수 있고 수능 점수도 잘 나올 수 있기 때문이다. 그리고 수능 과목만 공부하는 학생이 수능을 잘 보기 어려운 까닭도 있다. 공부할 과목이 적어서 시간이 남으면 그만큼 더 집중해서 공부하는 것이 아니라 여유가 생기기 마련이다. 이 여유는 공부에도 영향을 주어 공부를 덜 하게 될 가능성이 있다. 또 다른 이유는 여러 과목을 골고루 공부하면 배경지식이 늘어 수능을 잘 볼 가능성이 높아진다는 점이다. 국어에서 경제를 알면 쉽게 풀 수 있는 제시문, 물리학의 양자역학을 다룬 제시문이 나왔을 때 배경지식이 없는 학생과 있는 학생은 차이가 날 수밖에 없다.

영원한 과제, 수능과 학종의 선택

고교학점제 하에서도 미래형 수능이 존재할 것이라고 하니 수능은 여전히 모습을 바꾼 채로 남아있을 것이다. 현재와 같은 선택형 수능 문항에 서·논술형 문항이 도입된다고 해도 성적으로 줄을 세우게 될 것이다. 더 큰 변화가 있게 될 수도 있다. 수시와 정시가 합쳐진다든지, 선택형 문항은 없어지고 수능 역시 절대평가제로 전환한다든지, 전형 요소로는 사용하지 않고 자격시험으로만 남는다든지 등도 논의되고 있다. 이 모든 논의의 결론은 2024년 2월에 나게 된다.

이러한 논의를 염두에 두고 보면 현재의 수험생과 고교학점제에 적용

받는 2028 대입 이후의 수험생 모두 단지 수능 과목만 문제풀이 방식으로 공부하는 방식에서 벗어나야 한다.

수능은 전 과목을 통해 길러진 배경지식이 동원되어야 잘 볼 수 있는 시험이다. 특히 국어와 영어 제시문의 경우 배경지식 없이는 시간 내 독해가 불가능할 만큼 수준이 높다. 이 전문성은 학교 수업 전 과정을 통해 얻게 된다.

수능도 역시 개념을 알아야 하고 그 개념을 적용해야 문제를 풀 수 있다. 그런데 개념 원리는 학교 수업에서 자세히 다룬다. 학교 수업을 포기하고 개념 원리를 독학하면 시간도 많이 걸리고 이해하기보다 오해하기 쉽다. 학교 수업에 우선 충실히 임하고 이후 부족한 부분이 있으면 보충할 수단을 찾는 것이 바른 순서이다.

고교학점제형 대입에 서·논술형 문항이 도입되면 결국 문해력과 수리력 등이 관건이 된다. 이 능력을 효과적으로 기르는 데는 교과서 활동 중심으로 참여하는 수업을 하는 것이 지름길이다. 보기가 있는 문항에서 좋은 점수를 맞는 것으로 승부를 가르지 못한다면 답은 학종을 대비하는 공부에 있다.

서울대는 2023 대입부터 수능 정시전형에서도 교과 이수 평가를 한다. 학교 공부를 두루 잘했는지를 평가할 뿐 아니라 3학년 2학기까지 학교 수업에 참여한 상황을 반영한다. 수능만 준비하면 이 평가에서 낮은 평가를 받아 원하는 모집 단위에는 영원히 지원조차 불가능할 수도 있다.

길게 봤을 때 수능만 준비하는 것은 대학 생활과 사회생활 모두에 도움이 되지 않는다. 선택형 문항에서 정답을 고르는 제한된 사고에 익숙해지면 자신의 생각을 만들어 내야 할 때 무능한 사람이 되고 만다. 지금도 이런 사람은 성공하기 어려운 시대이다.

이처럼 여러 가지 이유로 수능 과목만 열심히 하면 된다는 생각은 재고할 필요가 있다. 생명과학과 지구과학을 선택해서 그것만 공부하고는 AIML 전문가가 되겠다고 한다면 정시에 합격은 할 수 있을지는 몰라도 대학에서 공부하기는 쉽지 않을 것이다. 물론 어떤 대학은 입학한 뒤에 AIML 전문가가 되는 데 필요한 물리와 수학을 따로 가르치기도 한다. 하지만 입학생 대부분이 이미 배워온 학생들로 차 있는 대학에서는 그런 기회를 제공하지 않는다. 고등학교 공부를 수능에 국한해서 공부했다면 그 이후부터 가시밭길이 시작된다.

제3장

입학사정관만
알고 있는 비밀

교육 과정을 이해해야 입시가 보입니다

전형 요소의 특징은 평가권에 따라 구분된다

대입 전형 요소는 학생부, 논술, 수능의 세 가지로 나뉜다. 이 중 논술은 전형 요소로서의 수명을 다해가고 있다. 학생부는 고등학교에서 수행평가 및 지필평가를 기준으로 학생을 가르친 교사가 평가한 결과물이다. 평가의 주체가 학교와 학생을 가르친 교사라는 점이 특징이다. 학생부에는 교과뿐 아니라, 창의적 체험활동 영역, 행동특성 및 종합의견 같은 관찰 기록도 포함되어 있다.

논술은 출제의 주체가 대학이다. 대학은 자신이 선발할 대상의 학업역량을 측정하는 문제를 출제하고 이를 채점하여 모집단위에서 교육하기에 적합한 학생을 선발한다. 그래서 논술을 잘 보려면 기출문제와 예시문제를 잘 보아야 한다고 말한다. 학교 공부를 잘해야 한다고 하지 않는 이유는, 문제가 대학별로 다르고 학교 공부와 논술고사가 직접 연결되어 있는

지도 명확하지 않기 때문이다.

수능은 한국교육과정평가원이 출제하고 전국 수험생 대부분이 지원하는 시험을 통해 점수를 준다. 평가권을 국가가 갖고 있다. 그런데 이 시험은 범위가 있다. 시험 범위는 국어, 수학, 영어 및 사회와 과학 교과 중 학생이 선택한 과목으로 제시된다. 수능만 놓고 본다면, 학생은 고등학교에서 공부하는 과목 중 절반 이하의 과목을 선택하여 시험을 치르는 셈이 된다. 또한 선택형 시험이므로 틀리지 않는 연습을 하는 것이 중요하다.

이 세 가지 전형 요소 이외에도 대학에 가려면 면접을 봐야 하는 경우가 있지만, 일반적으로 면접은 공식적 전형 요소로 대우하지 않는다. 면접이 평가의 50%를 넘기는 전형은 없으므로 보조적이고 부수적인 수단으로 취급하곤 한다. 그러나 면접도 합격에 중요한 비중을 차지한다. 면접이 포함된 전형이라면 최선을 다해야 한다. 면접은 수험생이 학업 역량이 있는지를 알아보려는 시험이지 어떻게 생겼는지를 보려는 시험이 아니기 때문이다.

논술과 면접은 같으면서도 다르다. 논술은 글로 쓰고 면접은 말로 한다는 점에서 다르다고 하면 수준 낮은 설명이라고 하겠지만, "논술은 답안지를 걷어가서 채점하고, 면접은 답안지를 걷더라도 채점은 말한 것에 한한다는 점이 차이다."라고 한다면 좀 그럴듯하게 들린다. 간단히 말하면 답안지를 채점하면 논술, 말로 구술한 것을 채점하면 면접이다.

이 같은 세 가지 전형 요소 중에서 학교 수업이 제대로 돌아가게 하는 대입 전형은 학생부종합전형이다. 교과전형도 일부 영향을 주지만 종합전형이 '학생이 선택한 과목과 학습한 방법'을 반영하다 보니, 학생이 참여하는 수업으로 교실을 변화시키고 있다. 교과전형만으로는 교실 수업을 개선하기 어려웠는데, 학종이 이를 해냈다고 할 수 있다. 교과전형만 있었다면 학교 수업과 평가는 수능기출문제와 모의고사 문제 및 EBS 수능방송 교재를 바탕으로 변형해서 출제한 문제로 성적을 산출했을 것이다. 수업도 문제풀이 수업만 하면서 '이게 학교냐, 학원이냐?' 하고 탄식했을 것이 자명하다.

대학은 어떤 학생을 선발하려고 할까?

옛날부터 부모는 자식에게 "착하게 행동해야 한다. 공부 잘 해야 한다."를 귀에 못이 박히도록 말했다. 이 말은 지금도 유효하다. 만약 자식이 하나만 잘할 수 있다면 착한 아이와 공부 잘 하는 아이 중 어떤 아이가 되라고 하고 싶은가? 공부 잘 하는 악당보다는 공부는 좀 못해도 착한 아이가 더 낫지 않을까? 대학 또한 마찬가지다. 공부도 중요하지만 착한 사람을 더 중시한다. 다른 어떤 면보다 인성 또는 태도가 중요하다. 태도는 몸에 밴 습관이면서 사고방식의 표현이므로 좋은 태도를 가지고 있는 사람은 소속 집단이 화합하고 소통하는 데 이바지한다.

그런데 수능이나 논술뿐 아니라 학생부교과전형은 학생의 인성을 평가할 수 없고, 학생부종합전형이라도 대부분의 학생은 나쁜 점이 기록되지 않은 학생부를 가지고 있으니 착한 학생인지 아닌지를 대학이 판단할 수 없다. 그래서 바른 인성은 중요하지만 평가하기 어렵다.

공부 잘하는 것은 평가가 가능하다. 수능이라면 점수가 0.1점이라도 높은 학생, 논술이라면 대학이 자체 출제한 문제를 더 잘 푼 학생, 학생부 교과라면 교과 등급 평균이 높은 학생이 공부를 잘 한 학생이라고 판단한다. 이는 점수로 학생을 평가하는 방식에 해당한다. 학생부종합전형에서도 역시 점수는 중요하다. 그러나 점수가 보여주는 학업 역량을 세부능력 및 특기사항에서 검증하고 창의적 체험 활동과 독서 활동상황 등에서 학생의 역량과 공부하고 싶은 마음을 읽어내서 '공부를 잘하는지 혹은 공부를 앞으로도 잘하고 싶은지'를 판단한다는 것이 평가의 특징이다.

2015 개정 교육과정에서는 '바른 인성을 가진 창의융합형 인재'를 육성하는 것을 목표로 하고 있는데, '바른 인성을 가진'은 착하다의 영역이고 '창의융합형 인재'는 공부 잘한다의 영역이다. 이러한 인재상을 실현하기 위해 교육과정 문서에서는 다음과 같은 그림을 제시하였다.

2015 개정 교육과정이 추구하는 인재상

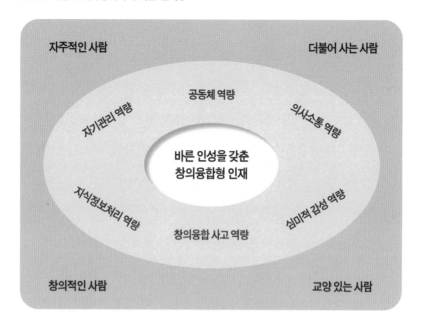

 그림에서 보면 '자주적인 사람, 창의적인 사람, 교양 있는 사람, 더불어 사는 사람'의 네 가지 인간상이 제시되어 있다. 네 가지 인간상은 한 사람이 갖추어야 할 네 가지 측면을 말한다. 이 중 자주적인 사람, 창의적인 사람은 공부를 잘하는 사람이라면, 더불어 사는 사람, 교양 있는 사람은 착한 사람의 영역이다. 이 사람이 가져야 할 역량 또한 제시했는데, 미래사회에 필요한 핵심역량을 자기관리 역량, 지식정보처리 역량, 창의융합 사고 역량, 심미적 감성 역량, 의사소통 역량, 공동체 역량이라는 여섯 가지로 제시하고 '학생 참여 중심의 수업'을 통해 이를 함양할 수 있도록 했다.

 여섯 가지 역량을 교육과정 총론에서는 다음과 같이 설명하고 있다.

가. 자아정체성과 자신감을 가지고 자신의 삶과 진로에 필요한 기초 능력과 자질을 갖추어 자기주도적으로 살아갈 수 있는 자기관리 역량

나. 문제를 합리적으로 해결하기 위하여 다양한 영역의 지식과 정보를 처리하고 활용할 수 있는 지식정보처리 역량

다. 폭넓은 기초 지식을 바탕으로 다양한 전문 분야의 지식, 기술, 경험을 융합적으로 활용하여 새로운 것을 창출하는 창의적 사고 역량

라. 인간에 대한 공감적 이해와 문화적 감수성을 바탕으로 삶의 의미와 가치를 발견하고 향유하는 심미적 감성 역량

마. 다양한 상황에서 자신의 생각과 감정을 효과적으로 표현하고 다른 사람의 의견을 경청하며 존중하는 의사소통 역량

바. 지역국가세계 공동체의 구성원에게 요구되는 가치와 태도를 가지고 공동체 발전에 적극적으로 참여하는 공동체 역량

학생 참여 수업으로 이를 기르겠다는 말은 과거의 수업은 교사가 지식을 전달하면 학생은 지식을 암기하는 차원에 그쳤기 때문에 학생 스스로 역량을 기르기에 부족했다고 보아, 학생이 발표하고 토론하고 실험하고 보고서 쓰는 사이에 역량이 길러질 수 있도록 하겠다는 뜻이다. 이에 따라 학생이 참여하는 시간을 확보하기 위해 학습 내용도 많이 줄였다.

고교학점제 교육과정에서의 인재상도 2015 개정 교육과정의 인재상과 다르지 않다. 자주적인 사람은 자기주도적인 사람으로 바뀌고 나머지 창의적인 사람, 교양 있는 사람, 더불어 사는 사람은 그대로 유지된다. 고등학교 과정에서 정한 인재상을 기본으로 학생이 길러진다면 대학이 선발하려는 인재의 모습 역시 이에서 벗어날 수 없다. 각 대학은 대학별로 인재상을 정하고 있지만 고등학교 교육과정에서 제시한 인재상의 같은

모습 다른 용어일 뿐이다.

대학이 정말로 원하는 인재상

대학은 학생이 공부를 통해서 학문 후속 세대의 역할을 담당하게 하는 한편, 직업 교육의 장 역할도 한다. 대학이 어떤 역할을 하든지 기본적으로 공부를 할 바탕이 있으며, 인성이 갖추어진 착한 학생을 선발하려고 한다. 단, 여기서의 '착함'은 마마보이처럼 늘 말을 잘 듣는 것을 뜻하지는 않는다. 공부를 잘한다는 의미도 단순히 점수가 높은 학생을 선호한다는 것이 아니다. 협력과 소통, 나눔과 배려가 되는 학생이 착한 학생이고, 문제 해결력이 있고 사고력이 있는 학생이 공부 잘하는 학생이다.

이것은 국가 수준 교육과정에 나타나 있는 인간상과 일치한다. 고등학교 교육에서 추구하는 인간상이 대학에서 선발하려는 인간상과 일치하지 않을 수가 없다. 모든 고등학교 교육은 이러한 인간상을 추구하기 때문에 대학이 다른 인간상을 설정하여 선발하겠다고 하기는 어렵다. 그런데 대학은 이 네 가지 인간상을 다른 말로 표현하기에 달라 보일 뿐이다.

자주적인 사람은 현재와 미래에서 자기가 삶을 주도하는 사람이며, 이때 중요한 요소는 '선택 역량'이다. 그래서 자주적인 사람을 '도전적으로 선택하여 스스로의 삶을 개척하는 사람'이라고 해석할 수 있다. 창의적인 사람은 문제를 설정하고 해결할 방법을 찾는 사람이다. 배경 지식이 바탕이 되어야 하지만 지식만으로 창의적 문제 해결을 할 수는 없다. 따라서

'다양한 배경 지식을 문제 상황에 적용하여 문제를 해결하는 사람'이 창의적인 사람이라고 할 수 있다. 교양 있는 사람은 2009 개정 교육과정에서는 '문화인'이라고 했었다. 더불어 사는 사람은 현대 사회에서 중시되는 소통과 협력의 가치관을 실천하는 사람이다.

이를 종합해 보면 '스스로 계획해서 새로운 방식으로 문제를 해결하며, 이때 소통과 협력이 원활하고 평소 교양 있는 태도를 가지고 있는 사람'이 대학이 추구하는 인간상이라고 할 수 있다.

그러니 각 대학의 인재상을 살펴서 각 대학이 요구하는 역량을 갖추어야 한다는 말은 전반적으로 맞는 말은 아니다. 세부적으로 보면 어떤 모집단위에서 '역사적 안목을 가진 학생'을 요구한다고 할 수는 있지만, 이것은 세부 모집단위에서 요구하는 '전공 역량'을 말하는 것이지 각 대학이 큰 그림으로 내세운 인재상은 고등학교 교육과정상의 인재상 또는 각 고등학교가 추구하는 인재상과 차이가 없다.

대학입시는 상대평가

대학은 모집단위별로 정원이 있다. 따라서 지원자를 상대평가하게 된다. 절대평가를 하면 일정 성적 이상의 학생을 모두 선발해야 하지만, 대학은 전체 모집정원이 있고 모집단위별로도 정원이 있다. 이러한 이유로 대학입시는 절대평가 성적도 상대평가 성적으로 바꿔서 평가하는 방식의 철저한 상대평가로 이루어진다.

지원자를 모두 입학시키고, 일정 기준이 되는 학생만 졸업시키는 제도가 좋지 않겠냐는 말이 있지만, 대학 정원보다 총 학생 수가 적어서 쉽게 실행할 수 없는 정책이다. 학생들은 여건이 좋은 일부 대학에 몰릴 것이므로 대부분 대학이 문을 닫게 되는 정책을 시행하기는 쉽지 않다. 만약 서울대가 지원자를 모두 받는다면 서울대 경쟁률이 대체로 6:1은 되므로 2만 명의 신입생이 들어올 것이고, 우리나라 학생 전체가 10여 개 대학에 모두 입학하게 될 것이다. 그러므로 대입 제도를 졸업정원제로 바꾼다 해도 지원자를 모두 입학시키는 것은 불가능하다. 따라서 일정 인원을 선발하는 제도는 유지될 수밖에 없다. 그래서 모든 대입 전형은 상대평가가 된다.

그러므로 대학은 어떻게 해서든지 지원자들 간에 서열을 만든다. 수능은 이미 성적이 있으므로 점수순으로 학생의 합격 여부를 가르면 된다. 그런데 학생부종합전형에서의 평가는 한 줄로 서열을 만드는 방식을 쓰지 않고 비슷한 역량을 가진 지원자들을 그룹으로 묶어 같은 점수를 부여하는 방식으로 평가한다. 그래서 상대평가이면서도 절대평가적 요소를 가진다.

백 미터 달리기에서는 일 센티 차이에서도 금, 은, 동메달이 갈린다. 이런 방식은 수능 전형 방식이다. 그러나 마라톤에서는 선두 그룹, 중간 그룹, 후위 그룹 등으로 여러 선수들이 몰려서 뛰어간다. 이처럼 같은 그룹에서 뛰는 선수는 같은 역량을 가진 것으로 평가하는 방식은 느슨한 상대평가 방식이다. 학생부종합전형에서는 이런 방식으로 평가한다. 그런데 같은 그룹인지 아닌지를 평가하는 데 사용되는 수치들이나 기록이 학생마다 다른 요소를 가지고 있다. 그래서 '정성평가'가 등장한다.

'정성평가'란 무엇인가?

평가 방식은 크게 정량평가와 정성평가로 나눌 수 있다. 모든 영역에서 점수를 매겨 합산하는 방식을 정량평가라고 한다. 그런데 학종은 정량평가 방식으로 평가하지 않고, 평가할 수도 없다. 교과 성적의 수치만 평가하는 것이 아니고 이 수치가 나타내는 함의도 반영하려고 하기 때문이다. 10명이 수강한 과목에서 5등의 성적을 낸 것이 100명의 학생이 수강한 과목에서 15등의 성적보다 우수할 수도 있기 때문이다. 그래서 상황과 맥락을 반영해서 평가하는 방식을 대입 전형에서 사용한다. 이런 방식을 정성평가라고 한다.

입학사정관제 이전에 입시에 사용하는 평가 방식은 정량평가 방식이었다. 수능도 점수가 높은 사람이 선발되고, 논술도 점수가 높은 사람이 선발되었다. 모든 전형은 점수순으로 줄을 세워서 정원에 해당하는 만큼 선발하였다. 이러한 평가 방식은 지금도 학생부종합전형 이외의 전형에서 사용하고 있다.

정성평가는 평가 수치(점수)로만 평가하지 않는 방식이다. 입학사정관제가 도입된 이후, 대학입시에서도 정성평가를 하게 되었다. 이는 평가자가 수험생의 다양한 상황을 고려하여 선발하는 방식이다. 예컨대 미국 유학을 다녀온 학생과 영어를 접할 기회가 별로 없는 학생이 같은 시험을 보았는데, 유학 경험이 있는 학생은 90점을 받고 유학 경험이 없는 학생은 85점을 받았다고 하자. 그렇다면 당연히 정량평가에서는 90점 받은 학생이 선발될 것이다. 하지만 정성평가에서는 85점을 받은 학생이 비록 당장의 점수는 낮아도 미래에는 더 잘 할 가능성이 있다고 판단해 두 학생을 같은 수준으로 평가하거나, 유학 경험이 없는 학생을 더 높게 평가할 수도 있다. 이러한 평가가 정성평가에 해당한다.

정량평가는 평가 과정은 간단하고 평가 결과는 단순하고 신뢰도가 높다. 수능으로 선발하는 정시를 예로 들면 10명을 선발하는데 20명이 지원했고, 각 수능 성적을 받았는데 표준점수 380점, 영어 2등급 이상이 10명 있었다면 이보다 못한 학생은 불합격시키는 것이 정량평가 방식이다. 붙은 학생은 점수가 높아서 붙었고, 떨어진 학생은 점수가 모자라서 떨어졌다고 이해한다. 이해를 하니 쉽게 수긍한다. 떨어진 이유는 자신이 성적이 낮기 때문이지 다른 사람 때문이 아니라고 생각한다.

그러나 정성평가 방식은 합격한 사람은 어떤 이유에서 합격했는지 모르고, 떨어진 학생은 어떤 것이 부족해서 떨어졌는지 알기가 어렵다. 이런 점에서 학종과 같은 전형은 신뢰도가 떨어진다. 떨어진 사람은 그 원인이 자신에게 있지 않고 다른 사람에게 있다고 생각하기 때문이다. "학생부 기록이 부족했다. 나에 대한 부정적인 표현이 들어 있는 것 같다. 담임이 국어선생님이 아니라서 학생부를 잘 써주지 못했다. 학교가 좋은 프로그램을 제공하지 않았고, 배우고 싶은 과목을 개설해 주지 않았다 등

가지가지 원인을 핑곗거리로 삼을 수 있다.

그렇다 보니 평가하는 입장에서는 여러 사람이 블라인드로 평가하는 방식을 통해 절차적 정당성을 유지하려고 한다. 예컨대 1차 평가자인 한 사정관이 서류를 평가하고, 2차 평가자인 다른 사정관이 1차 평가 기록을 보지 않고 평가를 한 뒤, 두 평가자가 평가를 비교한다. 차이가 많이 나는 경우 위원회에서 평가하는 과정을 3차 평가로 둔다. 또한 대학교수인 위촉사정관이 전임사정관의 1, 2차 평가 결과를 바탕으로 4차 평가를 하고, 그 결과와 1, 2차 평가자의 평가를 5차에서 비교하여 확정하는 방식을 사용한다. 이처럼 여러 과정을 거쳐 개인의 독단과 편견을 배제하고 부정이 개입될 기회를 막는 것이다.

2024 고교입학생까지 배우는 2015 개정 교육과정

2015년에 고시한 교육과정은 2016년에 교과서를 집필하고, 2017년에 검·인정 과정을 거쳐서 2018년에 고등학교에 입학한 학생부터 배우기 시작했다. 학종을 이해하기 위해서는 먼저 교육과정을 이해해야 한다.

먼저 교육과정은 교과와 창의적 체험활동으로 구성된다. 교과는 다시 보통 교과와 전문 교과로 나뉜다. 보통 교과는 일반고, 자율고에서 배우는 과목들을 제시한 것이다. 전문 교과는 다시 전문 교과 I 과 전문 교과 II 로 구분하는데, 전문 교과 I 은 특목고용 과목이고, 전문 교과 II 는 특성화고용 과목이다. 특목고에는 외국어고, 국제고, 과학고, 예술체육고 및 마이스터고가 해당한다. 그중 전문 교과 I 과목은 마이스터고에서 개설하는 과목을 제외한 과목들로 구성되어 있다.

2022 개정 교육과정에서는 전문교과 I 로 분류된 교과목의 분류가 달라진다. 외국어고와 국제고 등 일부 특목고가 일반고로 전환하기로 한 것도 이유 중 하나이고, 전문교과로 분류해서 이 과목을 이수하면 특권을 받은 것 같은 느낌을 갖게 되는 생각을 불식하기 위함도 이유 중 하나로 보인다.

창의적 체험활동은 자율 활동, 동아리 활동, 봉사 활동, 진로 활동으로 다시 구분하는데 이를 통칭하여 '자동봉진'이라고 한다.

2015 개정 고등학교 교육과정

선택 과목은 다시 일반 선택 과목과 진로 선택 과목으로 구분하였는데, 누구나 이수해도 되는 것은 일반 선택 과목에 두고, 진로별로 일부 학생

에게 필요한 과목들은 진로 선택 과목에 두었다. 진로 선택 과목이라고 해서 반드시 일반 선택 과목보다 어려운 과목은 아니다. 예컨대 국어, 수학, 영어 교과에는 실용 국어, 실용 수학, 실용 영어 과목이 포함되어 있는데 이는 일반 선택 과목에 비해서 쉽게 접근할 수 있는 과목이다.

학생들은 어떤 과목을 배울까?

보통 교과

보통 교과 과목의 경우 1학년은 공통 과목을 주로 배우지만 한 과목 정도는 일반 선택 과목이나 진로 선택 과목을 배운다. 이후 2학년부터는 주로 일반 선택 과목을 배운다. 그 이유는 과목 위계가 낮거나 수능 과목에 포함되어 있는 과목의 대부분이 일반 선택 과목이기 때문이다. 3학년은 일반 선택 과목과 진로 선택 과목을 배운다.

학생들이 공들여 잘 배워야 할 과목은 대부분 일반 선택 과목이다. 진로 선택 과목 중 학생이 잘 이수해야 할 과목은 수학에서 '기하', 과학에서 '물리학Ⅱ, 화학Ⅱ, 생명과학Ⅱ, 지구과학Ⅱ'과목이다. 다른 과목은 수능 범위도 아니지만, 대학에서도 이수 여부를 중시하지 않는다.

이 말이 배울 필요가 없다는 뜻은 아니다. 전공과 관련성이 큰 과목도 있지만 전공과 관련성이 약하더라도 다양한 세계를 넓게 아는 다양성도 필요하다. 다양한 진로 선택 과목은 배움의 다양성을 확보하고 학습 경험을 넓히는 데 도움이 된다.

보통 교과

교과영역	교과(군)	공통 과목	선택 과목	
			일반선택	진로선택
기초	국어	국어	화법과 작문, 독서, 언어와 매체, 문학	실용 국어, 심화 국어, 고전 읽기
	수학	수학	수학 I, 수학 II, 미적분, 확률과 통계	기본 수학, 실용 수학, 인공지능 수학, 기하, 경제 수학, 수학과제 탐구
	영어	영어	영어 회화, 영어 I, 영어 독해와 작문, 영어 II	기본 영어, 실용 영어, 영어권 문화, 진로 영어, 영미 문학 읽기
	한국사	한국사		
탐구	사회 (역사/도덕포함)	통합사회	한국지리, 세계지리, 세계사, 동아시아사, 경제, 정치와 법, 사회·문화, 생활과 윤리, 윤리와 사상	여행 지리, 사회문제 탐구, 고전과 윤리
	과학	통합과학 과학탐구실험	물리학 I, 화학 I, 생명과학 I, 지구과학 I	물리학 II, 화학 II, 생명과학 II, 지구과학 II, 과학사, 생활과 과학, 융합과학
체육예술	체육		체육, 운동과 건강	스포츠 생활, 체육 탐구
	예술		음악, 미술, 연극	음악 연주, 음악 감상과 비평 미술 창작, 미술 감상과 비평
생활교양	기술·가정		기술가정, 정보	농업 생명 과학, 공학 일반, 창의 경영, 해양 문화와 기술, 가정 과학, 지식 재산 일반
	제2외국어		독일어 I 프랑스어 I 스페인어 I 중국어 I / 일본어 I 러시아어 I 아랍어 I 베트남어 I	독일어 II 프랑스어 II 스페인어 II 중국어 II / 일본어 II 러시아어 II 아랍어 II 베트남어 II
	한문		한문 I	한문 II
	교양		철학, 논리학, 심리학, 교육학, 종교학, 진로와 직업, 보건, 환경, 실용 경제, 논술	

진로 선택 과목 중 과목의 내용을 알아두면 유용한 과목

교과	과목	내용
국어	심화 국어	초중고 공통 '국어'에서 학습한 결과를 바탕으로 하여 학습자의 학문 탐구 능력을 향상시키기 위한 진로 선택 과목으로, 상급 학교에서 다양한 분야의 학문을 탐구하는 데 필요한 학문적 국어 능력을 향상시키는 데 목적이 있다. ● 논리적 사고와 의사소통 ● 비판적 사고와 문제 해결 ● 창의적 사고와 문화 활동 ● 윤리적 사고와 학문 활동
	고전 읽기	다양한 고전을 읽으며 통합적인 국어 능력을 기르는 과목으로, 고전을 통해 수준 높은 교양을 갖추어 다양한 분야의 진로에 필요한 지혜와 소양을 함양하는 데 목적이 있다. ● 고전의 가치: 고전의 특성, 고전 읽기의 중요성 ● 고전의 수용: 고전의 다양성 / 고전을 통한 자아와 세계의 이해 / 고전에 대한 가치 평가 / 고전을 활용한 문제 해결 ● 다양한 고전: 인문예술, 사회문화, 과학기술, 문학 등

교과	과목		내용
사회	여행 지리	여행을 왜, 어떻게 할까?	● 여행의 의미와 종류 ● 교통수단과 여행 방식 ● 지도 및 지리 정보 시스템의 활용 ● 여행에 필요한 지식, 기능, 가치 및 태도 ● 안전 여행
		매력적인 자연을 찾아가는 여행	● 지형의 관광적 매력 ● 지형과 인간 생활 ● 기후의 관광적 매력 ● 기후와 인간 생활 ● 지구환경의 다양성과 지속가능성 ● 우리나라의 자연
		다채로운 문화를 찾아가는 여행	● 문화지역 ● 세계 문화유산 ● 문화 전파와 변동 ● 촌락여행과 도시여행 ● 우리나라의 문화
		인류의 성찰과 공존을 위한 여행	● 산업 유산과 기념물여행 ● 인류의 공존과 봉사여행 ● 생태, 첨단, 문화 도시
		여행자와 여행지 주민이 모두 행복한 여행	● 여행 산업과 지역 ● 책임 있는 여행 ● 공정여행, 대안여행 ● 지속가능한 관광 개발
		여행과 미래사회 그리고 진로	● 여행 산업 ● 여행 관련 직업 ● 미래 세계와 여행 ● 진로 탐색
	고전과 윤리*	자신과의 관계	1. 격몽요결 - 뜻 세움과 나의 삶 2. 수심결 - 진정한 나 찾기와 마음공부 3. 윤리형이상학 정초 - 도덕법칙과 인간의 존엄성
		타인과의 관계	1. 니코마코스 윤리학 - 삶의 목적으로서의 행복과 덕 2. 논어 - 인간다움으로서의 인(仁)의 마음과 실천 3. 금강경 - 관계 속에서 존재하는 나와 베푸는 삶

* 12개 주제 (15권의 고전) 중 최소 6개 선택, 모두 다루어야 하는 것은 아님

교과	과목		내용
사회	고전과 윤리	사회공동체와의 관계	1. 국가 - 조화로운 영혼과 정의로운 국가 2. 목민심서 - 공직자의 자세로서 청렴과 애민 3. 정의론 - 정의로운 사회를 위한 정의의 원칙
		자연초월과의 관계	1. 공리주의, 동물해방 - 최대 다수의 최대 행복과 도덕적 고려 범위의 확대 2. 노자, 장자 - 자연의 이치에서 배우는 삶의 지혜, 편견과 선입견에서 벗어난 진정한 자유 3. 신약무란 - 인간의 삶에서 종교의 의미와 종교에 대한 자세
	사회 문제 탐구	사회문제의 이해	● 사회문제의 의미와 특징 ● 사회문제 탐구 방법과 절차 ● 사회문제 탐구 과정에서의 쟁점
		게임 과몰입	● 정보사회의 의미와 특징 ● 게임 과몰입의 발생 원인과 해결 방안
		학교 폭력	● 범죄의 현황과 유형 ● 학교 폭력의 발생 원인과 해결 방안
		저출산고령화에 따른 문제	● 출생과 사망의 사회적 의의 ● 저출산고령화 현상으로 인해 나타날 수 있는 사회문제의 해결 방안
		사회적 소수자에 대한 차별	● 사회적 소수자의 의미 ● 사회적 소수자에 대한 편견과 차별의 발생 원인과 해결 방안
		사회문제 연구 사례	● 사회문제 사례 선정 ● 탐구 계획 수립과 해결 방안 도출 ● 보고서 작성 및 발표
과학	융합 과학	우주의 기원과 진화	● 우주의 기원 ● 빅뱅과 기본 입자 ● 원자의 형성 ● 별과 은하
		태양계와 지구	● 태양계의 형성 ● 태양계의 역학 ● 행성의 대기 ● 지구
		생명의 진화	● 생명의 탄생 ● 생명의 진화 ● 생명의 연속성
		정보통신과 신소재	● 정보의 발생과 처리 ● 정보의 저장과 활용 ● 반도체와 신소재 ● 광물 자원
		인류의 건강과 과학기술	● 식량 자원 ● 과학적 건강관리 ● 첨단과학과 질병치료
		에너지와 환경	● 에너지와 문명 ● 탄소 순환과 기후 변화 ● 에너지 문제와 미래

2019학년도에 고등학교 입학한 학생부터는 진로 선택 과목은 등급을 산출하지 않고, 원점수와 평균, 수강자 수 및 절대평가 등급 A, B, C로 평가한다. 학생들은 등급이 없으니 일반 선택 과목보다 진로 선택 과목을 선호한다. 즉 물리학 I 을 배우지 않고 물리학 II 를 배우고 싶어 하는 것이다. 일반 선택 과목인 '경제'보다 진로 선택 과목으로 인정해주는 '국제경제'를 이수하려고 한다. 그러나 이런 방식으로 이수한 성적을 대학에 제출하면 대학은 학생이 성실하게 공부하지 않고 성적에 멋을 부렸다고 생각하게 된다. 왜냐하면 학생이 잘 배워야 할 과목, 기초가 되는 실력을 길러주는 과목은 일반 선택 과목이기 때문이다.

진로 선택 과목 중 이수하면 멋있어 보이는 이름을 가진 과목들이 있다. 이런 과목의 내용은 대체로 알려져 있지 않다. 이런 과목을 배운다고 대학 가는 데 유리하지는 않지만, 중시해야 할 것은 모든 공부는 대학 진학을 위해서 하는 것보다는 좋아서 하는 것이 성과가 있고 그것이 대학 가는 데 도움이 된다면 금상첨화라는 점이다.

전문 교과 I

전문 교과 I 은 마이스터고를 제외한 특목고에서 배우는 과목들을 제시한 것이다. 과학 계열 과목은 과학고에서, 체육 계열 과목은 체육고에서 배우는 과목들이다. 국제고는 국제 계열 과목과 외국어 계열 과목을 배운다.

이 과목들을 일반고에서 이수하는 것은 긍정적으로 볼 일은 아니다. 정시를 위해서라면 수능 범위에 해당하지 않아 필요가 없고, 학종을 위해서라면 보통 교과의 일반 선택 과목을 잘 이수하면 되기 때문이다. 예를 들어 '심화 수학' 과목을 이수하면 좋은 학생으로 평가받을 수 있을까? 심화 수학은 '수학 I, 수학 II, 미적분'을 압축한 과목인데 과학고에서 진도를 빨리 나가기 위한 과목이다. 과학고는 수학 과목이 많으므로 빨리 진도를 나가고 수학 과제를 부여하면서 위계가 높은 고급수학 II 과목까지 배워야 해서 이 과목이 필요하다. 그런데 일반고에서는 '수학 I, 수학 II, 미적분'을 각각 잘 배우고 이 과목으로 수능도 응시하게 된다. 이것들을 배우고 심화 수학 I을 또 배운다면 중복이수가 된다. 그래서 피치 못할 사정이 있지 않은 한 일반고 학생이라면 일반 선택 과목부터 잘 이수해야 한다. 그러나 특목고에 다니는 학생이라면 위계가 높은 과목까지 잘 이수해야 한다.

대학 진학 후에는 특목고 학생은 전공 공부 대신 일반고 학생보다 덜 배운 부분을 공부하게 되고 일반고 학생은 전공 공부를 더 많이 하게 된다. 예를 들면 과학고 출신 학생은 고등학교에서 국어, 사회, 영어를 적게 배워서 이 부분에 결손이 있다면 전공보다 이 부분을 공부하게 될 것이다. 이때 모든 과목을 넓게 잘 이수한 일반고 학생이라면 전공 공부에 힘을 쏟게 된다.

전문 교과 I

교과(군)	과목			
과학 계열	심화 수학 I 고급 물리학 물리학 실험 정보과학	심화 수학 II 고급 화학 화학 실험 융합과학 탐구	고급 수학 I 고급 생명과학 생명과학 실험 과학과제 연구	고급 수학 II 고급 지구과학 지구과학 실험 생태와 환경

교과(군)	과목			
체육 계열	스포츠 개론 체조 운동 체육 전공 실기 기초 스포츠 경기 실습	체육과 진로 탐구 수상 운동 체육 전공 실기 심화 스포츠 경기 분석	체육 지도법 개인대인 운동 체육 전공 실기 응용	육상 운동 단체 운동 스포츠 경기 체력
예술 계열	음악이론 합창 미술 이론 입체 조형 무용의 이해 무용 음악 실습 문예 창작 입문 고전문학 감상 극 창작 연극의 이해 연극 감상과 비평 영화 제작 실습 사진의 이해 사진 표현 기법	음악사 합주 미술사 매체 미술 무용과 몸 안무 문학 개론 현대문학 감상 연기 영화의 이해 영화 감상과 비평 기초 촬영 영상 제작의 이해	시창청음 공연실습 드로잉 미술 전공 실기 무용 기초 실기 무용과 매체 문장론 시 창작 무대기술 영화기술 암실 실기 사진 영상 편집	음악전공 실기 평면 조형 무용전공 실기 무용 감상과 비평 문학과 매체 소설 창작 연극 제작 실습 시나리오 중급 촬영 사진 감상과 비평
외국어 계열	심화 영어 회화 I 심화 영어 독해 I 전공 기초 독일어 독일어 독해와 작문 II 전공 기초 프랑스어 프랑스어 독해와 작문 II 전공 기초 스페인어 스페인어 독해와 작문 II 전공 기초 중국어 중국어 독해와 작문 II 전공 기초 일본어 일본어 독해와 작문 II 전공 기초 러시아어 러시아어 독해와 작문 II 전공 기초 아랍어 아랍어 독해와 작문 II 전공 기초 베트남어 베트남어 독해와 작문 II	심화 영어 회화 II 심화 영어 독해 II 독일어 회화 I 독일어권 문화 프랑스어 회화 I 프랑스어권 문화 스페인어 회화 I 스페인어권 문화 중국어 회화 I 중국 문화 일본어 회화 I 일본 문화 러시아어 회화 I 러시아 문화 아랍어 회화 I 아랍 문화 베트남어 회화 I 베트남 문화	심화 영어 I 심화 영어 작문 I 독일어 회화 II 프랑스어 회화 II 스페인어 회화 II 중국어 회화 II 일본어 회화 II 러시아어 회화 II 아랍어 회화 II 베트남어 회화 II	심화 영어 II 심화 영어 작문 II 독일어 독해와 작문 I 프랑스어 독해와 작문 I 스페인어 독해와 작문 I 중국어 독해와 작문 I 일본어 독해와 작문 I 러시아어 독해와 작문 I 아랍어 독해와 작문 I 베트남어 독해와 작문 I
국제 계열	국제 정치 한국 사회의 이해 현대 세계의 변화	국제 경제 비교 문화 사회 탐구 방법	국제법 세계 문제와 미래 사회 사회과제 연구	지역 이해 국제 관계와 국제기구

① 전문 교과 I 과목의 이수 단위는 사도 교육감이 정한다.
② 국제 계열 고등학교에서 이수하는 외국어 과목은 외국어 계열 과목에서 선택하여 이수한다.

과목 선택

과목은 학교가 지정했거나 학생이 선택한 과목으로 구성된다. 대부분의 학생이 수강했다면 학생이 선택한 과목이 아니라 학교가 지정한 과목이다. 일부가 수강했더라도 학교가 일부 학생이 수강하도록 지정한 경우도 있다. 예를 들어 '미적분'을 전체 300명 중에 170명이 수강했다 하더라도, 이 과목을 이수한 학생이 모두 본인의 선택에 의해서 이수한 것이 아니라 타의에 의하여 이수했을 수도 있다는 뜻이다. 학생이 선택할 수 있는 과목이 많을수록 학생의 이수 상황이 학교 내에서도 달리 나타나게 된다. 이러한 과목 선택을 통하여 학생의 특성이 드러난다. 학교 유형별로도 개설된 과목과 선택의 폭이 달라 과목 선택 이수에서 특징이 나타난다.

모든 고등학교의 교육과정 편성표는 학교알리미에 공시되어 있다. 2, 3학년 교육과정을 학기별로 각각 선택하도록 되어 있기도 하고, 2학년은 학기별로 3학년은 학년으로 선택하도록 하기도 한다. 많은 학교가 2, 3학년에서 학년별로 선택을 허용하고 있다.

- **영재고**: 대학 수준의 학생 선택과목을 허용하여 학생별로 이수한 상황이 다르다. 대학교 1, 2학년 수준의 과목까지 이수한다.

- **과학고**: 수학 및 과학 과목을 많이 이수해야 하므로 영어와 사회과목 이수 양이 특히 적다. 필수로 이수해야 하는 과목이 많으므로 학생 선택 과목이 별로 없다.

- **외국어고**: 전공어와 영어(영어가 전공어일 경우에는 영어와 제2 외국어)의 이수 양이 많으므로 수학과 사회 교과 이수 양이 적다. 학생 선택 과목이 별로 없다.

- **국제고**: 선문 교과 I 중 국세에 관한 교과와 외국어고에서 개설하는 외국어에 관한 교과를 대부분 이수하므로 수학과 사회 교과 이수 양이 적다. 학생 선택 과목이 별로 없다. 청심국제고를 제외한 나머지 학교는 공립이다.

- **교과중점학교**(특히 과학중점학교): 일반고 교육과정과 같으나, 과학 III의 8과목을 모두 이수한다. 다른 과목은 일반고와 같다.

- **자사고**: 자사고는 일반고에 비하여 교육과정 편성의 자율권을 갖고 있지만 기초 영역 과목을 더 많이 개설하기는 어렵다. 따라서 자사고의 교육과정은 일반고 교육과정과 대동소이하다. 하나고와 민족사관고 교육과정은 특히 선택이 많다.

- **일반고**: 보통교과 중심으로 교육과정을 편성하며, 학교의 여건에 따라 매우 다르다.

진로에 따라 다른 과목 선택

문과와 이과로 나뉜 교육과정에서는 문과는 사회 과목 중 자신이 원하는 과목을 선택하고, 이과는 과학 과목에서 원하는 과목을 선택해서 이수하도록 교육과정이 편성되어 있었다. 그러나 문이과의 벽을 헐어내고 나면 조합이 조금 더 복잡해진다. 국어, 영어 교과는 차이가 적지만 수학, 사회, 과학 교과의 선택 조합에서 차이가 난다. 대별하면 다음과 같다.

● 인문계열: 쉬운 수학 + 사회	● 사회과학계열: 어려운 수학 + 사회
● 이공계열: 어려운 수학 + 과학	● 의료보건계열: 쉬운 수학/어려운 수학 + 과학/사회
● 예술체육계열: 쉬운 수학 + 사회	

쉬운 수학과 어려운 수학은 미적분과 기하 과목의 포함 여부에 의해 구분된다. 계열에 따른 구분뿐 아니라 세부 전공에 따라서도 선택 과목이 달라질 수 있다. 컴퓨터 계열을 전공한다고 할 때 프로그래머가 되려면 수학과 물리를 깊이 있게 공부해야 하지만, 미디어콘텐츠나 온라인 산업 분야를 전공할 때는 수학과 물리가 덜 필요하다.

2015 개정 교육과정에서는 학생이 다양한 과목 중에서 자신의 진로에 적합한 과목을 선택하여 학습하도록 진로별 경로를 없앴다. 때문에 학생이 자신이 이수할 과목을 선택한다는 것이 넓은 바다에서 어떤 고기를 잡을지를 두고 망설이는 상태와 같을 수 있다. 배워본 적이 없는 내용이 들어 있는 과목 중에서 수강할 과목을 고른다는 것은 쉽지 않은 일이다. 한 번 선택하면 되돌릴 수도 없다. 고등학교에는 대학교와 달리 수강 변경 기간이 운영되지 않는다.

그래서 교육부와 각 시·도교육청에서는 아래와 같이 과목 선택을 도와주는 자료를 만들어 학교와 학생에게 제공하고 있다. 대학에서도 자기 대학에 지원하는 학생을 위하여 과목선택안내서를 제공하기도 한다. 이뿐 아니라 다양한 자료를 대입정보포털 '어디가' 홈페이지나 고교학점제 홈페이지 등에서도 안내하고 있어 참고할 수 있다.

● 인문 계열 ○○학과

언어와 문화를 탐구하는 어문계열 위주로 선택한 모형이다. 제2외국어는 II 수준까지 선택하였다. 언어 소통 능력뿐만 아니라 다양한 문학과 문화를 배우고 경험하는 분야이므로 생활과 윤리, 사회·문화, 세계사, 세계지리, 윤리와 사상, 철학 등 사회교과의 과목도 충분히 선택하였다.

구분	1-1	1-2	2-1	2-2	3-1	3-2
기초	국어 / 수학 / 영어 / 한국사		문학 / 언어와 매체 / 수학 I / 수학 II / 영어 I / 영어 II		독서 / 화법과 작문 / 영어 독해와 작문 / 영미 문학 읽기	
탐구	통합사회 / 통합과학 / 과학탐구실험		생활과 윤리 / 한국지리 / 사회문화 / 정치와 법 / 동아시아사 / 생명과학 I		세계사 / 세계지리 / 윤리와 사상 / 사회문제 탐구	
체육예술	체육 / 음악 / 미술		운동과 건강 / 미술 감상과 비평		운동과 건강	
생활교양			한문 I / 중국어 I		철학 / 중국어 II	

● 상경 계열 ○○학과

논리적이고 분석적인 사고력을 기르기 위해 수학을 충분히 선택하고, 국제 감각을 익히기 위해 정치와 법, 경제뿐만 아니라 세계사, 세계지리, 창의 경영 등 사회교과의 과목도 광범위하게 선택하였다.

구분	1-1	1-2	2-1	2-2	3-1	3-2
기초	국어 / 수학 / 영어 / 한국사		문학 / 언어와 매체 / 수학 I / 수학 II / 확률과 통계 / 영어 I / 영어 II		독서 / 미적분 / 영어 독해와 작문	
탐구	통합사회 / 통합과학 / 과학탐구실험		생활과 윤리 / 한국지리 / 사회문화 / 정치와 법 / 물리 I		경제 / 세계사 / 세계지리 / 사회문제 탐구	
체육예술	체육 / 음악 / 미술		운동과 건강 / 미술 감상과 비평		운동과 건강	
생활교양			한문 I / 중국어 I		창의 경영 / 중국어 II	

●간호·보건 계열 ○○학과

이 분야의 직무를 수행하기에 필요한 것은 생물, 화학적인 지식뿐만 아니라, 환자를 이해하고 배려하는 따뜻한 마음이다. 화학, 생명과학은 심화 수준까지 선택하고, 보건, 정치와 법, 사회문화, 생활과 윤리, 심리학 등 인간에 대한 이해를 돕는 과목도 선택하였다.

구분	1-1	1-2	2-1	2-2	3-1	3-2
기초	국어 / 수학 / 영어 / 한국사		문학 / 언어와 매체 / 수학 I / 수학 II / 확률과 통계 / 영어 I / 영어 II		독서 / 화법과 작문 / 미적분 / 영어 독해와 작문	
탐구	통합사회 / 통합과학 / 과학탐구실험		사회문화 / 생활과 윤리 / 정치와 법 / 화학 I / 생명과학 I		윤리와 사상 / 화학 II / 생명과학 II	
체육예술	체육 / 음악 / 미술		운동과 건강 / 미술 감상과 비평		운동과 건강	
생활교양			한문 I / 독일어 I		심리학 / 독일어 II / 보건	

●자연 계열 ○○학과

과학 네 분야의 과목을 모두 배우고, 특히 관심이 있는 분야는 심화 수준까지 배울 수 있는 선택을 하였다. 수학도 충분히 배울 필요가 있으며 심리학이나 가정 과학도 자연과학과 연결되는 과목임을 고려하였다.

구분	1-1	1-2	2-1	2-2	3-1	3-2
기초	국어 / 수학 / 영어 / 한국사		문학 / 언어와 매체 / 수학 I / 수학 II / 확률과 통계 / 영어 I / 영어 II		독서 / 미적분 / 영어 독해와 작문	
탐구	통합사회 / 통합과학 / 과학탐구실험		물리학 I / 화학 I / 생명과학 I / 지구과학 I		물리학 II / 화학 II / 생명과학 II / 사회문제탐구	
체육예술	체육 / 음악 / 미술		운동과 건강 / 미술 감상과 비평		운동과 건강	
생활교양			한문 I / 중국어 I		심리학 / 가정 과학	

●공학 계열 ○○학과

공대는 수학이 기본이다. 미적분, 기하까지 배울 필요가 있으며 영어도 놓치지 말아야 한다. 과학도 네 분야의 과목을 모두 배우고, 가능한 심화 수준까지 배울 수 있는 선택을 하였다.

구분	1-1	1-2	2-1	2-2	3-1	3-2
기초	국어 / 수학 / 영어 / 한국사		문학 / 언어와 매체 / 수학 I / 수학 II / 확률과 통계 / 영어 I / 영어 II		독서 / 화법과 작문 / 미적분 / 기하 / 영어 독해와 작문	
탐구	통합사회 / 통합과학 / 과학탐구실험		생활과 윤리 / 물리학 I / 화학 I / 지구과학 I / 생명과학 I		물리학 II / 화학 II / 지구과학 II	
체육예술	체육 / 음악 / 미술		운동과 건강 / 미술 감상과 비평		운동과 건강	
생활교양			한문 I / 일본어 I		환경 / 공학 일반	

●예술 계열 ○○학과

음악에 관심이 많은 학생이라면, 고등학교 수준에서도 음악에 대해 더 배울 수 있고, 학교에서 개설되지 않았다면 집에서 가까운 음악거점학교를 활용할 수 있다. 다른 나라 음악에 관심이 있다면 그 나라 언어, 역사, 지리에도 대해 배울 수 있는 선택을 하는 것도 좋다.

구분	1-1	1-2	2-1	2-2	3-1	3-2
기초	국어 / 수학 / 영어 / 한국사		문학 / 언어와 매체 / 수학 I / 수학 II / 영어 I / 영어 II		독서 / 화법과 작문 / 영어 회화 / 확률과 통계	
탐구	통합사회 / 통합과학 / 과학탐구실험		사회문화 / 생활과 윤리 / 생활과 과학 / 물리학 I		세계사 / 여행 지리	
체육예술	체육 / 음악 / 미술		운동과 건강 / 음악 연주 / 미술 감상과 비평		운동과 건강 / 음악사 / 시창청음 / 음악 전공 실기	
생활교양			한문 I / 프랑스어 I		가정 과학 / 심리학	

* 2015 개정 교육과정에 따른 선택 과목 안내서(서울특별시교육청교육연구정보원, 2019. 4.)

고등학교 1학년 5월이 되면 과목 선택을 하기 시작한다. 진로를 정했다면 진로에 맞는 과목이 무엇인지 확인하고 선택하면 되지만, 아직 진로를 정하지 못했다면 좋아하는 과목을 선택한 뒤 그 과목을 이수하면 대학에서는 어느 전공을 선택할 수 있는지를 알아보게 된다. 좋아하는 과목이 많을수록 선택의 폭이 넓어지므로 저학년에서 할 일은 우선 좋아하고 잘하는 과목을 늘리는 일이다.

학교별 이수 과목 차이

학생은 한 과목을 두 학기에 걸쳐 이수할 수도 있지만, 학기별로도 이수할 수 있다. 국어, 수학, 영어 등의 과목은 학기 이수로 편성된 학교가 대부분이지만, 사회·과학 과목과 제2외국어 등 생활·교양 영역의 과목은 일년 단위로 선택하게 한 학교가 많다.

일 년 단위로 편성하면 기준단위보다 1단위 많은 6단위로 개설하는 경우가 많다. 이렇게 하면 학생이 배우는 과목 수가 전체적으로 줄게 된다. 학생부 평가자는 학생이 무엇을 어느 시기에 배웠는지를 보고 평가하게 되는데, 쉬운 과목 중심으로 적은 과목을 이수하게 되면 상대적으로 불리하게 평가받게 된다. 즉, 같이 지원한 다른 학생에 비하여 배운 것이 적으며 부담이 적은 공부를 해 왔다고 평가되므로 불리하다.

○○ 고등학교 2019학년도 입학생 2학년 교육과정 편성표(일부)

구분	교과영역	교과(군)	과목유형	세부 교과목	2학년	
					1학기	2학기
2학년선택	기초	국어	일반	문학/독서	24(택6)	24(택6)
		수학	일반	수학 I/수학 II/확률과 통계		
		영어	일반	영어 I/영어 독해와 작문		
			진로	영미 문학 읽기		
	탐구	사회	일반	한국지리/동아시아사/생활과 윤리/정치와 법/경제		
			진로	여행지리		
		과학	일반	물리학 I/화학 I/생명과학 I/지구과학 I		
			진로	과학사		
	체육예술	체육	진로	체육 탐구/체육전공 실기 기초		
		예술	진로	미술 창작/미술사/음악사		
	생활교양	기술·가정	일반	기술·가정		
		제2외국어	일반	일본어 I/중국어 I		

이 학교는 2학년에서 각 과목을 4단위로 편성하기로 하고, 학생들에게 전체 과목 중에서 여섯 과목을 선택하도록 선택권을 준 사례이다. 이처럼 개방적으로 선택 과목을 제시하면 학생은 진로 특성에 맞춰 선택하므로 많은 학생이 각자 다른 과목을 이수하는 결과를 낳게 된다.

교과 성적

교과 성적은 교과, 과목, 단위 수, 원점수, 과목 평균, 표준편차, 성취도, 수강자 수, 석차등급으로 이루어져 있다. 이 중 성취도는 대학에 제공되지 않는다. 교육부의 발표에 의하면 2025학년도 고등학교 입학생부터 절대평가에 의해 산출되는 성취도를 대학에 제공할 예정이다.

〈2학년〉

학기	교과	과목	단위수	원점수/과목평균 (표준편차)	성취도 (수강자수)	석차등급	비 고
1	영어	영어 I	4	85/65.4(20.1)	B(206)	2	

과목	세부능력 및 특기사항
영어 I	주요 관광지를 영어로 소개하는 활동에서 소개해야 할 요소를 잘 갖추어 친구들에게 소개하였음. 미국 여행을 주제로 한 상황극 활동에서 자신이 맡은 역할에 충실한 내용으로 대본을 구성하였음.

이 학생은 206명이 이수한 영어 I 과목에서 85점을 맞았는데, 석차등급은 2등급이다. 표준편차가 20.1이라는 것은 영어 성적이 나쁜 학생들도 많다는 뜻이다. 표준편차가 작을수록 집단이 고르다는 뜻이기 때문이다.

2019학년도 고등학교 입학생부터 진로 선택 과목은 석차등급을 산출하지 않고 A, B, C로 절대 평가하며, 원점수와 과목 평균은 제공하지만, 표준편차는 제공하지 않는다. 석차등급 자리에는 성취도별 분포비율을 기록한다. 즉, A(32.4%), B(30.9%), C(36.7%)같이 표시하는 것이다.

〈학교생활기록부(2018년 고교입학생)〉

과목	단위수	원점수/ 과목평균 (표준편차)	성취도 (수강자수)	석차 등급
고전 읽기	4	95/70 (10)	A (532)	1

⇨

〈학교생활기록부(2019년 이후 고교입학생)〉

과목	단위수	원점수/ 과목평균 (표준편차)	성취도 (수강자수)	성취수준 학생비율
고전 읽기	4	95/70	A (532)	A(32.4%) B(30.9%) C(36.7%)

체육, 예술 과목은 원점수/과목 평균/표준편차 모두 제공하지 않고 있다. 성취도는 A, B, C로 평가되는데 80점 이상이면 A, 80점 미만 60점 이상이면 B, 60점 미만이면 C로 평가한다.

이외에도 수강자 수가 13명 이하인 과목은 석차등급을 기재하지 않을 수 있다. 소수 선택 과목을 이수하는 학생이 등급이 나빠질까봐 수강하지 않는 것을 예방하려는 차원이다. 학교 간 통합 선택 교과(공동교육과정) 과목도 석차등급을 산출하지 않는다. 방과 후 학교 교육 활동은 2019학년도 중학교 1학년, 고등학교 1학년부터는 기재하지 않는다.

이처럼 성적 산출 방식은 교과별로 다르고 교과 위상에 따라 다르고 수강자 수에 따라 달라 혼란스럽다. 이를 표로 보면 다음과 같다.

성적 산출 방식

구분		원점수/과목평균(표준편차)			성취도(수강자수)		석차등급	비고
		원점수	과목평균	표준편차	성취도	수강자수		
보통교과	공통과목	●	●	●	5단계	●	●	● (성취도 3단계) 과학탐구실험 (등급X)
	일반선택과목 기초/탐구/생활교양	●	●	●	5단계	●	●	● 교양 교과(군) 제외
	일반선택과목 체육예술	-	-	-	3단계	-	-	● 수강자수 입력하지 않음
	진로선택 과목 (기초/탐구/생활/교양/체육예술)	●	●		3단계	●	-	● 진로선택으로 편성된 '전문 교과' 포함 ● 교양 교과(군) 제외 ● '석차등급' 및 '표준편차' 삭제, '성취도별 분포비율' 입력
	교양교과(군)	-	-	-	P	-	P	
전문 교과 I		●	●	●	5단계	●	●	● (성취도 3단계) 융합과학 탐구, 과학과제 연구, 물리학 실험, 화학 실험,생명과학 실험, 지구과학 실험, 사회 탐구 방법, 사회과제 연구
전문 교과 II		●	●	●	5단계	●	-	● 석차등급은 산출하지 않음
보통 교과 및 전문 교과 I 중 수강자수 13명 이하인 과목		●	●	●	교과(군)별 3단계 또는 5단계	●	'·' 또는 'ㅇ등급'	● 보통교과 공통과목 과학탐구실험, 진로선택과목(진로선택으로 편성된 전문교과 포함), 체육·예술교과(군)의 일반 선택 과목, 교양 교과(군)의 과목 제외
학교 간 통합 선택 교과 (공동교육과정) 과목		●	●	●	교과(군)별 3단계 또는 5단계	●	-	● 보통교과 진로선택과목(진로선택으로 편성된 전문교과 포함), 체육·예술 교과(군)의 일반 선택 과목, 교양 교과(군)의 과목 제외

교과학습발달상황의 '세부능력 및 특기사항'란에 쓰지 못하는 내용도 있다. 대부분 사교육의 영향을 받은 것, 학교 밖에서 이루어진 성과, 소논문 등이 입력 불가 대상이다. 더 자세한 내용은 다음과 같다.

> ○ 공인어학시험(토플, 토익, 텝스 등) 성적, 각종 교내·외 외인증 사항, 교내·외대회 관련 사항(대회 준비 및 수상 관련 내용 일체), 논문(학회지), 도서 출간, 발명특허 관련 내용, 모의고사(전국연합학력평가 포함) 관련 '원점수, 석차, 석차등급'
> ※ 대회와 관련하여, 대회의 명칭을 단순행사로 변경하여 입력하는 행위 불가
> ※ 위 항목은 '세부능력 및 특기사항'을 포함하여 '수상경력'이외 학교생활기록부 어떠한 항목에도 입력하여서는 안 됨.
> ○ 자율탐구활동으로 작성한 소논문 관련사항 일체는 기재할 수 없으며, 탐구보고서 등으로 편법적 기재 금지

이 사항들은 학생부종합전형이 시작된 2015학년도 대입부터는 이미 대학에서 반영하지 않는다고 누차 말해 온 사항들이므로 새삼스러울 것은 없다.

2

학생부종합전형 평가의 비밀

여섯 개 대학의 공동 평가 기준

연세대, 경희대, 중앙대, 한국외대, 서울여대, 건국대가 서류평가와 관련
된 공통 평가기준을 연구한 결과로 다음과 같은 요소를 제시하고, 이를
그림으로도 보여주었다. 이 요소들은 많은 대학이 공감하고 있다. 단, 서
울대학교는 학업역량과 전공적합성을 나누어 보지는 않는다고 서울대학
교의 학생부종합전형 안내에서 보여주고 있다.

표 안에는 다양한 내용이 들어 있지만 요약하면 가운데 네 개의 특징이
중요 평가 요소라는 뜻으로 이해하면 된다.

인성은 공동체성과 관련 있다. 인성이 좋아야 대학에서 공동 연구를 원
활히 할 수 있다. 한 학생이라도 인성이 부족하면 연구실은 갈등의 장이
되기 때문에 대학이 가장 중시하는 요소다. 그러나 평가가 쉽지 않다는
것이 문제로, 대부분의 수험생이 인성에서 아주 좋은 평가나 아주 나쁜

평가를 받는 경우는 드물다.

공부를 좀 못해도 인성이 좋으면 선발될 수 있을까? 가능할 수 있지만, 다른 학생들과 같이 공부하는데 혼자만 이해도가 떨어진다면 결국 낙오하게 된다. 이런 점을 고려한다면 학업능력이 좀 부족한 것을 인성으로 만회할 수는 있지만, 좋은 인성이 합격을 보장하는 것은 아니다. 그렇다면 공부는 잘 하는데 인성이 나쁘면 불합격할까? 인성에 현격한 문제가 있다면 대학이 선발하기는 어려울 것이다. 학교폭력 가해자도 합격할 수 있을까? 가해 학생이 이제는 폭력과 거리가 멀어져서 진심으로 뉘우치고 바른 인성으로 살아가고 있다면 선발하지 않을 이유가 없다. 대학도 교육기관으로 '학생의 성장과 변화'를 긍정적으로 평가하는 곳이기 때문이다.

발전가능성 중 가장 중요한 점은 '하고 싶은 욕망이 있고, 도전하고 있다.'는 것이다. 리더십이나 경험의 다양성 등도 중요한 요소이지만 학생의 발전에 영향을 주는 요소로 가장 중요하게 평가되는 것은 '도전적 선택과 지속적 노력'이다. 이 연구에서도 발전가능성은 현재 상황을 말하는 것이 아니고 대학 입학 후의 미래 상황을 말하는 것이라고 하고 있다.

학업 역량은 우선적으로 학업 성적으로 나타난다고 설명하고 있다. 학생이 이미 배운 지식과 학업 경험을 바탕으로 새로운 학습 경험을 할 수 있으며, 문제해결력이 있고, 독서 역량도 있고, 요약 발표도 잘 하고 토론도 잘하며, 영어로도 소통이 가능해서 영어 강좌를 들을 수 있는 정도라면 학업 역량이 있다고 한다. 이 정도의 역량을 가진 학생이라면 당연히 과정중심 수행평가를 포함한 학교 내신 성적이 나쁠 수가 없다. 과거의 학교 시험은 암기한 지식을 측정했으므로 성적과 학업 역량 간의 거리가 있었지만, 현재는 세부능력 및 특기사항의 기록을 바탕으로 평가 기준의 적절성을 따져보면서 평가하므로 학업 역량과 성적이 대체로 일치한다. 단 89점 2등급과 90점 1등급을 크게 차이를 두는 방식으로 평가하는 것은 아니라는 점은 여전히 유효하다.

전공적합성은 전공에 대한 관심과 준비 정도를 말한다. 이는 대체로 상식에 기반을 두고 생각하면 된다. 공대를 가기 원한다면 수학과 과학을 잘하거나 관심이 있어야 한다는 것이 상식이다. 수학과 과학을 잘하고 관심이 다른 과목에 비해 크기 때문에 공대를 지망할 수도 있다. 좀 더 세분화하면 화학생명공학(화생공)을 염두에 두고 있는지, 전기공학(전기공)을 염두에 두고 있는지에 따라 전공적합성이 달라질 수도 있지만, 완전히 다르지는 않다. 화생공은 공대이므로 물리학은 해야 하고, 화학을 다루니 화학도 해야 하며, 생명과학도 해야 할 것이다. 화생공에 지망할 학생이 생각이 바뀌어 전기공을 지망하기로 했다면 생명과학이 덜 쓰일 수도 있겠지만, 이 학생은 생명과학을 공부해 두었기 때문에 전기와 바이오를 연결하는 협업이 필요할 때 꼭 필요한 인재가 될 수도 있다. 이런 점에서 전공적합성은 넓게 보는 안목을 가져야 바로 보인다. 이를 대비하기 위해서는 고등학교 때 더 많은 과목을 선택해서 도전하는 것이 의미 있는 공부법이다.

여섯 개 대학 학생부종합전형 평가요소 및 평가항목

전공 관련 교과목 이수 및 성취도
고교 교육과정에서 지원 전공(계열)에 필요한 과목을 수강하고 취득한 학업성취의 수준

전공에 대한 관심과 이해
지원 전공(계열)에 대한 궁금증을 해결하기 위해 주의를 기울인 태도와 알고 있는 정도

전공 관련 활동과 경험
지원 전공(계열)에 대한 관심을 충족시키기 위해 노력한 과정과 배운 점

협업능력
공동체의 목표를 달성하기 위하여 상호 신뢰를 바탕으로 함께 돕고 함께 생활할 수 있는 역량

학업성취도
교과목의 석차등급 또는 원점수(평균/표준편차)를 활용해 산정한 학업능력 지표와 교과목 이수 현황, 노력 등을 기반으로 평가한 교과의 성취수준이나 학업적 발전의 정도

나눔과 배려
상대방을 존중하고 이해하여 원만한 관계를 형성하며, 타인을 위하여 기꺼이 나누어 주고자 하는 태도와 행동

학업태도와 학업의지
학업을 수행하고 학습을 해 나가는 자발적인 의지와 태도 학습자가 스스로 학습 목표를 설정하고 적절한 학습 전략을 선택하여 계획을 수립·실행하는 과정

소통능력
상대방의 의견을 경청하고 공감할 수 있으며, 자신의 정보와 생각을 효과적으로 전달할 수 있는 역량

전공적합성
지원 전공(계열)과 관련된 분야에 대한 관심과 이해, 노력과 준비 정도

학업역량
학업을 충실히 수행할 수 있는 기초 수학 능력

학생부 종합전형 평가요소

인성
공동체의 일원으로서 필요한 바람직한 사고와 행동

발전가능성
현재의 상황이나 수준보다 질적으로 더 높은 단계로 향상될 가능성

도덕성
공동체의 기본윤리와 원칙에 따라 행동하고, 부정 또는 부당한 행동을 하지 않는 태도

탐구활동
어떤 대상에 대해 호기심을 가지고 깊고 폭넓게 탐구할 수 있는 능력

성실성
책임감을 바탕으로 꾸준히 노력하여 자신의 의무를 다하는 태도와 행동

자기주도성
스스로 목표를 설정하고 적절한 전략을 선택하여 계획을 수립하고 실행하는 성향

경험의 다양성
학교교육의 다양한 영역에서 직접 겪거나 활동하면서 얻은 성장 과정 및 결과

리더십
공동체의 목표 달성을 위해 구성원의 화합과 단결을 이끌어가는 역량

창의적 문제해결력
창조적이고 논리적인 사고로 문제를 해결하는 능력

3

입학사정관은 학생부 교과 성적을
어떻게 읽을까?

2024학년도까지 고등학교 입학한 학생의 성적표에는 일반선택과목은 학생이 수강한 과목, 단위 수, 원점수/과목 평균(표준편차), 성취도(수강자 수), 석차등급이 표기되어 있다. 한편 수학 과제연구나, 화학Ⅱ와 같은 진로선택과목은 석차등급을 산출하지 않고 A, B, C로만 평가하고 원점수와 과목 평균을 제공하며 표준편차는 표기되지 않는다. 이 학생이 3학년 1학기까지 이수하면 아래와 같은 성적표를 갖게 된다. 수시 입시는 3학년 1학기까지의 성적이 대학에 제공된다. 이 성적 자료 중에서 성취도(A, B, C 등)는 대학에 제공되지 않는다.

〈표〉 2019학년도 고등학교 입학생 성적표 예시(예체능 과목 제외)

1학년

학기	교과	과목	단위수	원점수/과목평균 (표준편차)	성취도 (수강자수)	석차 등급
1	국어	국어	4	98/61.5(22.1)	A(207)	1
	수학	수학	4	89/47.5(21.8)	B(207)	2
	영어	영어	4	90/53.6(23.8)	A(207)	2
	사회(역사/도덕포함)	통합사회	4	93/54.5(22.7)	A(207)	1
	과학	통합과학	4	89/55.2(16.5)	B(207)	2
	과학	과학탐구실험	1	97/73.6(18.2)	A(207)	
	한국사	한국사	3	88/42(20.1)	B(207)	2
	기술가정/제2외국어/한문/교양	기술가정	2	97/63.6(21.2)	A(207)	2
	기술가정/제2외국어/한문/교양	진로와직업	1		P	P
2	국어	국어	4	94/55.7(23.5)	A(206)	2
	수학	수학	4	94/49.4(22.9)	A(206)	1
	영어	영어	4	96/53.2(25.0)	A(206)	1
	사회(역사/도덕포함)	통합사회	4	97/59.1(21.5)	A(206)	1
	과학	통합과학	4	99/55.8(15.6)	A(206)	1
	과학	과학탐구실험	1	95/76.6(17.2)	A(206)	
	한국사	한국사	3	89/35.4(18.3)	A(206)	1
	기술가정/제2외국어/한문/교양	기술가정	2	97/62.5(19.1)	A(206)	2
	기술가정/제2외국어/한문/교양	진로와직업	1		P	P

2학년

학기	교과	과목	단위수	원점수/과목평균 (표준편차)	성취도 (수강자수)	석차 등급
1	국어	문학	4	97/59.5(23.4)	A(206)	1
	수학	수학 I	4	95/49.1(21.2)	A(206)	1
	영어	영어 I	4	92/46.9(22.2)	B(206)	1
	사회(역사/도덕포함)	윤리와사상	4	96/60(22.9)	A(102)	1
	과학	화학 I	4	82/50.4(15.6)	B(171)	2
	기술가정/제2외국어/한문/교양	중국어 I	2	95/52.2(24.7)	A(34)	2
	기술가정/제2외국어/한문/교양	정보	2	91/58.8(16.5)	A(206)	2
2	국어	언어와매체	4	96/58.5(24.2)	A(107)	2
	수학	확률과통계	4	88/47.2(20.0)	B(102)	2
	수학	수학 II	4	94/59.7(23.6)	A(207)	2
	영어	영어 II	4	94/47.1(23.3)	A(207)	1
	과학	생명과학 I	4	90/50.9(16.4)	A(152)	1
	기술가정/제2외국어/한문/교양	중국어I	2	91/42.9(25.5)	A(35)	3
	기술가정/제2외국어/한문/교양	정보	2	90/53.4(15.4)	A(207)	1

3학년

학기	교과	과목	단위수	원점수/과목평균 (표준편차)	성취도 (수강자수)	석차 등급
1	국어	독서	4	99/58.8(23.7)	A(203)	1
	영어	영어독해와작문	4	93/45.6(23.8)	A(93)	2
	사회(역사/도덕포함)	사회문화	4	96/60.4(22.0)	A(88)	1
	사회(역사/도덕포함)	세계사	4	88/52.4(18.8)	B(67)	1
	기술가정/제2외국어/한문/교양	한문 I	2	99/61.1(21.0)	A(100)	1

진로 선택 과목

학기	교과	과목	단위수	원점수/과목평균	성취도(수강자수)	성취도별분포비율
1	수학	수학과제탐구	4	98/47.6	A(103)	A(32.1%) B(38.8%) C(31.1%)
	과학	화학 II	4	98/58.8	A(130)	A(24.6%) B(53.8%) C(21.6%)

이 학생은 무엇을 어떻게 이수했을까?

- 1학년 1학기 말 학생 수는 207명이었다. 학급당 25명씩이었다면 8학급이었을 것이다. 1학년 수강 과목은 학생에게 선택권이 주어지지 않았다. 모든 과목의 수강자수가 같은 것으로 알 수 있다. 대부분 공통과목이기 때문에 학생 선택권을 부여하지 않았고, 기술·가정과 진로와직업 과목은 학교가 지정했다.

- 대부분 과목의 표준편차가 20이 넘는다. 학생들의 성적 편차가 크다는 뜻이므로 평준화 지역 일반고일 것이다. 평준화 지역 학교는 학생들의 성적 편차가 커서 표준편차가 크게 나타난다. 평균이 낮은 것을

보면 시험문제 수준은 난이도가 유지되고 있으며, 어려운 문제도 출제가 되는 것으로 보인다.

참고: 비평준 지역 학교 또는 선발권이 있는 학교는 표준편차가 10 내외이다. 일반고 과목 중 수행평가 비중이 높고 수행평가에서는 대부분 학생이 좋은 성적을 냈다면, 평균이 높고 표준편차는 낮아 비평준 학교 또는 선발학교와 유사한 성적 구조를 보인다. 평균은 높은데 표준편차도 높은 과목은 시험문제가 쉬워 많은 학생이 좋은 점수를 받았지만, 여전히 성적이 낮은 학생이 많은 구조다. 이런 구조에서는 시험문제가 쉬워 한두 문제 실수하면 등급이 많이 떨어질 수 있다.

학생의 성적 추이를 보면 1학년 1학기에는 수학과 영어가 국어에 비해 부족하다고 느꼈을 것이며, 통합과학도 2등급이므로 더 노력해야겠다고 생각했을 것이다. 기술·가정은 2등급이지만 원점수는 97점이므로 학생은 아쉬웠겠지만, 사정관 눈에는 잘 이수한 것으로 볼 수 있다.

1학년 1학기를 마치고 이 학생은 방학 때 부족한 수학과 영어 공부에 치중했을 것이다. 통합과학과 한국사도 복습했을 수 있다. 2학기가 되어서는 여름방학 때의 공부 덕인지 수학과 영어 성적이 좋아졌다. 그러나 국어 시험은 잘 보지 못했다. 학생은 수학과 과학 성적이 불안정하여 쉬운 수학과 사회 및 과학을 고르게 선택하여 이수하기로 했다.

2학년 1학기의 국어, 수학, 영어 성적은 모두 1등급이지만, 영어는 원점수가 92점이므로 8명의 1등급 학생 중 거의 경계선에 해당한 것으로 보인다. 학생은 영어 공부를 좀 더 해야겠다고 생각했을 것이다. 사회 과목에서는 윤리와 사상을 선택하여 철학에 관심을 보였다. 1학기에 화학Ⅰ, 2학기에 생명과학Ⅰ을 선택한 것을 보니 학생은 보건, 간호 계통이나 생활과학대의 식품영양학과 등을 진로 방향으로 생각한 듯하다. 과학 성적은 국어, 수학, 영어나 사회에 비해서는 조금 뒤처진다. 그래도 적극적으로 자신의 진로를 고려하여 도전하고 있다. 중국어는 2, 3등급이지만 잘 하려고 노력하고 있다.

2학년 2학기의 언어와 매체는 2등급의 맨 앞에 해당하는 성적인 듯하며, 수학도 비슷하다. 수학과 과학을 중심으로 진로 방향을 고려한 학생들 사이에서 열심히 노력하고 있다고 볼 수 있다. 3학년에서는 화학Ⅱ를 선택했다. 학생이 생각하는 진로 방향과 관련이 있어 보인다.

3학년 1학기 대부분의 과목도 잘 이수했다. 수강자수가 들쭉날쭉한 것을 보면 학교 측에서 학생 선택의 폭을 넓게 제공한 것으로 보인다.

- 국어과에서 1학년 때는 공통 과목인 국어를 이수했고, 2학년 1학기에 문학, 2학기에 언어와 매체를 이수했으며, 3학년에서 독서를 학기별로 이수했다. 평균은 60점에 조금 못 미치며, 표준편차는 20이 넘으므로 국어과목도 성적이 낮은 학생이 많다는 뜻이다. 수행평가 비중이 높으면 평균이 높고 편차가 적을 수도 있는데, 지필평가 비중이 높고 시험문제는 어렵게 출제되고 있는 것으로 추측할 수 있다. 학생의 세부능력 및 특기사항에 다음과 같이 적혀 있다면, 학생은 국어 시간에 잘 참여하면서 공부했다고 평가할 수 있다.

국어과 세부능력 및 특기사항

- 글쓰기 활동을 할 때 적재적소에 적절한 자료를 잘 활용함
- 어려운 문학작품을 마인드맵을 그려 설명함
- 팀원과 함께 신문기사의 문장을 대상으로 형태소와 단어를 분석함
- 비문학 지문에 대하여 질문함
- 긴 글을 1,000자로 요약하기 활동에서 주제를 파악하여 잘 요약하였으며, 요약한 내용에 핵심 질문을 붙여 발표함

수학은 수 I , 수 II , 확률과통계 및 수학과제탐구를 이수했다. 학생이 느낄 때 자신의 수학 성적이 불안정해 보일 수도 있지만, 1, 2등급 사이의 성적으로 보이므로 독보적인 실력까지는 아니어도 학교에서 수학을 잘 하는 상위 열 명 안에 속한 것으로 생각된다. 학생은 진로에 적합한 수준의 과목을 선택해서 이수하여 미적분이나 기하 등 위계가 높은 과목을 수강하지는 않았다. 사회과학 계열로 진학하려면 미적분이나 기하 또는 경제수학을 이수하는 것이 바람직하다. 즉 학교에서는 수학을 잘하는 그룹에 속하지만 어려운 과목을 선택하지 않은 것을 보면 절대적 수준에서는 어려움을 겪는 학생일 수도 있다

수학과 세부능력 및 특기사항

- 친구와 함께 PPT를 만들어 확률에 대하여 설명함
- 미분이 실생활에 쓰이는 예시로 전하량과 전류의 관계를 보이며 전하량의 순간 변화율이 전류가 되는 것을 설명함
- 수학 II 내용에 해당하는 응용 과제를 설정하여 탐구하였으며, 탐구 결과를 발표함

● 영어는 수학만큼이나 평균점이 낮다. 영어 과목도 2학년 때까지는 모든 학생이 동일하게 지정과목을 이수했고 3학년의 영어독해와 작문은 선택한 학생이 수강했다. 원점수를 보면 때로는 영어가 완벽하지 않아 속상했을 것이다. 그래도 열심히 하였고 성과도 있음을 인정한다.

영어과 세부능력 및 특기사항

● 직접 선정한 연구 주제를 발표하는 영어 스피치에서 10대의 유튜브 이용 실태를 주제로 사용 시간, 이유 등을 발표함. 우수한 독해력과 유창한 어휘력, 쓰기 능력을 발휘해서 작문, 영어 서평, 듣기 수행평가 등에서 좋은 성과를 냄
● 북리뷰 서평쓰기 활동에서 소설의 배경을 사회와 연관시켜 주인공의 내적 성장에 관한 줄거리를 잘 표현함

● 사회는 윤리와사상, 세계사, 사회·문화를 이수했는데 모두 1등급이다. 기피 과목인 윤리와 사상과 세계사를 선택하는 것은 '도전'에 해당한다. 도전하는 태도는 대학에서도 높이 산다. 대학에 진학해서도 어려운 과목을 선택해서 공부하려는 마음가짐을 보여주기 때문이다. 이러한 태도가 곧 발전가능성이다.

사회과 세부능력 및 특기사항

● 맹자의 성선설과 역성혁명 등 다양한 사상을 이해하고 있으며, 이를 토대로 자신이 생각하는 인간의 본성을 잘 설명하였음
● 현대 윤리학자 나딩스의 자료를 찾아보고 학습지를 작성함

● 한국사는 평균이 매우 낮다. 시험문제가 아주 어렵게 출제되었을 것

이다. 학생은 88, 89점으로 1, 2등급을 한 번씩 맞은 것으로 미루어 이 점수가 1등급 경계인 듯하다. 이 정도면 학급에서 1등인 성적에 해당하는 우수한 성적으로 한국사 공부를 충실히 한 것으로 평가할 수 있다.

한국사 세부능력 및 특기사항

성리학과 실학을 비교하는 도표를 작성하여 심층 분석했음. 특히 실학에 중점을 두어 실학이 등장하게 된 배경부터 농업 중심 개혁론과 상공업 중심 개혁론의 중심 인물 및 주요 내용을 밝혔음

과학 교과는 1학년에서 공통과목으로 통합과학과 과학탐구실험을 이수하였고, 2학년 1학기에는 화학Ⅰ, 2학년 2학기에는 생명과학Ⅰ을 이수했고, 3학년 1학기에는 화학Ⅱ를 이수했다. 통합과학 1학년 1학기 성적은 2등급이었지만 2학기에는 99점으로 1등급을 맞았으며, 과학탐구실험 성적도 좋다. 2학년 1학기의 화학Ⅰ은 전교생 206명 중 171명이 이수한 과목이다. 평균도 낮은 편이고 표준편차도 낮은 편이므로 쉽지 않은 수준이었을 것으로 보인다. 2학기의 생명과학Ⅰ도 유사한 경향이다. 3학년의 화학Ⅱ 과목의 평균 대비 득점은 뛰어나다. 이러한 점을 감안하면 학생은 생명과학과 화학이 필요한 전공 분야를 희망하고 있는데, 때로는 지필고사에서 실수하는 경우가 있지만, 전반적으로 과학 과목을 잘 이수하고 있는 학생이라고 평가해도 될 것이다.

- 수소연료전지 분해 실험 활동을 진행하고 발표함. 놀이기구에 활용되는 전자기 유도현상과 복합 도르래 원리를 탐구하여 발표함
- 솔레노이드를 제작 후 금속 종류에 따라 전류를 흘려보낼 때 자기장을 측정함. 실험 결과를 표와 그래프로 제시함
- GMO에 관한 토론 활동을 함. 관련하여 유전자 기술에 대해 탐구보고서를 작성함
- 포름알데히드와 살리실산의 화학식과 분자구조를 설명하며 포름알데히드에서 C와 O 사이의 이중결합으로 인해 삼각형 구조로 되어 있다고 발표함

- 중국어는 원점수에 비하여 등급이 낮다. 수강자 수가 적은 과목인데, 중국어에 관심이 많은 학생들이 모여 있었을 것이다. 2등급, 3등급을 맞았지만 못한 것은 아니고, 포기한 과목도 아니므로 나쁘게 볼 이유가 없다.

종합적으로 평가하자면 학생은 열심히 수업에 참여하여 학업역량을 차곡차곡 쌓은 학생이다. 학교에서 독보적인 1등은 아니지만, 선두 그룹을 유지하고 있다. 학급에서는 1, 2등을 하는 학생으로 주목받고 있을 것이다. 어려운 수학은 이수하지 않아서 사회과학계열이나 이학, 공학계열로 진로 방향을 잡기는 어렵다. 생명과학과 화학을 이수한 것을 보면 간호학과나 식품영양학과를 염두에 두고 있는 듯하다. 사회 과목에서 철학과 역사를 선택하여 공부한 것에서 학생의 도전적 선택 의지를 볼 수 있다.

4

입학사정관의 특별한 평가방식

학생부종합전형의 평가 방식은 한 줄로 줄을 세우는 방식은 아니므로, 평가요소별로 절대평가 등급으로 평가하는 것이 상례이다. 따라서 인성, 발전가능성, 학업역량, 전공적합성이 평가요소라면, 각 요소별로 평가 등급을 매겨 평가한 뒤, 이를 근거로 전체 등급을 매길 수 있다.

예를 들면 각 요소를 A, B, C 3등급으로 나누고 이를 종합하여 하나의 등급을 매기는 방식을 생각할 수 있다.

요소별 등급표

요소	등급
발전가능성	A, B, C
학업 역량	A, B, C
전공 적합성	A, B, C
인성	A, B, C

그런데 평가요소 중 인성을 평가하기는 어려우므로, 인성 영역이 두드

러진 학생은 종합 성적에서 한 단계를 올려주기로 하고, 인성이 매우 부족한 학생은 한두 단계를 낮추기로 하자. 그러면 다음과 같은 표가 만들어진다. 종합등급은 A+, A, B+, B, C의 5단계로 하자. 종합 등급이 2개가 제시된 항은 평가자가 학생의 여러 면모를 종합적으로 판단하여 2개 중의 하나로 평가한다.

평가 등급 기준표

발전가능성	학업 역량	전공적합성	종합
A	A	A	A+
A	A	B	A+, A
A	B	A	A+, A
A	B	B	A, B+
A	C	B	B+, B
A	C	C	B, C
B	A	A	A
B	A	B	A, B+
B	B	A	A, B+
B	B	B	B+
B	C	B	B
B	C	C	B
C	B	B	B
C	B	C	B, C
C	C	B	B, C
C	C	C	C

각 대학은 이러한 방식을 사용하여 평가를 하기도 하고 이와는 다른 방식을 사용하기도 한다. 영역을 다른 기준으로 나누어 평가하기도 하며,

한 학생을 영역별로 각기 다른 입학사정관이 각각의 영역을 평가한 뒤, 사정관이 부여한 성적을 종합하여 종합등급을 매기기도 한다.

위와 같은 방식으로 평가한다고 할 때, 앞에서 본 학생부 예시 자료의 학생이 간호대에 지원했다고 가정하고 등급을 매기면 어떻게 될까?

간호대에 지원한 학생이라면 발전가능성에서는 세계사와 윤리와 사상을 이수하면서 인문학적 소양까지 길렀으므로 좋은 평가를 받았을 것이다. 전공적합성에서도 수학은 전공에 필요한 수학 과목까지는 잘 이수했으며, 화학Ⅰ과 화학Ⅱ를 이수했는데 화학Ⅱ 성적도 좋고, 생명과학Ⅰ 성적도 좋으므로 좋은 평가를 할 수 있다. 단지 생명과학Ⅱ를 이수하지 않았는데, 이 학교는 학기별로 다른 과목을 배우는 방식으로 교육과정이 설계되었으므로 아마도 3학년 2학기에 이수할 예정일 것이다. 전반적인 학업 역량은 우수하다. 1학년에 비하여 학년이 올라갈수록 성적도 안정적으로 선두를 유지하고 있어 자존감도 있을 것으로 보인다.

그렇다면 발전가능성, 학업 역량, 전공적합성 모두에서 A를 줄 수 있고, 따라서 이 학생의 종합 성적은 'A+'에 해당한다. 그러나 사정관이 학업 역량을 B 수준으로 평가했다면 A+이거나 A 중에서 하나의 점수를 부여할 것이다.

제4장

결국
학생부종합전형이
관건입니다

입시에 대한 오해를 풀어야 합니다

학생부종합전형의 평가요소는 앞에서 살펴본 것과 같이 인성, 발전가능성, 학업 역량, 전공적합성으로 알려져 있다. 각각의 요소는 수험생이 제출한 학교생활기록부, 자기소개서 등을 바탕으로 평가한다. 이 요소를 기준으로 학교생활을 통하여 학생의 역량이 얼마나 성장했는지, 해당 모집단위에서 공부하기에 적절한지를 평가한다.

학생부교과전형은 교과 성적이 좋으면 된다. 현재 고등학교 성적은 보통 교과의 일반 선택 과목은 9등급 상대평가로 진행된다. 이를 바탕으로 등급 평균을 내서 합격선을 정한다. 2019학년도 1학년 입학생부터는 진로 선택 과목은 등급을 내지 않으므로 대학에서 반영 방식을 달리 정하였다. 성적표 안에 등급이 없는 과목이 혼재되어 있으므로 이를 환산하는 방법을 정할 수도 있고, 등급이 있는 일반 선택 과목만 반영할 수도 있다. 진로 선택 과목 중 입시에 영향력이 큰 과목은 수학의 기하, 과학의 물리학Ⅱ, 화학Ⅱ, 생명과학Ⅱ, 지구과학Ⅱ 과목이다. 대학 입장에서는 이 과목들을 반영하지 못하는 것이 아쉽겠지만, 일반 선택 과목만 가지고도 평가와 선발은 가능하다. 학생부교과전형으로 사정하는 대학에 지원하는 학생들이 기하나 과학Ⅱ 과목을 고등학교에서 충실히 배우지 않는 경향이 있다는 점도 특징으로 작용한다. 그래서 교과전형을 염두에 둔 학생은 일반 선택 과목을 잘 해두라는 조언도 있다.

정시로 대학에 가기 위해서는 수능을 잘 보면 된다. 내신이 상대적으로 낮은데 수능 점수가 더 잘 나와서 수능으로 대학을 준비해야 한다면 그렇게 하면 된다. 모 방송의 토크 프로그램에 나온 현직 교사가 "수능을 잘 보려면 학교를 자퇴하면 된다."고 할 정도로 수능은 학교 공부와는 거리가 있다. 학교에서 배우는 모든 과목 중 절반 이하가 시험 대상인 점, 학교에서는 수능의 킬러문항이라고 부르는 고난도 문제를 거의 다루지 않는다는 점 때문이다.

그러나 단순히 눈앞의 입시만 생각해서는 안 된다. 수능으로 대학을 간다고 하더라도 대학에서 공부하는 데 필요한 과목을 무시한다면 입학 후에 고생길이 열린다. 공대를 지망하는 학생이 수능을 준비한다는 이유로 물리학 Ⅰ·Ⅱ를 공부하지 않으면 대학에 입학해서 친구에게 과외를 받거나 학원에서 고등학교 과정을 따로 배우게 될 수도 있다.

이러한 생각을 염두에 두고 대학 입시를 준비해보자. 그러나 준비에 앞서 모든 정보가 과연 '나의 수준과 기준'에 맞는 정보인지 판단하는 것이 제일 중요하다. 입시는 개인이 가진 변수에 따라 결과가 달라질 수 있다.

언론에서 다루는 통상의 입시 정보는 대부분의 수험생에게 알맞은 정보여도 특정 수험생에게는 맞지 않는 경우가 있다. 예를 들면 학생부종합전형에서 비교과가 가장 중요하다고 하는 것은 교과 성적이 비교적 낮은 학생들이 지원자 집단을 구성하는 경우에 해당되는 말이다. 최상위 대학에 해당하는 말이 아니다.

지금부터 하는 이야기는 판단의 기준을 세우는 데 도움이 되는 것들로 구성했다. 다양한 상황에 부딪힐 때 가장 먼저 생각해야 하는 것이 바로 판단 기준이 된다.

학생부종합전형은 고등학교 수업을 되살리기 위해 시작한 전형이다. 이런 배경을 이해하면 "학생이 대학에 가서 연구 활동을 한 경험을 대학이 좋게 볼 이유가 없다."는 말을 긍정하게 된다. 그러나 이런 배경을 모르면 "대학에 가서 연구도 했다는데 대학이 더 좋게 평가하는 것이 아닐까? 옆집 아이는 대학에서 실험 활동을 해서 붙고 우리 아이는 학교만 다녀서 떨어지는 거 아니야?'라고 생각할 수 있다.

그러나 이는 입시에 대한 오해에서 비롯된 생각이다. 대학은 고등학생이 고등학교에서 고등학교 수준의 공부를 잘 하고 대학에 진학하기를 바랄 뿐이다.

나에게 필요한 정보를 구분해야 합니다

'나에게 필요한 정보인가?'에 대한 이야기를 좀 더 하고 가자. 어떤 입시 정보가 내게 해당하는 정보인지 알기는 쉽지 않다. 그러나 대학이 어떤 사람을 원하는가를 기준으로 판단하면 실마리를 잡을 수 있다.

모든 사람에게 다 통하는 정보는 없다. 평균적인 정보라는 것도 없다. 특히 대입은 모집단위별로 지원자 그룹이 형성된다. 이 지원자 그룹들은 각각 매우 다른 특성을 가지고 있다. 어떤 그룹은 모든 공부를 다 잘하고, 어떤 그룹은 공부보다는 열정이 넘치는 지원자들이 모인다. 어떤 그룹은 물리를 잘 하는 학생들로 구성되고, 어떤 그룹은 물리에 관심이 적은 지원자들이 지원한다. 그러므로 모든 지원자에 공통으로 해당하는 정보가 없을 수밖에 없다. 전교 1등만 모이는가 하면, 성적이 중간쯤 되는 학생이 지원하는 곳이 있지 않은가? 그래서 정보를 얻기 위해서는 비판적으로 생각해야 한다. 혹시 판단이 안 되면 선생님과 상의하고, 그래도 미심쩍으면 진학 관련 사이트의 상담교사에게라도 물어볼 일이다.

공부를 무척 잘하고, 이공계로 진학을 준비하고 있는 고등학교 2학년 학생이 고민에 빠졌다. "학종에서는 비교과가 중요합니다. 학생의 학생부는 다 좋은데 '투철한 국가관'이 안 보이네요."라는 컨설팅 의견을 들었기 때문이다. 이 학생과 학부모는 지인을 통해서 독도지킴이 동아리나 그와 유사한 동아리를 하라고 권유받았는데 이를 시작해야 하는지를 두고 고민하고 있었다. 동아리 활동은 좋아하면 하고 그렇지 않으면 하지 않아도 무관하다. 한국사 성적도 좋고 여러모로 성실한 태도를 갖추었다는 학생부 기록을 가진 학생에게 '투철한 국가관'을 보여줄 수 있는 활동을 해야 한다는 조언의 뿌리는 무엇일까? 아마도 2010년을 전후한 입학사정관제 시절, 비교과가 많이 반영되었을 때의 경험에서 나온 이야기였을 것이다. 누차 이야기하지만, "대학은 학교생활 전반에 성실하게 임하고 학업 역량을 가진 학생, 배려와 나눔의 이웃사랑도 실천할 줄 아는 학생을 선발하려고 한다."가 판단의 기준이 되어야 한다. 결국 학생은 고민 끝에 투철한 국가관을 보여줄 동아리에는 가입하지 않았고, 자신이 하고 싶은 동아리를 했다. 그리고 원하는 대학에도 들어갔다. 이 학생이 들은 '학종은 비교과가 중요하다'는 정보나 '국가관 투철한 동아리가 유리하다'는 것은 이 학생에게 맞는 정보는 아니었다.

학생부종합전형은 비교과 준비로부터 시작한다는 신문기사가 있다. 이 기사를 보면 학종에 대비하려면 당연히 비교과를 챙겨야 한다는 생각이 든다. 더구나 비교과를 챙기라는 말은 지원할 모집단위의 전공적합성을 고려하여 동아리도 해당 전공에 초점을 맞추어 해야 하고, 연구 보고서도 초점을 맞춰서 써야 한다는 메시지를 담고 있다. 그런데 최상위권 대학은 지속적으로 "스펙으로 선발하는 것이 아니다, 학업 역량과 전공적합성이 중요하다."와 같은 설명 자료를 낸다. 서울대는 전공적합성이라는 말도 없다. 그리고 어떤 자료를 보아도 비교과를 챙겨야 한다는 말은 없다. 그러면 이 말은 맞는 말일까?

전국 대학 중 학생부종합전형을 하는 대학은 140개가 넘는다. 이 많은 대학 중에는 학업은 다소 부족하지만(정확히 말하면 성적은 좀 떨어지지만) 동아리 활동을 열심히 한 학생이 갈 수 있는 곳이 상당수 있다. 어쩌면 교과 공부를 열심히 하는 것보다 동아리 활동을 더 열심히 해서 갈 수 있는 대학이 많을 수도 있다. 수험생의 상위 20% 정도가 학업 역량을 평가받아 대학에 입학한다면, 학업 역량이 떨어지는 나머지 80%는 비교과를 챙겨야 한다는 말이 맞을 수 있다. 그러므로 이 기사 내용이 완전히 틀린 것은 아니지만, 최상위 대학에 가려는 사람에게 맞는 것은 아니다.

학생부종합전형의 평가 방식에 따르면 3등급 78점의 학생과 5등급 62점의 학생이 같은 수준의 역량을 가진 지원자로 평가받을 수 있다. 78점과 62점을 단순히 점수로만 따진다면 차이가 크다고 느낄 수 있지만, 학습 결손량으로 보면 크게 차이가 나지 않는다고 할 수 있기 때문이다. 그렇다면 컴퓨터 전공 학과에 지원한 학생이 컴퓨터에는 별로 관심이 없어 보이는데 3등급인 경우와 5등급이지만 컴퓨터 동아리에서 다양한 활동을 하고 열정을 보인 경우라면 둘 중에 어떤 학생이 선발될까? 아마도 컴퓨터에 관심이 많은 5등급이 선발될 가능성이 높다. 이렇게 되면 동아리 활동이 중요하다는 기사가 맞는 말이 된다. 그러나 최상위 대학이라면 컴퓨터 동아리 활동을 했건 생명과학 동아리를 했건, 공부와 무관한 합창반이나 모던댄스반 활동을 했다고 해도 결국은 대학에 진학한 이후에도 어려운 공부를 해낼 능력과 욕망을 갖추었는가에 방점을 찍을 것이다. 그러니 '비교과를 챙겨라'라는 말은 누가 듣느냐에 따라 맞는 말이 될 수도 있고, 맞지 않는 말이 될 수도 있다. 즉, 정보는 진리가 아니니 나에게 맞는 말인지 스스로 판단해야 한다.

공부는 태도가 먼저입니다

공부를 하려면 내가 왜 공부하는지를 계속 물어야 한다. 사람은 무엇이 되기 위해 공부하기도 하지만, 공부 그 자체에 뿌듯함을 느껴서 공부하기도 한다. 무엇이 되기 위해서 공부를 한다면 그것을 위해 필요한 지식을 얻으려고 노력하게 되고, 자연스럽게 공부해야 할 것이 생긴다. 그러나 무엇이 되기 위한 공부는 목적을 달성한 다음에는 멈추게 된다. 반면 스스로 뿌듯한 마음에 공부를 한다면 공부 자체를 즐기는 사람이 될 것이다. 평생 학습 사회에서는 스스로에게 보상을 하면서 '공부하는 사람'이 발전 가능성이 큰 사람이다. 그러나 이 경지에 도달하지 못하더라도 왜 공부를 하는지를 물으면서 자신이 공부해야 할 이유를 찾고 그 방향을 잡는 것은 성장에 도움이 된다.

스타일리스트가 되고 싶은 회원 학생은 멋진 옷을 입은 자신의 사진을 찍는 것이 취미다. 공부에 큰 관심은 없지만 외국 포털에서 정보를 얻기 위해 스타일링과 관련된 영어는 잘 안다. 이 학생이 100세가 되어도 그저 자기 사진만 찍을 것이 아니라 더 큰 무엇을 하기 위해서는 자신이 할 일을 정한 다음에, 무엇을 공부해야 할지 알아보고 공부할 마음을 먹어야 한다. 결코 쉽지 않겠지만 무엇을 공부해야 할지, 어떻게 시간을 활용할지, 어떤 진로나 진학 경로를 택할지도 정해야 한다. 이런 마음가짐이 바로 태도다.

영화감독이 되고 싶은 학생이 있다. 사회 교과에서는 세계사, 윤리와 사상, 세계지리, 여행지리를 선택해서 이수하고 있으며, 과학에서는 물리학 I 을 선택했고, 가능하면 물리학 II 를 이수하거나 아니면 거점학교에 가서라도 물리실험 과목 등을 이수할 계획이라고 한다. 그 이유는 나중에 〈마션The Martian〉이나 〈인터스텔라Interstellar〉 같은 영화를 만들려면 알아야 할 것들이기 때문이라고 한다. 이 학생은 자신의 선택에 대한 답을 가지고 있으며 그렇기 때문에 남이 하지 않는 방향으로 도전하고 있다. 대학에서는 이 학생의 도전적 태도를 높이 평가할 것이다.

허브 켈러허는 망해가는 사우스웨스트 항공을 살려놓은 CEO로 유명하다. 그는 사원을 선발할 때 지식보다 태도를 보고 선발했다. 지식은 가르치면 되지만 태도는 가르친다고 변하는 게 아니라는 것이다. 인터넷에 떠도는 진짜 인재를 선발하기 위한 하이네켄의 면접 동영상도 태도의 중요성을 말해 준다. 당시 하이네켄 면접에서는 세 가지 돌발 상황이 주어졌다. 첫 번째, 면접실로 안내하는 직원이 지원자 손을 잡는다. 이는 지원자의 친밀감과 유쾌함을 보기 위한 테스트이다. 두 번째, 면접 중 갑자기

면접관이 쓰러진다. 이는 지원자의 대응 능력과 배려하는 모습을 확인하기 위한 테스트이다. 세 번째, 갑자기 비상벨이 울리고 지원자들에게 탈출하라고 한다. 소방대원이 탈출한 지원자들에게 도움을 요청한다. 이는 지원자의 열정과 헌신을 확인하기 위한 테스트이다. 이 면접에서 합격한 지원자가 각 상황에 대응하는 것을 보는 것으로도 공부가 된다.

인성을 갖추고 공부를 하자. 공부도 태도가 먼저다. 책상에 앉기 전에 나는 공부할 태도를 갖추었는지, 공부할 마음이 있는지, 왜 공부하는지를 다시 마음에게 물어보자.

진짜 목표를 세워야 합니다

친구를 따라가면 2등은 한다. 2등만 해도 성공하던 시절이 있었다. 그러나 현대 사회는 2등보다는 1등을 더 알아주는 사회다. 이 말을 들으면 1등이 되기 위한 무한경쟁을 생각하게 된다. 그러나 지금 말하려고 하는 것은 무한경쟁의 이야기가 아니다.

한 가지 종목에서 경쟁하는 방식에서는 원숭이와 수달과 토끼가 함께 경쟁해야 한다. 그런데 종목이 '사막 건너기 마라톤'이라면 어느 누구도 승자가 되기는 어렵다. 그런데 원숭이는 나무타기 종목에, 수달은 수영 종목에, 토끼는 등산 종목에 출전하기 위해 연습한다면 개인은 성장의 기쁨을 맛볼 수 있다.

생각하기를 좋아하는 여학생 K가 있었다. K는 "공공선은 존재하는가? 행복하다는 것은 무엇일까? 돈을 많이 벌면 행복한가? 돈은 언제 어디에서 생겼고, 왜 생겼을까?"와 같은 물음에 답을 찾고 싶어 했다.

대입을 준비하던 수험생 시절에 아버지는 편찮으시고 집은 가난했다. K는 어디론가 달아나고 싶다는 생각도 여러 번 했고 참고서 하나를 사기가 망설여져 동네 서점 앞을 몇 시간 동안이나 서성인 적도 있다고 했다. 학원이나 과외공부 같은 사교육은 남의 이야기였다.

K는 고등학생 때부터 인문학적 질문과 사람들의 얘기에 관심을 가져왔다. 청소년 전용 인문학 서점인 '인디고 서원'과 인연을 맺은 것이 계기였다. K는 "인디고 서원에서 여러 가지 행사를 열어 '주제와 변주', '청년들의 저녁 식사', '공동선이 무엇인가' 등을 주제로 함께 고민했어요. 시를 읽으면서 토론하기도 하고, 철학책의 유명한 문장을 가지고 얘기하기도 하고요. 고등학생 때 우연히 그 행사에 참가했다가 강연하러 온 연사들과 또래 친구들과 이런 내용에 관해 토론했고, 그 질문들로부터 많은 영향을 받았어요."라고 말했다.

K가 인문학에 매력을 느낀 이유는 인문학이 '좋은 질문을 계속해서 던져주는 학문'이기 때문이라고 한다. 다른 학문은 명쾌한 답이 있거나 답을 내는 과정을 배우지만, 인문학은 답을 내기 이전에 질문을 만드는 방법을 알려주기 때문에 매력이 있다는 것이다.

K는 어려울 때마다 주먹을 꽉 쥐고 공부해서 서울대학교 자유전공학부에 수시 전형으로 입학했다. 자유전공학부는 자신이 공부하고 싶은 것을 스스로 찾아서 전공을 만들어갈 수 있는 학부다. 서울대는 풍요로운 장밋빛 미래를 가져다 줄 든든한 희망일 줄 알았지만, 서울대에 입학하고 나서도 다시는 마주치리라 생각지 않았던 아득한 막막함과 마주쳤다고 K

는 말한다. 그러고는 "누구나 아무것도 없는 막막한 길을 걸어본 적이 있을 것입니다. 정해지고 약속된 게 아무것도 없었기에 거꾸로 무엇이든 할 수 있다는 깨달음을 얻었습니다."라고 이야기했다.

K는 '돈을 많이 벌면 행복한가?'와 같은 질문에 대한 답을 구하고 세상과 공유하기 위해 자유전공학부에서 '인문소통학'이라는 새로운 전공을 만들어 인간과 인문학에 대한 탐구를 이어갔다. K는 '사람은 어떤 방식으로 사고하고 움직이는가?'와 같은 질문에 답을 구하는 공부를 했다. 공부하면서 K는 '역사학에서 보면 인간은 반복하는 존재, 심리학에서는 호르몬에 따라 심리가 바뀌는 존재, 사회학으로 접근하면 인간은 사회 구조 속의 존재'로 다양하게 본다는 것을 공부하고 생각을 이어나갔다.

K는 인문학적 질문을 나누고 발전시킬 수 있는 오프라인 공간을 만들기로 했다. K가 실천에 옮기고 있는 프로젝트는 '생각공방'과 '휴먼 투어'다. '생각공방'은 두려움과 행복, 인간의 군상 같은 주제로 함께 토론하고 책을 읽고 영상을 보는 공간이다. 또 누구나 와서 철학적인 질문을 던질 수 있고, 문학을 읽을 수 있고, 역사에 대해 같이 얘기할 수 있는 공간이다. K는 여기서 다양한 생각을 만들어내고 싶어 한다. 만들어내니까 '공방'이다. '휴먼 투어'는 다양한 사람들의 이야기와 영감의 원천, 사회에 던지는 질문 등을 정리해 사람들과 공유하기 위한 인터뷰 활동이다. K는 '휴먼 투어'라는 이름으로 철학자, 경제학자, 정치가 등 다양한 분야의 특별한 사람들을 만나 인터뷰를 하려고 한다. 단지 그 사람들의 이야기만을 듣는 게 아니고, 그들이 갖고 있는 생각이나 개념이 과연 어디에서 비롯

된 것인지, 그 원천을 탐구해 보겠다고 한다.

K는 2014년 8월 28일 서울대학교 가을 학위수여식에서 대표로 졸업 연설을 한 권은진 씨다. 그는 졸업하고 구글에 입사했다. 은진 씨는 사교육을 거의 받지 않고 서울대 자유전공학부 특기자 전형 수석으로 합격해 입학 당시에도 화제가 됐다. 2013년에는 '대한민국 인재상'을 받았고, 2014년에는 '미래 한국을 빛낼 13인'에 뽑히기도 했다.

자신만의 길을 개척한 은진 씨의 이야기를 기억하길 바란다. '나'에 자신을 대입해서 다음 글을 읽어보자. 스스로 설정해야 할 '진짜 목표'에 대해 생각할 수 있는 계기가 될 것이다.

'나는 꿈이 있다. 내 꿈은 다른 친구와는 다른 나만의 꿈이다. 그리고 나는 나의 의지로 그 길을 간다. 이 길은 아직은 아무도 가보지 않은 길이다. 이 길에 도전해서 난관을 딛고 일어설 때 나는 언젠가 아무도 가지 않은 길을 개척한 선구자가 된다. 나를 이끈 것은 의지라는 이름으로 내 앞을 비추던 손전등이었다. 그런데 그 손전등은 나를 비춰주는 안내자임과 동시에 내 안에 있는 나였다. 선구자의 자리에 이르렀을 때, 나보다 몇 걸음 앞을 비추는 내 손에 들린 손전등과 내가 하나였음을 알게 될 것이다.'

5

인성면접을 준비하는 방법

의학계열 입시 과정에는 인성면접이 포함되어 있다. 사범대학 입시에서도 인성 또는 교직적성 면접이 포함되어 있다. 인성면접에서 측정하려는 것은 말 그대로 '인성'이다. 연세대 등 여섯 개 대학 공동 연구에서 밝힌 인성 덕목은 개인적 성품에 해당하는 도덕성과 품성, 성실성 등과 더불어 미래사회에서 요구되는 핵심 인성 역량으로 인식되는 나눔과 배려, 팀워크와 협력, 대인관계와 의사소통 등 타인과의 관계능력과 나아가 자신의 성장과 공동체의 발전을 이끌어내는 리더십 등을 포함한다. 그런데 주어지는 과제를 혼자 할 수 없는 시대가 되었기에 협력, 나눔, 배려, 팀워크, 대인관계와 의사소통 등이 특히 중요하게 평가된다.

협력하는 자세는 대학에서 크게 관심을 가지는 부분이다. 모둠을 만들어 과제를 부여했는데 협력이 안 되는 학생이 끼어있으면 불만이 나오고 팀은 갈등에 빠지게 된다. 협력은 더 큰 성과를 가져다준다. 혼자 오를 수 없는 산을 둘이서는 밀어올리고 끌어주면서 올라갈 수 있다. 연구도 혼자서는 어렵다. 수많은 연구소에서는 여러 명의 연구원이 같이 연구한다. 노벨상 수상자도 지금은 혼자가 아니다. 연구를 같이 한 연구자들끼리 공동수상을 하는 경우가 대부분이다.

다음과 같은 중학생의 이야기는 '태도'에 대해 다시 생각하게 한다. A와 B는 친한 친구다. 초등학교 때에도 여러 번 같은 반을 했었다. 둘은 서로의 집도 자주 찾아가서 바둑도 두고 수영장도 같이 다니며 가까이 지냈으며 중학교에 와서 또 같은 반이 되었다. 국어시간에 자유학년제 연계 수업을 한다며 모둠을 짜서 같이 연구하고 발표하는 활동을 한다고 해서 A와 B는 같은 모둠에 들었다. 둘을 포함한 넷이서 연구를 잘 이끌어가기로 다짐했다.

연구 주제는 '중학생의 스킨십에 대한 부모 세대의 의견 조사'로 했다. 학교에서도 손을 잡고 다니거나 어깨를 감싸고 다니는 친구들이 늘어나서 문제라는 학교의 입장에 대해 부모 세대의 의견을 알아보면 재미있을 것 같았기 때문이다. 거리에서 부모 나이로 보이는 어른 100명 이상을 인터뷰하기로 했다.

그런데 인터뷰를 담당하기로 한 A가 갑자기 집안일이 있다며 B에게 다른 친구들과 인터뷰를 해 달라고 했다. B는 A와 원래 친하니까 그렇게 하겠다고 하고 다른 친구들과 인터뷰를 했다. 거리를 지나가는 어른들에게 중학생 자녀가 있는지 여부를 묻고 중학생의 스킨십에 대한 의견을 간단히 묻는 인터뷰였다. 하루에 다 마치려니 하루 종일 먹지도 못하고 인터뷰를 했다. 다음날 학교에서 A와 만났는데 A는 인터뷰 대상이 좀 적지 않느냐며 짜증스런 말투로 반응을 했다. B와 나머지 친구들은 점심도 못 먹고 인터뷰를 했는데, 참여하지도 않은 A의 태도에 기분이 정말 나빴다.

연구가 막바지에 달했다. 내일이 발표 날이라서 오늘은 같이 프레젠테이션 자료를 마무리 정리하고 발표 연습을 하기로 했다. 그런데 A는 일이 있다면서 너희들끼리 해달라고 부탁하고 집에 가 버렸다. A가 발표하기로 해 놓고 또 일이 있다고 집에 가는 바람에 남은 조원들끼리 자료 마무리를 하고 발표는 C가 하기로 했다. 발표를 하고 난 뒤 선생님은 A와 B의 팀이 한 연구가 자료 준비는 잘 되었는데 프레젠테이션 자료가 너무 복잡하고 발표하는 목소리도 좀 작았다고 지적하셨다. A는 자기가 했으면 잘했을 텐데 본인이 없는 사이에 발표자를 정해 발표를 망쳤다며 다른 친구들을 원망했다. 나중에 알고 보니 A는 선생님께 찾아가서 다른 친구들이 협조를 안 해서 연구를 망쳤다며 자기만이라도 점수를 올려달라고 했다는 것이다.

대학은 A 같은 학생은 뽑지 않으려고 한다. 연세대는 평가의 네 가지 요소인 인성, 발전가능성, 학업 역량, 전공적합성 중 어떤 요소를 처음 자리에 놓았을까? 학업 역량이나 전공적합성이 아니다. 답은 인성이다. 인성은 모든 평가요소 중 가장 중시된다.

자신이 맡은 일에 최선을 다할 뿐 아니라 친구의 입장을 이해하고 친구의 처지에 공감하게 되면 언젠가 그 친구는 나와 같이 길을 걷는 동반자가 된다. 그래야 더 높은 산에 오를 수 있고 미지의 세계를 개척할 수도 있다. 나만 알고 내 이익만을 앞세우면 관계는 나빠지게 되고 모임은 깨지게 된다. 그러면 큰 꿈을 이룰 수 없다.

　나눔과 배려는 작은 일에서도 중요하다. 학교에서 같이 청소하는 시간에 청소를 열심히 하지 않는 사람은 친구를 배신했다고 할 수 있다. 다섯 명이 해야 할 일을 네 명이 하게 만들었기 때문이다. 내 이기심은 친구들에게 더 많은 짐을 지게 한다. 그래서 친구들은 아무 일도 아닌 척하지만 마음이 매우 불편하다. 불편한 마음이 미워하는 마음을 만든다. 행복감이 줄어들고 불만이 늘어난다. 학교에서 이루어지는 일상생활에서 같이 움직이고 같이 열심히 하는 자세를 보이는 것이 나눔과 배려를 실천하는 일이다. 결국 혼자 청소를 하지 않고 다른 짓을 한 친구는 친구들에게 폐만 끼친 것이 아니라 전체 친구 관계를 나쁘게 만드는 결과의 원인을 제공한 셈이 된다. 자기 좀 편하자고 한 행동이 작은 사회를 망치는 것이다. 학생이 자기소개서에 '청소 시간에도 책을 들고 열심히 공부했다.'고 썼다면, 대학은 협력할 줄 아는 학생을 선발한다는 사실을 모르기 때문이다.

　인성면접을 보는 모집단위에서는 인성면접이 중요하다. 대부분의 면접은 상황을 제시하고 그 상황을 지원자가 어떻게 해결하는지, 어떻게 반응하는지를 본다. 정해진 답이 없다. 인성면접은 기출문제 보고 연습한다고 잘 보게 되는 면접이 아니다. 인성을 평가할 수 있는 전문가가 상황을 제시하고 반응하는 형태의 문제로 출제하므로 평소에 바른 태도로 살아야 할 뿐이다.

　"점심 급식 시간에 줄을 서서 차례를 기다리고 있는데 후배가 새치기를 했다면 어떻게 하겠느냐?"는 질문에 "후배가 얼마나 급한 일이길래 새치기까지 했을까요. 경황도 없어서 양해도 못 구하고 부득이하게 새치기를 했을 것입니다. 그런 상황이라면 배식 받는 것을 도와줄까 하고 물어보겠습니다."라고 대답하면 아주 훌륭한 답이 될 것이다. 이러한 대답은 평소의 생활 태도에서 나온다.

대학은 발전가능성을 보고 선발합니다

〈공부가 머니?〉에서 마라토너 이봉주 씨의 아들 우석 학생의 이야기를 다룬 적이 있다. 사회자가 "우석이는 성균관대학교에 갈 수 있나요?"라고 물었다. 나는 대답을 머뭇거렸다. 아직 고등학교 1학년인 우석 학생은 성균관대에 간다 못 간다 말할 단계가 아니기 때문이다. 현재 성적으로는 가기 어려운 것이 사실이다. 그렇지만 입시까지는 아직 많은 시간이 남아있고, 공부 기초도 웬만큼은 되어 있으므로 전혀 불가능하다고 말하기는 어렵다. 그러나 나는 끈질긴 질문에 결국 '어렵다'고 말을 했다.

대학은 모집단위별로 정원이 정해져 있는 선발 구조를 가지고 있다. 어떤 사람은 졸업정원제를 도입해서 원하는 대학에 학생들을 입학시키고 매 학기 탈락시키는 구조를 만들자고 한다. 그러나 우리나라는 대학 서열화가 공고해서 졸업정원제를 시행한다면 모든 수험생은 일단 서울대에 입학하려고 할 것이다. 중도 탈락해도 서울대 중퇴라는 벼슬을 얻는다고 생각할 것이 자명하다. 실제 학생 수보다 대학 정원이 많기에, 정원 감축이 대학이 당면한 과제 중 하나인데 졸업정원제는 상상 속에서나 실행할 수 있지 않을까?

그래서 아무리 고등학교가 상대평가에서 절대평가 방식으로 평가를 바꾸고 수능도 절대평가로 바꾸어도 대입은 상대평가일 수밖에 없다. 정원이 있기 때문이다. 그러나 대학의 상대평가는 같은 모집단위에 지원한 학생끼리 경쟁하는 상대평가라는 점에서 내신 상대평가나 수능 상대평가와는 다르다. 대학이 지원자를 학생부종합전형처럼 정성평가 한다면 상대평가지만 느슨한 상대평가가 된다.

다시 우석 학생 이야기로 돌아오면, 대규모 대학이 한해 약 4천 명씩 선발하므로, 상위 10위권 대학에는 4만 등 안에 들어야 합격할 수 있다. 이 것을 인문사회계와 이공계로 반씩 나눈다고 하면 계열별로 2만 등 정도 안에 들어야 한다는 뜻이다. 이 2만 등 안에는 수능 점수 좋은 학생, 학교 공부 열심히 한 학생, 꿈이 큰 학생 등이 포함될 것이다. 말하자면 어떤 역량을 뽐내든, 역량이 있는 학생 집합에서 2만 등 안에 들어야 한다는 뜻이다. 수능 응시 인원으로 보면 전체 지원자는 사회탐구(인문계) 응시인원은 약 28만여 명, 과학탐구(자연계) 응시인원은 23만여 명이다. 그런데 과학탐구 응시자 중에서도 인문계형 수학에 응시하는 학생이 6만 명 이상 있으므로, 상위 10개 대학으로 따진다면 23만에서 6만을 뺀 숫자 안에서 2만 등이어야 한다. 그러니까 각 계열별로 2만 등 안에 들어야 한다는 말은 인문계는 7%, 자연계는 11% 안에 들어야 한다는 계산에서 나온다.

성균관대는 상위 10개 대학 성적 커트라인의 끄트머리라면 가기 어려우니 그보다 더 경쟁력을 갖추어야 하겠지만, 일단 자연계열에서 2만 등이면 간다고 가정해보자. 과연 우석 학생은 어떤 측면의 역량을 길러 2만 등 안에 들어갈 수 있을까? 관건은 '욕망'에 있다. 자신이 무엇을 하고 싶고, 하고 싶은 것을 이루기 위해 무엇을 공부할 것인지를 정한다면 대입까지 남은 시간이 있으니 당연히 가능하다. 여기서 관건은 '무엇이 되고 싶다는 확실한 생각'이다.

"아이에게 물고기를 잡아주기보다는 물고기 잡는 법을 가르쳐야 한다."는 말이 이제는 통하지 않는다. 물고기 잡는 법을 가르쳐주는 동안 다른 사람들이 더 좋은 기술로 다 잡아가니 스스로 잡는 법을 계속 개발할 수 있는 능력을 길러야 하는 시대가 왔다. 교육은 변화에 발맞춰 물고기 잡는 법을 가르치는 것이 아니라 물고기 잡는 법을 개발할 수 있는 역량을 스스로 계발할 수 있도록 바탕을 깔아줘야 한다. 그래서 고기 잡는 방법을 말해주지 말고 바다와 낚시를 보여주어 스스로 고기를 잡고 싶게 만들어야 한다.

우석 학생은 바다를 보았는가? 스스로 물고기 잡을 역량을 계발할 꿈을 꾸고 있는가? 이 관점에서 보면 이 학생이 보아야 할, 보고 싶은 넓은 바다가 있을 것이고 그 바다의 정체를 스스로 깨달아야 공부하기 시작할 것이다. 그러므로 "우석이가 성균관대 갈 수 있어요?"라고 물으면, "아, 지하철 4호선 타고 가면 돼요."라고 대답할 수밖에 없다. 진지한 대답은 현재 성적 분석에서 나오는 것이 아니고 앞으로 어떤 노력을 기울일 것인지에 달려있기 때문이다. 우석 학생이 꿈을 꾸고 꿈을 실현하기 위해 지속적으로 노력한다면 당연히 현재 상태에서 더 많은 계단을 오를 수 있다. 공부가 재미있어서 공부하는 아이들도 있지만, 많은 아이들은 꿈을 실현시키기 위해 공부한다. 꿈이 있으므로 실력을 연마하는 것이다.

대학은 발전가능성을 보고 선발한다. 같은 모집단위에 지원한 학생들은 학업 역량도 비슷하고 전공적합성도 비슷하다. 그러므로 차이가 나는 덕목이 발전가능성이라고 해도 과언이 아니다. 이 발전가능성은 자신이 하고 싶은 분야에서 더 어려운 과목에 도전하고 열심히 공부한 흔적에서 찾을 수 있다. 경제학과를 지망하는 학생이 경제는 점수가 잘 안 나올까봐 회피하고, 미적분은 어렵기도 하고 이공계 갈 학생들이 많이 선택해서 등급이 잘 안나올까봐 회피했다면 대학이 이 학생을 선발하고 싶을지는 불문가지이다.

도전하라, 열릴 것입니다

한 서울대 교수님이 수업 중에 학생에게 어느 학교 나왔냐고 물었더니 일반고 나왔다는 답이 돌아왔다고 한다. 서울대 학생들도 혹시 묻는 말에 잘못 대답해서 다른 학생들에게 얕보일까봐 대답도 잘 하지 않으려고 하고, 어느 학교 나왔냐는 물음에는 일반고 나왔다고 두루뭉술하게 말한다는 것이다. 서울대에 다니는 학생도 자존감이 낮을 수 있음을 보여준다. 그래도 그 학생은 서울대를 지원했고, 합격했다.

그런데 대부분의 학생은 서울대에 지원할 생각을 하지 않는다. 지역균형이라면 당연히 전교에서 가장 우수한 성적을 내야 추천을 받으므로 학교가 강제로라도 지원을 하게 만든다. 이야기를 들어보면 서울대 면접 보러 가기도 두렵고, 수능 최저에도 자신이 없어 일부러 3학년 1학기 시험에서 한두 과목을 망쳤다는 학생도 있을 정도다. 하지만 일반전형으로 지원하려면 학생이 지원할 의사가 있어야 한다. 그런데 일반전형 면접을 보러 가서 교수 앞에서 대답도 못하고 망신만 당할까봐 지원조차 꺼리는 학생도 있다. 이런 이야기를 듣고 학부모 설명회에서 퀴즈를 냈다. "서울대는 누가 갈까요?"

답은 간단하다. "서울대 지원하는 사람이 간다."이다.

학생에게 필요한 것은 도전정신이다. 대학에서 학생을 선발하는 요소 중 하나가 발전가능성이고 이는 도전정신에 바탕을 두고 있다. 큰 꿈을 가지고 도전하지 않는다면 이룰 수 있는 결과도 작다. 지구가 오염되면 인류가 살아갈 새로운 세계를 찾아 우주로 나서겠다는 꿈을 가진 학생은 오늘의 삶에 만족해하며 안주하는 학생보다 꿈을 실현하기 위하여 노력할 것이다. 이런 꿈을 갖고 있다면 주눅들 일도 없고 망신당할까봐 숨을 이유도 없다.

학생이 이수한 교과에서도 도전 정신이 드러난다. 어려운 과목에 도전한 학생은 쉬운 과목 중심으로 이수해서 성적만 좋은 학생보다 도전 정신이 강한 학생이다. 경제학을 전공하려는 학생이 미적분, 물리학Ⅱ, 세계사, 윤리와 사상 등 다른 학생이 선택하기를 꺼려하는 과목을 이수했다면 그 학생의 도전 정신이 높이 평가된다. 고등학교 때 성적 유불리를 따져 유리한 쪽으로만 선택한 학생은 결국 대학에 입학하더라도 필요한 과목을 이수하는 데 어려움을 겪게 된다. 그 뿐 아니라 대학 4년간 이수한 과목을 보면 거의 교양 수준의 쉬운 과목만 이수하고 전공에 맞는 어려운 과목은 기피하는 경향이 한눈에 보인다.

이 학생이 블라인드 채용을 하는 기업에 지원을 하면 전공 학과명과 재학 당시 배운 과목과 성적을 쓰라고 하는 경우, 대학 때 이수한 과목만 봐도 기업에서 채용하기는 어려운 사람으로 판명난다. 학점이야 최고 수준으로 뛰어나지만 회사에서 자신의 몫을 해낼 역량이 안 되기 때문에 채용하지 않는다. 그러므로 꿈을 가지고 어려운 과목에 도전한 사람만이 성공할 수 있다. A+학점을 맞는 것이 능사가 아니다.

자기 발전을 위해 도전한 많은 경험들은 다 높이 평가된다. 예를 들어 도서관에 있는 책을 대부분 다 펼쳐본 성일 학생은 학교 토론 시간에 완벽한 논거를 대서 상대방을 꼼짝 못하게 만들어 좋은 평가를 받았다. 시간을 아껴 운동을 열심히 해서 고2 때 철인 3종 경기에 나갔던 현진 학생은 도전정신을 보여주었다. 학교에서 축구 시합을 하는데 좀 더 전문적인 심판이 있었으면 좋겠다고 생각해서 축구심판 자격 교육을 받고 자격증을 받은 재휘 학생도 생각을 실천한 사례이다.

대학은 발전가능성을 현재까지 이루어온 것만으로 평가하지는 않는다. 여섯 개 대학의 학생부종합전형 평가 요소에 대한 연구에서도 발전가능성이 미래를 기준으로 한 가능성과 관련 있음을 밝히고 있다. 미래에 큰 일을 하려는 사람이라면 큰 꿈을 꾸고, 그것을 이루기 위해 준비를 하고, 지속적으로 노력해야 한다. 내가 하고 싶은 것은 무엇이고 무엇을 준비해야 할까? 이를 진지하게 생각해야 대입이라는 목표에 한 발짝 더 다가갈 수 있다.

8

개념학습보다 중요한 것은 없습니다

대입 준비에 앞서 하는 고민이 '수시로 갈까, 정시로 갈까?'이다. 모든 수험생은 수시로 가고는 싶다. 빠르게 입시를 끝내고 연말에는 좀 마음 편히 지내고 싶지, 새해 벽두부터 원서내고 기다리다가 졸업식 지나서도 합격자 발표를 기다려야 하는 정시로 가기를 원하지는 않는다. 따라서 대부분 학생들은 수시를 준비하지만 일부 학생은 본인이 정시 스타일이라고 믿고 정시를 준비한다.

그런데 수시 전형에서 학종으로 학생을 선발하는 대학은 모든 이에게 열려있지 않다. 어느 정도 공부를 하는 학생에게 해당되는 전형이다. 공부를 잘하지 못하면 경쟁이 심한 대학에는 가기 어렵다. 그렇다면 성적이 낮은 학생이 많이 지원하는 전형은 학종보다는 교과전형일 가능성이 높다. 경쟁이 심하지 않은 대학은 교과전형 비중이 높기 때문이다. 그런데 교과전형이든 종합전형이든 수능과는 다르다. 결국 관건은 과연 수능 준비를 할 것이냐에 있다.

대한민국 입시를 두고 수능이 공정한가, 학종이 공정한가에 대한 논란과 세력 다툼이 있다. 2019년 11월에 16개 대학을 지목해서 수능 전형 비중을 40%로 늘리라고 권장했고 이를 조기 적용하도록 한다는 발표가 그 증거다. 결과적으로 정시가 늘어난다. 그렇다면 수험생은 어떤 전형에 지원하는 것이 유리할까? 학종이 공정한 전형이라든가 수능이 공정한 전형이라든가 하는 논란은 차치하고, 중요한 것은 '나'의 대학 진학 방법이 아닌가? 이는 결국 어떻게 공부해야 하는지와 관련이 있다.

어느 학급의 급훈은 이렇다.

'개념탑재'

반 학생들의 태도를 성장시키기 위해 정한 급훈인데 새 컴퓨터에 시스템을 앉히는 것과 같은 느낌이 든다. 결국 모든 공부는 핵심 개념을 이해하는 데서 시작한다. 2015개정 교육과정의 교과서에서도 핵심 개념을 간단히 설명하고 난 다음 활동을 제시하고 있다. 개념을 이해하지 못하면 활동이고 뭐고 간에 의미가 없다.

정시가 확대된다는 소식에 수시와 정시 사이에서 갈팡질팡하는 수험생이 늘었다. 수시냐 정시냐 묻는 것은 수시와 정시의 전형 요소가 다르기 때문이다. 학생부종합전형은 1학년 첫 시험과 수행평가부터 좋은 점수를 얻어야만 원하는 대학에 갈 수 있는데, 첫 시험에 실패하면 바로 수능으로 대학 가겠다고 우리 아이들은 주장한다. 수능 잘 봐서 쉽게 대학에 갈 수 있다면 고민할 문제가 아니다. 그러나 수능이 만만하지도 않고, 수시로 대학 가기도 쉽지 않다고 하니 수시냐 정시냐 또는 학종이냐 수능이냐를 두고 고민하게 된다.

과거 학력고사나 수능이 입시의 전부였던 시절에는 정답을 고르는 문제를 푸는 연습을 하면 시험 준비가 되었다. 그런데 이제는 남과는 다른 자기 생각을 주장하고, 설명하고, 글로 쓰는 공부를 하는 시대가 되었다. 과거에는 로댕의 생각하는 사람은 어느 팔을 어느 무릎에 대고 있는지를 묻고, '왼 팔을 오른 무릎, 오른 팔을 왼 무릎'과 같은 보기를 다섯 개 주는 방식으로 지식을 측정했지만, 이제는 '로댕의 생각하는 사람은 지금 무엇을 생각하고 있는지 자신의 생각을 말해 보라.'는 문제를 내는 시대가 되었다. 이제는 김영랑의 시 제목이 '모란이 피기까지는'이 맞는지, '모란이 필 때까지는'이 맞는지를 묻지 않는다. "김소월의 시 제목은 '진달래꽃'일까, '진달래 꽃'일까?"와 같은 질문은 더는 의미가 없다.

2015 개정 교육과정에서도 이런 점을 강조하여 활동 중심, 학생 참여 중심의 학습을 하도록 강조하고 있다. 이런 학생 참여 학습은 학생부종합전형에서도 좋은 평가를 받으므로 대부분 학교에서 이루어지고 있다. 우선 교사는 핵심 개념을 학생에게 알려주고, 학습 활동의 방향을 안내한다. 그러면 학생은 학습 활동을 통하여 살아있는 지식을 배우고 역량을 기른다. 교사는 이 과정을 평가하고, 학생에게 피드백을 주어 학생이 더 정교하게 학습할 수 있도록 돕는다. 이 결과를 평가하고 학생부에 기록한다. 2015 개정 교육과정에 해당하는 교과서도 이런 점이 강조되어 '생각 열기, 핵심 개념, 기본 활동, 확장 활동'의 순서로 기술되어 있다. 과거에

비하여 설명은 획기적으로 짧아졌고 활동은 비약적으로 늘었다.

이 결과가 학생부에 기록되면 이것을 대학에서 받아서 다시 평가하는 방식이 학생부종합전형이다. 그러므로 개념을 잘 이해하고 학습 활동을 충실히 한다면 당연히 교과 성적도 좋고 세부능력 및 특기사항에 학생이 성장한 모습이 기재되어 있을 것이다. 이런 학생이라면 학생부종합전형에 당당히 합격할 것이다.

그런데 이렇게 기초부터 차근차근 개념을 학습하는 공부를 했지만, 수능을 더 잘 보는 학생, 수능으로 지원한다면 절대로 떨어지지 않을 학생, 재수 이상의 재도전을 하고 있는 학생이라면 수능이 더 적합할 수도 있다. 그러나 수능도 개념을 모르고서는 킬러문항에 접근할 수 없다는 사실을 반드시 인지해야 한다.

모든 공부는 개념을 이해하는 것을 근간으로 한다. 개념을 잘 이해하여 설명할 수 있고 글로 쓸 수 있다면 당연히 수시에 합격할 것이지만, 수시에 실패한다면 수능을 잘 봐서 정시에 지원할 수도 있을 것이다. 단, 수능을 준비한다면 틀리지 않는 방법, 오답을 지우고 정답만 남기는 방법을 연마해야 하므로 별도 준비는 필요하다.

9

대학은 스스로 공부하는 학생을 원합니다

대학은 대학에서 '공부'할 수 있는 학생을 선발하려고 한다. 대학에서 공부할 수 있는 학생은 대학에서 이루어지는 공부 방식에 어울리는 학생이다. 대학은 고등학교와 달리 모든 것을 다 가르쳐주지 않는다. 과제를 내주면 스스로 탐구해서 해결해야 한다. 조사해야 할 일이 있다면 그 방법을 고안해서 실제 조사에 나서야 한다. 그뿐 아니라 자기가 과제를 설정하고 그것을 해결하기 위해 노력도 해야 한다. 대학 공부는 수능 문제 푸는 공부와는 매우 다르다. 그러므로 대학은 지적 호기심을 가지고 자기 스스로 문제를 해결하기 위해 노력하는 사람을 선발하려 한다.

대학은 교과 공부를 골고루 성실하게 한 학생을 원한다. 공대 학생도 보고서를 쓰려면 국어 표현력과 문장력이 있어야 한다. 사회대 학생도 과학적 소양이 있어야 미신에 빠지지 않고 미래 사회를 이해하게 된다. 모든 대학생이 인간과 사회에 대한 기본적 애정이 있기를 바라므로 인문·사회 분야의 공부도 성실히 하기를 바란다.

또한 대학 공부는 책을 읽어가면서 하게 된다. 대부분의 지식은 긴 글로 표현되어 있고 대학생은 책을 읽어내고 요약하고 핵심을 이해하여 다른 사람에게 자신의 주장으로 다시 표현하는 사람이다. 그렇다면 당연히 대학생은 독해 능력, 이해력, 표현력을 갖춘 사람이어야 한다.

대학 생활에 필요한 이런 능력은 학교 교육과정 안에서 충분히 기를 수 있다. 모든 학교에서는 교과 수업을 충실히 하고 있으며, 독서 교육도 다양하게 하고, 협동 학습도 열심히 하고 있다. 그래서 학생부종합전형에서는 고교 교육과정에서 배우는 모든 과목을 열심히 공부한 학생, 다양한 교내 활동에서 좋은 소양을 보인 학생이 더 폭넓은 인재로 자랄 것을 믿고 선발한다. 이런 측면에서 보면 일반고가 특목고보다 교과학습 면에서 골고루 배운다는 점에서 교육적이다.

각 교과에서는 학생이 길러야 할 능력을 기르도록 도와준다. 그러나 구체적인 교과 지식의 암기만으로는 능력을 갖추었다고 말하기 어렵다. 능력을 기르는 공부는 지식을 암기하는 학습과는 다르다. 학생은 수능 문제풀이 공부 방법인 '틀리지 않는 연습'을 하는 공부를 뛰어넘어야 한다. 청춘의 공부는 더 많은 호기심 속에서 생각을 발전시키는 공부여야 한다.

이러다 보니 대학이 원하는 인재상은 비슷한 경우가 많다. 자기주도적 학습 능력, 지적 호기심, 창의성, 글로벌 능력, 발전 가능성, 인성 등이 적절히 배합된 인재상은 결국 대학 공부의 핵심과 연결된 것이다. 학생이 스스로 공부하기, 지적인 호기심을 발휘하기, 독서 능력 기르기, 모든 과목을 폭넓게 공부하기를 대학은 바란다. 또한 함께 협동하고 나눔과 배려를 실천하여 좋은 공동체를 만들 수 있는 마음 갖기 등의 능력을 더불어 기르면 대학은 문을 열어줄 것이다.

10

학종의 8할은 교과입니다

학생부종합전형은 전체로 보았을 땐 선발 인원이 줄어들 수 있지만, 최상위권 대학은 아직 늘릴 여력도 있다. 연세대라면 논술전형을 축소하고 종합전형을 더 늘릴 수도 있다. 고려대는 교과전형을 줄여 종합전형을 확대할 수도 있다. 이렇게 많은 학생을 선발하는 전형인 학생부종합전형에서 가장 중요한 요소는 스펙도, 비교과도 아니다. 공부를 잘 해야 한다. 그래야 합격의 문을 지나갈 수 있다.

그런데 공부를 잘한다는 평가 기준이 예전과 달라졌다는 것이 차이점이다. 옛날에 공부 잘하는 것의 기준은 시험 점수였다. 그러나 지금은 문제해결력 있고, 발표 잘하고 글 잘 쓰고, 친구들과 힘을 합쳐 공동작업을 잘 하는 학생을 두고 공부를 잘한다고 평가한다. 학교 수업이 이렇게 달라지고 있으므로 정량평가 점수도 이와 관계가 깊다. 90점 맞은 학생은 발표 내용도 깊이가 있고 잘 하며, 보고서도 잘 썼을 것이다. 평균 60점 맞는 학생은 90점인 학생보다는 말주변이 있더라도 발표 내용이 깊이가 없을 것이다. 그래서 정량 평가 점수도 중요한 자료가 된다.

강조하자면 학생부종합전형은 절대 스펙으로 선발하는 전형이 아니다. 비교과도 아니다. 학교 공부를 충실히 한 학생을 대학이 선발하다 보면, "우리나라는 입시 준비가 과열 상태니까 고등학교에서는 결국 학교 공부를 충실히 시킬 것인데, 입시 준비가 곧 학교 공부에 열심히 참여하는 것이므로 학생들은 학교 공부를 충실히 하게 될 것이다."라는 전제에서 시작된 전형이다. 학교 공부란 교과 공부와 창의적 체험활동과 식사시간, 조회, 종례 등에 하는 공부를 말한다. 국가나 대학에서 학교생활을 잘 하고 방송에 나오는 선진국처럼 교실에서 학생의 참여를 중심으로 배우기를 바란다면 우리가 정상화해야 할 대상은 교과 수업일지, 창의적 체험활동일지, 아니면 조회나 종례일지는 불문가지다.

그런데도 학종은 비교과라는 인식은 사라지지 않는다. 학종 도입 초기, 입학사정관제가 실시된 2010년 전후에는 수시 비중은 높았지만, 입학사정관 전형으로 선발하는 인원은 매우 적었다. 수시 정시를 통틀어 전체에서 가장 영향력이 컸던 전형 요소는 단연 수능이었다. 그래서 교실은 여전히 문제집을 풀고 또 풀고 모의고사 보고 오답노트 만드는 수준에서 벗어나지 못했다. 대학 입장에서 보면 입학사정관제 전형의 지원자 서류를 받았는데 교과 영역에 점수가 있고 세특에 기록된 내용 또한 방과후 학교에 참여하고 성실하게 수업을 잘 듣고 모든 내용을 잘 이해했고 모의고사에서 몇 점이나 몇 등급 맞았다고 쓰여 있을 뿐인 것이다. 그러니 학생이 참여한 교육활동에서 어떻게 성장했는지 평가할 수 있는 대상이 비교과 영역에 있었던 것뿐이다. 이렇게 학종은 노무현 정부의 의도대로 움직이지 않고 스펙이나 비교과가 더 중시되는 전형으로 출발했다.

그러다가 학종 비중이 높아지고 수업이 중요하다는 메시지를 대학이 보내자, 그제서야 학교가 바뀌기 시작했다. 2010년의 서울대학교 입학사정관제 안내 자료에 담긴 내용은 당시 고등학교에는 파격적인 것이었다. 서울대가 고교에서 이수할 과목 기준을 발표하면 서울대에 지원할 학생이 없을 것 같은 학교도 다 그 기준에 맞추는 것이 현실이다. 따라서 당시 서울대가 제공한 이런 안내문은 모든 학교 교육에 영향을 주었다.

선생님과 함께하는 공부의 맛을 느끼자!

학교는 무엇보다도 공부를 하도록 여러분 앞에 펼쳐진 마당입니다. 이곳에서 마음껏 공부합시다. 공부의 재미에 푹 빠져봅시다. 우리 예비 서울대학생 여러분은 하면 할수록 뿌듯해지는 공부의 맛을 이미 느끼고 있을 것입니다. 아직 그런 맛을 잘 모르겠다고요? 그렇다면 무엇보다 먼저 선생님과 친해집시다. 항상 선생님과 함께하고 선생님들께서 귀찮아하실 때까지 매달려 보채는 것도 때로는 필요합니다. 여러분의 학교에는 훌륭한 선생님들이 계시다는 사실을 잊지 말고 다음의 질문을 던져보세요.

이 공부는 어떻게 해야 하나요, 선생님?

이 분야와 관련한 책 좀 소개해 주세요. 집에서 더 알아보고 싶어요.

선생님, 저희 이런 프로젝트 하게 해주세요.

선생님, 저희 이런 동아리 만들었는데 지도 부탁드려요.

여러분 곁에서 이런 요청을 기꺼이 받아주시고 도와줄 분들이 바로 선생님들이십니다. 선생님과 함께 열정을 다해 공부해 온 여러분을 서울대가 기다립니다.

우수한 선생님들의 진심과 노고가 깃들여진 수업 내용을 빠짐없이 받아들이자!

"나는 과학자가 될 거예요. 그러니 수학, 과학 공부에 집중해야 할까요?"

"나는 인문계 학자가 되고 싶으니 국어, 영어, 사회과목에 치중해야 할까요?"

고등학교에서의 모든 공부는 대학을 넘어 사회생활에까지 기초가 되는 교양의 밑거름이 됩니다. 고등학교 과정에서 지식이나 학문을 지나치게 편식하는 것은 지적 균형을 이루는 데 도움이 되지 않습니다. 자, 생각해봅시다. 인문학적 소양이 풍부한 과학자! 또는 자연과학적 지식이 풍부한 인문사회학자! 정말 멋지지 않나요?

교과서, 수업내용뿐만 아니라 스스로 찾아서 넓고 깊게 공부하자!

내가 좋아하는 분야에서만은 나도 전문가! 폭넓은 공부에도 소홀히 하지 않으면서, 내가 장차 목표로 하는 분야는 좀 더 철저히 준비합시다. 우리 학교 최고로 어깨를 으쓱할 수 있을 만큼 전문가가 되어 봅시다. 예비 서울대학생이라면 교과서만으로는 뭔가 부족하다고 생각할 수도 있습니다. 교과서 내용을 완전히 내 것으로 만들었다면 이제야말로 스스로 찾아서 공부할 때

입니다. 관련 서적을 찾아서 '많이 읽고'보다 '깊이 이해'하려고 노력하다보면, 다른 사람들에게 나의 언어로 알려줄 수 있을 만큼 나도 모르게 전문가가 되어 있지 않을까요?

다양한 학업관련 활동을 경험하자!

깊이 있는 학습을 위해서는 다양한 학습활동이 필요합니다. 책과 씨름하며 혼자 생각하는 공부도 매우 중요하지만, 동시에 그룹 과제활동 등 다양한 형태의 학습 경험도 지식의 살을 찌우는 활동입니다.

✓ 수업 중의 그룹 과제 및 프로젝트

✓ 교내외 동아리 활동

✓ 방과 후 특기 적성 활동

위와 같이 학교에는 실험 탐구 활동, 그룹 수행 과제, 토론, 글쓰기, 심화학습 동아리 등 다양한 학업 활동을 경험할 수 있는 기회가 있습니다. 학생이 적극적으로 찾아서 다양한 활동을 만들어갈 수 있습니다. 학업 활동은 정해져 있는 틀이 없습니다. 어떤 형태, 어떤 종류의 활동이라도 스스로에게 도움이 될 수 있다면 의미가 있습니다. 학교 수업 따로, 학업 활동 따로 생각할 필요가 없습니다. 정규 수업 안에서 선생님과 함께하는 다양하고 입체적인 활동이 모두 의미 있는 배움이며, 서울대학교는 이러한 경험을 소중하게 생각합니다.

2010년의 서울대 안내문에서는 그동안 문제집 중심의 공부를 해오던 학생들에게 호기심을 갖고 수업에 참여하면서 더 알고 싶은 것을 탐구하려고 노력하라고 말하고 있다. 학교에도 강의 전달식 수업을 버리고 학생의 재능과 소양을 발휘할 수 있는 수업으로 전환할 것을 충고했다. 교사와 직접 만나는 설명회에서는 교실이 좀 시끌시끌해야 한다고 했다.

> **학생의 재능과 적성에 따라 수업을 제공해 주세요.**
> 입학사정관제에서는 학생들의 지원 분야 관련 관심도, 적성, 적합성 등이 중요한 평가 요소입니다. 강의 전달 위주의 수업에서는 학생들이 이러한 특성을 제대로 발휘하기 어렵습니다. 학생들 각자의 개성과 능력, 적성에 따라 충분한 재능과 소양을 발휘할 수 있는 수업 및 과제를 제공한다면 학생들이 재미있는 학업활동에 빠져들게 됩니다.

2012학년도 안내 자료에는 스펙이 중요하지 않다는 서울대 재학생의 글을 실었다. 입학사정관제 안내문에 이런 내용을 선정해서 싣는 이유는 입학사정관제에서 스펙을 중시하지 않는다는 것을 좀 더 설득력 있게 알리고 싶었기 때문이다.

> 저는 학생 여러분들이 가장 필요로 하지만, 동시에 가장 어려워하는 소위 '스펙'에 대해서 간단히 이야기를 하려고 합니다. 저는 2010년 특기자전형을 통해 수시모집으로 서울대에 들어왔습니다. 그러나 굉장히 큰 대회의 수상 실적이라든지, 전국 모의고사에서 만점을 받았다든지 하는 그런 쟁쟁한 경력은 없었습니다. 지방의 일반계 고등학교를 다녔기 때문에 특목고에서는 다들 한 번씩 한다는 논문을 쓴 적도, AP를 받아본 적도 없습니다. 집

안이 그렇게 부유한 것도 아니어서 해외로 봉사 활동을 가는 것은 꿈도 꾸지 못했습니다. 그럼에도 불구하고 제가 서울대에 올 수 있었던 것은 스펙의 본질을 제 나름대로 해석했고, 이것이 잘 맞아떨어진 것이 아닌가 하는 생각이 듭니다.

다들 스펙이라고 하면 뭔가 어마어마한 것, 남들보다 월등히 특출난 무엇인가를 생각하기 마련입니다. 하지만 입학사정관제를 시행하는 다수의 대학에서 원하는 것은 그러한 화려함보다는 학생 개인의 잠재력과 특성이라고 생각합니다.

이 무렵 연세대학교도 입학사정관제 안내 자료를 각 고등학교에 배포하였다. 2011학년도의 자료를 보면, 연세대학교의 각 전형 유형을 소개한 뒤에 질의응답을 실었는데, 여기서도 이미 스펙이 아니고 학업에 충실할 것을 강조하고 있다.

문: 입학사정관제 전형에서는 어떤 학생이 좋은 평가를 받을 수 있나요?

답: 기본적으로는 학업에 충실하고 비교과 영역에서는 자발적이고 지속적인 다양한 활동을 통해서 자신과 동료의 발전을 도모하는 등 미래의 성장 가능성을 보여줄 수 있는 학생이 좋은 평가를 받을 수 있습니다.

문: 공부를 못 해도 입학사정관제로 대학에 갈 수 있나요?

답: 학업능력은 대학교육을 수학하는 데 있어서 기초소양으로 중요한 평가 요소입니다. 다만 입학사정관제가 도입되면서 단순히 점수로 줄을 세우는 식의 선발에 변화가 생겼습니다. 입학사정관제에서는 일정 수준의 학업 능

력이 인정된다면 더 큰 잠재능력, 즉 학업을 성취한 동기와 과정, 비교과 영역에서의 관심 분야와 활동 등을 보여주는 지원자에게 더 넓은 입학의 기회가 주어질 수 있습니다.

이 글을 읽고 난 뒤 '비교과 영역이 합격에 관건이겠구나.'라고 생각했다면 크게 오해한 것이다. 비교과 영역에서의 관심 분야와 활동은 교과 관련 동아리 활동이나 소논문 쓰기 등을 뜻하는 것이 아니다. 동아리는 자신의 인생을 풍요롭게 할 수 있는 활동이면 족하다. 댄스 동아리보다는 도서반이 더 좋지 않을까 생각한다면 인생을 모르는 이야기이다.

이처럼 각 대학에서는 고등학교에서의 학습을 평가의 중심으로 본다고 이미 입학사정관제 초기부터 홍보를 해 왔다. 그럼에도 불구하고 사람들이 단서로 붙은 비교과에 초점을 둔 것은 나름대로 근거가 있다. 대학은 교과공부만 하지 말고 동아리 활동이나 진로 활동, 봉사 활동 등 다양한 활동을 하면서 공부의 폭을 넓히고 경험을 쌓기를 바라는데, 이 글을 읽은 독자는 교과 관련 동아리, 전공 적합성이 큰 동아리 활동과 진로 활동을 해야 한다고 받아들인 것이다. 교과에서 비슷하게 평가받았다면 비교과에서 결판을 낼 수 있다고 생각하기 때문이다.

그러나 그건 잘못된 해석이다. 비교과 활동이 힘들어서 입학사정관제를 폐지하면 좋겠다는 반응이나 사교육 컨설팅의 도움을 받아야 하는 전형이라는 생각은 명백한 오해다. 문화적 인프라도 없고 컨설팅 받을 학원도 없는 수많은 지방 학생들이 최상위권 대학에 학종으로 합격하는 사례는 무엇으로 설명할 것인가?

과거의 입학사정관제나 현재의 학생부종합전형은 비교과를 중심으로 선발하는 전형이 아니고, 학생부를 중심으로 선발하는 전형이다. 그런데 학생부에서 가장 큰 비중을 차지하는 것은 역시 교과 영역이다. 가장 많은 선생님이 다양한 이야기를 써주실 뿐 아니라, 성적을 통해 학업에 충실했는지 여부를 알 수 있기 때문이다.

교과 공부에 충실하게 임하는 것, 이것이 최선의 학종 대비법이다.

학종, 내신 성적이 오르면 유리할까요?

학생부종합전형은 성적이 향상된 학생에게 유리하다는 말을 자주 듣는
다. 그러나 아쉽게도 답은 '아니다'이다. 성적이 떨어진 학생보다 향상된
학생이 그래도 유리하지 않을까 생각할 수 있지만 그것도 완전히 맞는 말
이 아니다. 성적이 올랐다는 것이 개인의 학업 능력이 향상되었다는 말과
동일한 의미가 아니기 때문이다. 점수가 아니라 '학업 능력이 향상된 학생
에게 유리하다'라고 하면 어느 정도는 맞는 말이다. '어느 정도 맞다'고 한
것은 '향상'이라는 개념을 상대적으로 보지 말고 절대적으로 보아야 하기
때문이다.

　'전교 1등을 놓치지 않은 학생'과 '30등에서 2등이 된 학생' 중 누가 학
업 능력이 향상되었을까? 1학년 때의 전교 1등 역량과 3학년 때의 전교 1
등 역량은 차이가 있으므로 역량이 늘 수 있다. 그러나 3학년 때 쉬운 과
목을 이수해서 오히려 역량은 늘지 않아도 정량 성적이 좋을 수도 있으므

로 1등을 놓치지 않았어도 학업 능력은 향상되지 않을 수도 있다. 반대로 2등이 된 학생이 어려운 과목에 도전해서 얻은 결과라면 향상되었다고 할 수도 있다.

학생부종합전형은 학생의 교과 성적을 기계적으로 산출하지 않는다. 이 전형에서는 학생의 정량 성적이 나타내는 의미를 살펴보고 학생의 학업 능력을 가늠한다. 가령 유학 학생이 1학년 때는 수학이 3등급이었는데 2학년이 되어 1.5등급으로 좋아졌다고 하자. 그러면 유학 학생은 수학을 잘 하게 된 것일까? 잘 하게 되었을 수도 있다. 2학년 때 배우는 교과 내용이 좀 더 이 학생에게 맞았을 수도 있다. 또는 1학년 때 수학을 더 잘하던 학생들이 2학년 때는 모두 유학 학생과 다른 과목을 선택했기 때문에 저절로 좋아질 수도 있다. 즉 1학년 때 수학 성적은 30등 수준이었는데, 이후 미적분을 선택하지 않고 확률과 통계를 선택했다고 하자. 1학년 때 30등 안에 들었던 나머지 학생들이 미적분을 선택했다면 저절로 석차가 좋아진 결과일 수 있으므로 성적 지표는 향상되었지만 학업 능력이 좋아진 것은 아닐 수도 있다. 오히려 나빠졌는데도 정량지표만 좋아진 것일 수도 있다. 그러므로 '성적이 향상된 학생'은 '정량지표가 좋아진 학생'과는 다를 수 있다. 학생부종합전형에서는 정량지표가 좋아진 것에 큰 의미를 두지 않는다.

정량지표가 좋아지는 것이 학업능력이 좋아지는 것이라면 두 가지를 충족해야 한다. 하나는 어떤 과목을 배웠을 때 길러지는 역량이 표준화되어 있고, 학생이 학습한 결과가 엄정하게 절대평가로 산출되어야 한다는 점이다. 예컨대 '미적분'을 배운다면 인문과정이나 자연과정의 구분 없이, 또는 이수 시기가 언제이든, 백 명이 배우든 여섯 명이 배우든 일정 수준에 이르렀을 때 1등급 또는 A로 평가한다면 학생이 정량지표가 좋아진 것이 학업능력이 좋아진 것이라고 인정할 수 있겠다.

다른 하나는 절대평가를 하더라도 교과 수업을 통해 학생의 역량을 기르는 방식으로 교수·학습이 이루어져야 한다는 점이다. 우리 교육은 이미 30년 전부터 수업 개선을 꾸준히 요구해 왔으나, 대입에서 큰 영향력을 갖는 전형 요소가 선택형 시험이므로 수업 개선이 오히려 대입에 방해가 되는 것으로 인식되어 왔다. 그러나 학습은 학생이 호기심과 도전 정신을 바탕으로 스스로 배워야 할 과제를 깨닫고 그 핵심을 이해하며, 배운 결과를 이용해서 문제를 해결하는 과정을 통해 이루어진다. 그리고 더 알고 싶은 것이 생긴다면 금상첨화일 것이다. 이래야 성적이 좋은 학생에게 더 우수한 학습 역량이 있다고 판단하게 된다.

그래도 남는 의문점이 있다. 결국 '성적이 지속적으로 우수한 학생과 향상된 학생 중 누가 합격할 가능성이 있는가?'라는 질문이다. 향상된 학생의 도전정신을 높이 평가할 수도 있겠고, 계속 우수한 학생의 노력을 높이 평가할 수도 있을 것이다. 대학이 선발해야 하는 모집단위에는 정원이 있으므로 이 문제는 상대적이다. 따라서 이 질문에는 명확한 답이 없다. 학생부종합전형은 바로 이 점에서 모호하다. 그러므로 두 학생을 여러 각도에서 보고 같은 평가 등급을 줄 수 있을 것이다. 그리고도 꼭 한 명만 선발해야 할 상황이라면 면접으로 확인하는 단계를 두는 것이 아닐까?

수험생이나 학교는 어떻게 대비해야 하나? 학생은 학업 능력을 기르는 방향으로 학습을 해야 하고 학교는 그렇게 수업을 개선해야 한다. 지식을 바탕으로 한 문제 설정 능력, 과제 집착력, 문제 해결 능력, 독서, 협동학습, 발표와 토론 등 활동하는 학습, 자기주도적 학습, 개인의 생각을 표출하고 아이디어를 뽑아내는 학습, 호기심, 도전정신. 나눔과 배려 등 전혀 낯설지 않은 단어들이 대비 방법이다. 이미 교실에서는 수업 개선을 통해 학생들이 답이 없는 문제를 두고 고민하고 생각을 말하는 학습을 하는 시대가 열렸다.

이렇게 말씀드려도 학생과 학부모들은 다시 묻는다.

"정외과에 가고 싶은데, 1.03이면 합격하겠죠?"라고.

다시 강조해서 말한다.

"학생부종합전형에서 정량 성적은 중요한 평가 요소가 아니랍니다."

12

한 번 망친 시험이
발목을 잡지 않습니다

성적을 쌓아가는 전형은 학생부 위주 전형, 아직 안 본 시험을 두고 노력하는 전형은 수능 전형이다. 학생부교과전형은 이수단위를 반영한 과목별 등급의 평균을 사용하므로 한번 망치면 회복할 수 없다. 이런 점에서는 수능 전형도 마찬가지이다. 3년 공부를 하루에 검증하는 수능은 그 날 컨디션이 나빠서, 긴장해서, 밀려 써서, 옆 수험생이 자꾸만 기침을 해서 등 다양한 방해 요인 때문에 제 실력을 내지 못할 수도 있다. 그러나 아직은 치르지 않은 시험이기에 당일에 잘 보면 된다고 생각하기 쉬운 시험이다. 1학년 1차 고사(과거의 중간고사에 해당)를 망친 학생에게 수능이 좋으냐, 학종이 좋으냐를 물으면 당연히 학종보다는 수능이라고 말할 것이다. "이미 망친 시험이 있는데 불리하지 않다고 믿는 학생·학부모가 오히려 이상하지 않은가?"라고 말할 수 있다. 그러나 그게 아니다. 수능은 망치는 순간 1년 공부가 하늘로 날아간다. 만회할 기회가 없이 1년을 기다려야 다음 기회가 온다. 학종은 그렇지 않다.

1학년 때 수학 성적이 좋았던 학생이 있다고 하자. 그는 2학년에 올라가며 기계공학을 전공하기로 마음먹고 1학년 겨울방학에도 수학 공부를 참 열심히 했다. 그런데 2학년 1학기 미적분Ⅰ 과목에서 그만 쉬운 문제를 두어 개 틀려 내신 4등급이 되었다. 문제가 쉬워서 평균이 높았는데 한두 문제로 내신 등급이 주욱 미끄러진 것이다. 공대에 가려는 학생이 시험을 못 봐서 수학 내신이 4등급이 되니 바로 수능으로 전향해야 하나 고민을 했다. 학교 선생님은 시험 한 번 망친 것이 큰 문제가 되지 않으니 다음번에 실력을 보여주자고 격려했다. 이 학생은 2학기에는 미적분Ⅱ 과목을 거의 다 맞고 내신 1등급. 교내 수학경시대회에서도 우수상을 받았다. 3학년 과목인 기하와 벡터도 잘 했다. 학생은 자신이 원하는 학과의 허들이 높은데, 학과를 조정해야 하나 고민하다가 소신대로 가기를 원했던 학과에 지원했다. 이 때 입학사정관은 2학년 1학기에 수학 성적이 좋지 않다는 이유로 학생의 실력이 부족하다고 판단하지는 않는다. 이 학생의 정황으로 볼 때 낮은 시험 성적에는 반드시 이유가 있을 것으로 보고 면접 기회를 주었는데, 학생은 면접을 잘 봤다고 한다. 망친 한 번의 시험으로 서울대 지원을 안 했거나 절망에 빠져서 시간을 보내다가 수능으로 도전했다면 이루기 힘든 합격의 영광을 얻었다.

2학년 때 국어 시험을 망쳐 6등급을 받은 학생도 있다. 1학년 기록을 보니 국어 성적도 좋고 세특에 의하면 책도 많이 읽고 글쓰기도 잘 하며, 토론에서도 우수한 면모를 보인 학생인데 2학년 1학기 국어(문학) 시험에서 6등급을 맞은 것이다. 시험 마치는 종이 칠 때까지 OMR 카드 마킹을 못해서 13점을 받았다고 한다. 그다음 시험을 잘 보았지만 평균도 안 되어서 결국은 6등급을 맞았을 뿐 아니라, 그 회차의 나머지 과목도 대개 망쳐서 해당 학기 내신이 엉망이다. 그러나 학생의 학생부에는 이 학생의 성적이 크게 떨어진 원인에 대한 이야기를 찾을 수는 없었다. 그다음 학기에 이 학생은 학급회장을 하고, 다음 학기에는 전교 회장을 했다. 출결도 개근이다. 그렇다면 이 학생이 다른 학기와는 달리 성적이 저조한 학기에는 어떤 갈등이나, 슬럼프 요인이 있었을 것이라고 사정관은 판단했을 것이다. 다음 학기 성적이 큰 폭으로 오른 것을 보고 회복탄력성이 있는 학생이라고 판단했을 수도 있다.

수학과 국어를 한 번씩 망친 두 학생 모두 서울대에 합격했다. 한 번 시험을 망쳐도 괜찮은 전형이 학종 전형이고 한 번 망치면 1년 지나야 다시 기회가 오는 전형이 수능 정시 전형이다.

예전에 게재했던 SNS의 게시물을 보면 학종 평가 기준을 다시 생각할 수 있다.

진동섭   · · ·

교과 성적이 나빠도 합격할 수 있나요?

아닙니다.

2011년 연세대 입학사정관제 안내책자에 있는 Q&A다.

그럼 비교과는? 동아리는? 대학에서 아무리 교과가 중요하다고 얘기해도 비교과가 중요하다고 주장하는 말이 있었고, 좀 통하기도 했다. 왜 통했냐면 그땐 모든 수

업이 수능 문제풀이로 진행되었으니 교과에서는 평가받을 일이 없었기 때문이다.

그 당시에는 동아리가 교과 공부를 보조하는 기회 또는 교과보다 더 중요한 요소로 사용되다 보니 자율동아리가 생겼다. 도서반 창체동아리에 아보가드로 연구반, 써 머힐 탐구반 자율동아리. 이런 조합이 소위 말해 '있어보인다'고 했다.

그러나 10년 지난 지금은 어떤가?

학종 확대로 인하여 교실 수업이 바뀌어 수업에서 교육학을 공부하고 화학 실험을 하는 시대가 되었다. 그래서 대학은 동아리 활동을 통해 아이들이 인생의 향기를 갖기를 바란다. 동아리에서까지 공부하는 것을 원하지 않는다.

어떤 학생이 서울대 정외과에 일반전형으로 붙었단다. "신기하죠, 내가 보기엔 좀 부족해 보이는데."라고 어떤 이가 묻는다. "그 학생은 3년 동안 중창단 활동을 했는데, 진짜 열심히 했더라. 그래서 면접 기회를 주었는데 그 학생이 붙었나보다."라고 했다.

동아리가 평가대상이 된다는 것은, 이럴 때 쓰는 말이다. 부모찬스, 이런 거 아니다.

인생 살아가면서 맞닥뜨릴 파도와 소용돌이를 헤쳐나갈 마음근육을 취미동아리를 통해 길러야 한다.

임춘애 선수 시대는 가고

Z세대 시대가 왔는데도

아직도

이런 대학의 관점이

이해가 안 되나?

자기주도 학업 역량의 중요성

다시 학업 역량으로 돌아가서 공부 이야기를 해 보자. 학력고사 세대는 야자를 많이 했었다. 교육청에서 야자를 금지했어도 학교에서는 암막 커튼을 치고서라도 자율학습이라는 명목의 타율학습을 했었다. 학력고사 문제의 특성상 교과서를 외우고 답지 네 개 중 하나를 고르는 공부를 해야 하고, 시험 과목도 많았기 때문에 밤낮으로 의자에 앉아서 공부하면 성적이 오르던 시대였다. 그래서 공부는 머리로 하는 것이 아니고 엉덩이로 하는 거라는 말도 있었다. 이후 야자는 이름을 자기주도학습으로 바꾸었다. 야자실은 자기주도학습실이 되었다. 이때의 자기주도학습은 혼자서 문제집을 열심히 푼다는 의미였다.

학생부종합전형에서는 '자기주도 학업 역량'을 평가한다고 한다. 자기주도 학업 역량이란 이전 시대의 자습 역량과는 다른 의미다. 과거의 방식이 수동적이었다면 현대의 공부 방식은 능동적이기를 원한다. 능동적이므로 자기주도라는 개념이 붙는다. 과거에는 주어진 텍스트를 누가 잘 기억하고 있는지를 평가했지만, 지금은 주어진 상황을 누가 잘 해결할 수 있는지를 평가하려고 한다. 그러다 보니 과거에는 시험 결과로 나온 점수가 학력의 기준이었지만, 지금은 문제를 인식하고 문제를 해결하려고 하는 과정의 타당성, 독창성 등을 중시하며, 그 결과 산출된 문제 해결책의 신선함을 중시한다. 이렇게 시대가 변했기 때문에, 문제가 있고 선택지가 주어지는 시험은 과거의 방식으로 치부되고 현재는 서술형·논술형 시험 문제로 사고력과 문제해결력을 측정하려고 한다.

학교도 서술형 문항을 통하여 학생의 학업역량을 평가하는 방향으로 변하고 있다. 광주 살레시오고등학교는 1차 고사(옛날 말로 중간고사) 시험은 과목 대부분을 서술형 100%로 실시하고 있다. 처음에 시도했을 때는 학부모의 항의도 많았지만, 고집스럽게 밀고 갔더니 입시 성적이 좋아지고 이제는 학교 선호도가 더 높아졌다고 한다. 한 재학생은 "보기 중 정답을 고르는 공부는 돌아서면 날아가 버리는 휘발성 지식이다. 우리는 깊이 생각하는 진짜 공부를 하고 있다."며 진짜 공부에 대한 꽉 찬 자부심을 보여주었다. 이렇게 학생부종합전형에서는 정답을 찾는 공부가 아닌 '정답은 아니더라도 해답을 아는 공부'를 하기를 바라는데, 이를 위해서는 스스로 생각하고 탐구하고 판단해서 결론을 내려야 한다. 이를 두고 자기주도 학업 역량이라고 한다.

여섯 개 대학이 함께 제시한 학생부종합전형의 서류평가 네 가지 요소 중 '학업 역량'은 학업을 충실히 수행할 수 있는 기초 수학 능력을 의미한다고 설명했다. 이를 평가하기 위하여 학업성취도, 학업태도와 의지, 탐구활동을 평가하겠다고 하였는데, 특히 학업태도와 의지라는 개념은 "학업태도는 학업을 수행하고 학습을 해나가는 자발적인 의지와 태도, 학습자가 스스로 학습 목표를 설정하고 적절한 학습 전략을 선택하여 계획을 수립·실행하는 과정"이라고 말했다. 이와 함께 탐구활동은 "어떤 대상에 대해 호기심을 가지고, 깊고 폭넓게 탐구할 수 있는 능력"이라고 정의했다. 호기심이 있어야 자신이 모르는 것과 알고 싶은 것을 알며, 이 호기심을 충족시키는 활동을 하게 된다. 요즘 학생들은 인터넷도 없고 책도 귀하던 예전과 달리, 온라인 상의 다양한 자료, 도서관에서 찾은 서책 자료 등 다양한 자료를 활용하게 되는데, 이를 활용한 경험이 학업 역량을 기르는데 도움이 된다.

이렇게 보면 학업 역량은 학업을 이어가고 발전시킬 수 있는 역량이며, 자기주도는 스스로 호기심을 갖고 문제를 해결하기 위한 전략을 세우고 탐구하여 결론을 내리는 것을 말한다. 이 개념은 서울대가 학업 역량과 학업 태도로 나누어 설명한 두 항목을 합한 것과 같다. 서울대는 학업 능력, 학업 태도, 학업 외 소양 세 가지의 평가 요소로 나누어 서류평가 기준을 설명했는데, 그중 학업 태도에 대하여 '학생들의 자기주도적 학습 경험에서 나타나는 지적 호기심, 학업에 대한 열정, 적극성 및 진취성 등'이라고 말하고 있다. 그러다 보니 점수가 높은 것을 더 쳐주지 않을 때도 있다. 학습 결과만을 중시하는 것은 아니기 때문이다. 아직은 과도기라서 모든 시험이 학업 역량과 대응이 되지 않는 경우도 많다. 그래서 입학사정관은 다양한 자료를 통하여 학생의 자기주도적 학업 역량을 평가하려고 한다.

그렇다고 지식을 기억하고 개념을 이해하지 못해도 된다는 말은 아니다. 매 순간 공부는 새로운 개념이 등장하고 학습을 통해 모종의 기능을 익히게 된다. 지식과 기능을 소홀히 하면 다음 단계에서 이해가 안 되고 헤매게 된다. 이에 따라 공부 방법도 이전과 달라졌다. 예전에는 공부를 하고 문제를 풀고, 오답노트를 만들어 다음 시험에 대비하는 것을 권장했었다.

그러나 학생부종합전형 방식의 공부에서는 오답노트가 필요 없다. 문제풀이를 공부하는 것이 아니기 때문이다. 백지를 준비해서 자신이 배운 과목의 목차를 적고, 각 목차의 단원마다 학습 목표(이것을 성취기준이라고 하지만, 교과서에는 학습 목표라고 되어 있다.)를 적은 다음, 학습 목표에 해당하는 핵심 개념을 적어보는 것이 학종 스타일 공부다. 그런 뒤 자신이 알고 있는 것을 남 앞에서 발표하고 설명하거나, 글로 써보는 것으로 마무리한다. 요즘은 녹음과 동시 문자로 바꿔주는 스마트폰 앱이 있으므로 스마트폰에게 설명하면서 문자로 변환하면 재미있지 않을까? 이러한 공부의 의미는 소소한 부분을 기억하는 것보다 큰 그림을 이해하는 것이 중요하다는 뜻이다.

14

전공적합성에 대한 오해

고정불변의 전공 관련 과목이 있는 것은 아니다

대학 전공에 필요한 과목은 상식에 바탕을 두고 생각해야 한다. 공대를 가려면 물리 공부는 필수다. 미적분이나 기하 같은 어려운 수학 과목도 중요하다. 농생명 관련 전공을 택하려면 생명과학과 화학이 중요 과목이다. 그런데 전공 관련 과목이라면 과학Ⅰ 과목에 그칠 일이 아니고 과학Ⅱ 과목까지 이수해야 한다. 보통 교과 과목을 기피해서는 대학 공부를 따라가기 어렵다. 일부에서는 대학 가서도 배울 수 있다고 하지만, 과학고 학생이 고급과학 영역까지 잘 공부해 오면 대학에서는 과학Ⅱ를 안 배운 학생은 독학으로 공부하게 할 것이기 때문이다. 공대에서도 영어로 된 정보가 필요하거나 수업이 영어로 진행되는 경우가 많으므로 당연히 영어는 전공적합성이 있는 과목에 해당한다.

전공적합성은 유사한 모집단위라도 대학에 따라 다른 경우도 있어 대학의 홈페이지에서 학과 안내 및 기초로 배우는 과목을 살펴볼 필요가 있다. 스스로 찾아야 필요성을 절감할 수 있으니 가고 싶은 대학이 정해졌으면 쇼핑하듯 홈페이지를 둘러보아야 한다. 연세대 전기전자공학부는 논술 전형의 과학 선택 과목이 물리와 생명과학으로 제시되었다. 생명과학이 제시된 것이 의외여서 홈페이지를 확인해 보니 전기전자공학과 바이오를 연결하고 있다는 안내가 있다. 그렇다면 이 학과에서는 생명과학이 전공적합성 있는 과목이 된다.

그러므로 어떤 전공에 적합성이 있는 고정불변의 과목이 있다고 말하기는 어렵다. 대학은 학생이 전공과 관련한 기본적인 공부를 하고 자신만의 세계를 넓히면 더 우수하다고 판단한다. 10명을 선발하는데 10명이 다 똑같은 공부를 해오는 것보다, 10명의 학생이 기본을 갖추면서도 어떤 학생은 글을 잘 쓰고, 어떤 학생은 제2외국어에 능통하고 어떤 학생은 음악을 잘하고, 어떤 학생은 토론을 잘 이끈다면 당연히 이 학생들의 집합이 우수해질 것이다. 같음과 다름이 조화되어야 하는 것은 축구팀만이 아니다. 축구팀에도 고르게 기본기를 갖춘 공격수도 있어야 하고 수비수도 있어야 하며 훌륭한 순발력을 가진 수문장도 있어야 하는 것과 같다.

전공 관련 공부로 제한하면 성장이 안 보인다

수능은 자신이 선택한 과목만 응시해서 다 맞는 것을 목표로 해야 하므로 선택한 과목의 공부에 집중해야 한다. 그러나 대학 가는 것이 학습의 종

착점은 아니므로 전공을 이수하기 위해 해야 할 공부도 미리미리 해 두어야 한다. 공대 지망생이 수능에서는 생명과학 I, 지구과학 I을 선택하고 이것만 공부해서 다 맞으면 원하는 대학에 갈 수 있겠지만. 대학 입학 후의 상황을 염두에 둔다면 물리학과 화학도 공부를 게을리해서는 안 된다. 만일 해야 할 공부를 하지 않고 진학했다면 다른 학생이 전공을 공부할 때, 자신은 물리학 학원, 화학 학원을 전전하며 고등학생과 섞여 뒤늦은 공부를 해야 할 것이다. 아니면 친구에게 용돈을 주면서 배우지 못한 과목을 과외로라도 배워야 한다.

학생부종합전형에서는 전공과 관련된 공부도 중요하지만, 학업 역량을 중시한다는 점에서 자신이 선택한 과목을 전반적으로 충실히 공부하는 것이 바람직하다. 서울대학교에서 나오는 웹진 〈아로리〉 등 안내 자료에서도 고등학교 때에는 과학 4개 영역을 모두 학습하는 것이 힘들었지만 공부를 다 하고 나니 면접에도 도움이 되고, 나중에 논문 주제를 정할 때도 폭넓게 생각할 수 있어 좋았다는 재학생의 말을 싣고 있다. 대학에 오면 다양한 공부가 요구된다는 것이 안내문의 요지다. 또 '면접 이야기'라는 안내문에서도 재학생들의 대화를 통해 다양한 공부를 할 것을 권장하고 있다.

> 대학에 입학하고 아직 한 달 정도밖에 강의를 듣지 못했지만 일단 대학교 교재를 펼치면 제가 힘들게 공부해야 했던 이유를 알 수 있습니다. 아직 전공 과정을 심도 있게 공부하는 시기는 아니지만, 고등학교에서 소홀히 공부

하면 안 되겠구나라는 사실을 강의 몇 번과 교재 몇 권만 봐도 금방 알아차릴 수 있습니다. 지금은 차라리 그때 영문도 모르고 마냥 열심히 공부했던 시간을 보상받는 기분이 듭니다. 사실 그렇게 공부했기 때문에 결과적으로 면접도 잘 치를 수 있었다고 생각합니다.

자연계라면 수능에 해당하는 과학 과목뿐 아니라 전공에 필요한 과학 과목 공부 등도 버리지 말라는 뜻인데, 인문계열은 어떨까?

2015 개정 교육과정은 문·이과 통합형 교육과정이라는 말이 여러 발표를 통해 널리 알려져 있다. 그런데 문이과 통합형의 뜻은 아리송하다. 문과 과목과 이과 과목을 다 배우고 배운 것을 바탕으로 융합적 지식을 가지게 된다는 말인가? 의외로 답은 간단하다. 자신이 원하는 것을 배울 수 있게 배움에 칸막이를 하지 않는다는 뜻이다. 간호대 지원자는 생명과학과 화학을 이수하고 물리학이나 지구과학을 이수하지 않는 대신 간호대 공부에 필요한 심리학, 생활과 윤리, 사회문화 등을 이수할 수 있도록 한다는 말이다.

경제·경영 등 사회과학 계열로 진학하는 학생에게 수능과목이 아니라도 이수하면 이후에 도움이 되는 과목은 무엇일까? 그것은 '경제'가 아니고 수학에서의 '기하, 미적분'과목이다. 대학에 진학해서 경제 수학을 배우게 될 학생은 고등학교에서 이 과목을 이수해야 한다. 수능에서는 이 과목을 선택하지 않아도 문제가 없지만, 대학의 경우 전공필수인 경제 수학을 이해하지 못하면 진급이 안 된다. 이미 졸업한 선배들은 학교에서 어차피 미적분, 기하를 배우지 않았기에 대학 가서 공부하면 되었겠지만, 이제는 고등학교에서 많은 학생이 배워온다면 대학이 꼼꼼히 가르칠 가능성이 적다.

히로나카 헤이스케는 수학의 노벨상이라고 불리는 필즈상을 수상한 학자인데 그는 《학문의 즐거움》에서 "고등학교 때 배운 여러 과목의 지식을 졸업한 뒤에 다 잊는다. 잊을 걸 알면서도 배우는 이유는 배우는 가운데 지혜가 늘어나기 때문이다. 많이 공부하면 '지혜의 넓이'가 커진다. 한편 생각하는 방식에는 짧은 시간에 결론을 내려야 할 것이 있고, 오랫동안 생각해서 결론을 내려야 할 것도 있다. 그런데 입시 교육은 대체로 짧은 시간에 문제를 푸는 데 맞춰져 있다. 이것은 불행하고 불완전한 교육이다. 오랜 시간 생각하는 훈련이 되어있지 않으면 깊이 생각하는 사람이 될 수 없으므로 '지혜의 깊이'가 키워지지 않는다는 것이다."라고 말하고 있다.

참고로 서울대에서는 학생부종합전형 안내에서 학생들에게 다음과 같은 사항을 요구하고 있다.

- ✓ 암기력보다는 사고력을 중시합니다.
- ✓ 꿈을 실현하려는 의지와 노력을 중시합니다.
- ✓ 수능 점수의 작은 차이를 절대적 차이라고 여기지 않습니다.
- ✓ 결과보다 학교생활 속에서 공부한 과정을 중시합니다.
- ✓ 친구들과 잘 어울리는 학생이기를 바랍니다.

✓ 긍정적인 태도를 가진 학생이기를 바랍니다.

✓ 리더십, 공동체의식, 책임감, 사회기여가능성을 반영합니다.

점수에 연연해하지 말고 "사고력을 기르는 공부, 다양한 분야의 공부, 공부하는 과정을 중시하는 공부"를 하라는 메시지다.

진로를 정했다고 전공적합성이 있어 보이는 것은 아니다

전공적합성을 어필하려면 진로를 정해야 한다는 말은 그럴듯해 보인다. 그런데 고등학생 때 명확한 진로를 정하기는 쉽지 않다. 결국 전공적합성은 그 학생이 공부한 과목의 경향으로 볼 때, 이 전공에 무리가 없겠다고 판단되면 전공적합성이 있는 것이다.

고등학교 시절에는 자고 일어나면 꿈이 바뀌는데, 어떤 사람들은 학생부종합전형에서는 진로를 미리 정해야 전공적합성에서 높은 평가를 받을 수 있다고 한다. 그러나 한편에서는 진로를 미리 정하기가 어려운데 미리 정하라고 하는 것이 부당하다는 주장도 한다. 이미 2010년에 2020년이 되면 직업의 60%는 없어진다는 등 미래 세계는 직업에 있어서 큰 변화가 있을 것이라고 미래학자들은 예언했었다. 현재 학생들은 앞으로 적어도 6가지 직업을 갖게 될 것이라고 하기도 했다. 그들은 이를 근거로 미래가 이렇게 불투명한데 진로를 정하라는 것은 불합리하다고 주장한다.

그러다 보니 진로에 관한 사항은 학생에게 부담이 되어 왔다. 그래서

2019학년에 고등학교에 입학한 학생들은 대학에 진로와 관련된 사항을 제공하지 않기로 했다. 그만큼 진로나 직업을 미리 정하는 일은 어렵다. '진로가 바뀌었을 때 바뀐 이유를 설득력 있게 설명하면 된다.'고 말하지만, 그래도 진로가 바뀌면 조금이라도 불이익을 받을까 학생들이 걱정하는 부작용 때문에 대학에 진로 관련 사항을 제공하지 않기로 한 것이다.

진로를 미리 정하는 것은 자신의 미래를 염두에 두고 노력할 중점을 정하는 일이므로 의미가 있다. 그러나 대학 가기 위해 장래 직업을 미리 정해두어야 한다는 뜻으로 들을 일은 아니다. 진로를 미리 정하면 자신이 공부하고 싶은 방향이 정해져 관련된 공부를 할 때도 보상으로 작용하며, 꼭 필요한 공부는 잘 못하는 과목이거나 어려운 과목이라도 참고 공부하는 힘이 될 수도 있기 때문이다. 그 결과 대학에서 배워야 할 과목의 기초를 고등학교에서 잘 이수할 수 있게 되므로 대학이 평가할 때는 전공적합성이 있는 공부를 한 학생으로 평가할 수 있다.

진로를 정하기 싫거나 정하지 못했으면 진로 관련 검사를 해보는 것도 한 방법이다. 중학교에서도 진로검사를 진행하고, 고등학교에 와서도 진로검사를 어느 학교나 한다. 학교에서는 커리어넷의 아로플러스를 통해 검사를 해 오라고 하지만 학생들이 워낙 해오지 않아서 검사지를 구입해서 단체로 하는 경우가 많다. 검사에서 나타난 자신의 모습을 해석해서 자신이 가야 할 방향을 정할 수 있다.

신문이나 잡지를 볼 때 또는 인터넷으로 뉴스를 검색할 때 스포츠면을 제외하고 어떤 기사가 가장 자신의 흥미를 끄는지 생각해보는 것도 한 방법이다. 과학에 관한 글부터 보게 된다면 순수과학 또는 공학에 관심이 있는 학생이다. 정치면부터 펼친다면 정치외교학을 전공하는 것을 생각해보자. 흥미 방향뿐 아니라 성격검사까지 해서 자신에게 맞는 직업을 선택해야 한다. 정치외교학을 전공해서 기자가 되거나 정치가가 될 사람이라면 대인관계 능력이 뛰어나야 유리할 것이다. 반면 대인관계 능력이 부족한 사람이라면 연구자의 길을 가는 것이 더 나을 수 있다.

이와 같은 방식으로 진로를 정할 수도 있지만 진로를 정하는 가장 좋은 방법은 자신이 좋아하는 과목을 늘어놓고, 이어서 잘하는 과목도 나열해 보는 것이다. 이런 과목들을 모으면 자신의 진로 방향이 된다. 수학을 좋아한다면 수학과 관련 학과를 가게 될 것이다. 이 학생이 과학에는 흥미가 덜하고 경제 과목을 좋아한다면 진로 방향은 경제학과 쪽일 것이다. 마침 경제학과는 수학 교과 역량이 많이 필요한 분야이므로 잘 맞는다고 하겠다. 그다음으로 경제학을 전공하기 위해 필요한 공부가 무엇인지를 찾아보는 것이다. 앞으로는 6개의 다른 직업을 갖게 되는 세상을 살게 된다면 좋아하는 과목을 늘리는 것이 진로를 넓히는 것이 된다.

이것으로도 잘 안 된다면 자신이 지금 흥미를 가지고 취미 삼아 하는 일을 잘 들여다보자. 고등학교 때 많은 시간을 들여 어떤 것에 대하여 깊이 있게 알고 싶어 한다면 그 '어떤 것'이 평생 직업이 될 수도 있다. 희원 학생은 사진으로 패션 관련 촬영을 하는 것을 좋아한다. 매일 시간을 내서 자신이 옷을 갖춰 입고 화보를 찍어본다. 그렇다면 이 학생은 지금 하고 있는 분야를 직업으로 삼고 싶을 것이다. 희원 학생이 스타일리스트가 되고 싶다면 세계 최고 수준의 스타일리스트가 되기 위해서는 어디서 어떤 공부를 해야 할지를 스스로 알아보아야 한다. 진로는 이렇게 다양한 방식으로 정해지는 것이다.

15

결국은 학교 공부입니다

학종 준비는 대학이 상식에 바탕을 두고 기준을 정해 선발한다는 믿음에서 출발한다.

학생부종합전형을 준비한다는 말은 학교 공부에 충실하게 임하고 있다는 말과 같은 뜻이다. 누차 강조했듯이 대학은 고등학교 교육이 잘 이루어지는 방향으로 전형을 설계하려고 한다. 물론 모든 노력이 일사분란하게 집중되지도 않고, 긍정적인 방향보다 잘못된 방향이 더 눈에 들어오기 마련이다. 첫눈 내린 공원에서 세상을 덮은 눈보다 먼저 눈에 들어오는 것은 점점이 찍힌 강아지 발자국인 것과 같다. 이처럼 학종에 관한 바른 정보보다는 학종에 관한 잘못된 정보가 오히려 혼란을 가져온다. 앞서 언급한 내용들은 정보를 잘 선택하지 않으면 오해를 하게 되어 문제가 될 수도 있는 사항들이다. 합격하지 못할까봐 걱정하는 마음은 꼼수를 불사하면서까지 좀 더 유리한 방향으로 국면이 전개되기를 바라지만, 핵심은 공부할 마음을 갖고 노력하는 것이다. 대학은 그렇게 평가한다고 말하고 있는데 이를 해석하고 전달하는 사람들이 설명하는 사이에 정보가 왜곡되기도 하고 자신에게 맞는 정보인지를 제대로 평가해서 수용하지 못한 결과 올바른 대비를 하지 못하기도 한다.

다음과 같은 주장은 눈여겨볼 필요가 있다.

모든 정보 중에는 자신에게 맞는 정보가 있다.

좋은 태도는 합격에 도움을 준다.

나눔과 배려 등 인성 측면이 평가된다.

목표를 세워 노력한 모습이 평가된다.

도전적 선택과 지속적 노력을 발전가능성 측면에서 평가된다.

어려운 과목을 선택하는 것이 발전가능성으로 평가된다.

독서, 글쓰기, 토론 능력 등 기본적인 학업 역량을 갖추는 것이 기본이다.

비교과 영역보다 교과 영역이 더 큰 비중을 차지한다.

성적이 오른다는 것은 정량적 측면을 말하는 것이 아니다.

시험은 한두 번 망칠 수도 있다.

스스로 계획을 세워 공부하는 힘이 평가된다.

전공적합성은 대학 가서 공부할 과목들의 기초 과목을 공부해 두는 것이다.

진로를 미리 정했다고 직접적으로 유리해지는 것은 아니다.

그러나 다음 주장은 올바르지 않다.

학생부에 기재되지 않는 것은 할 필요가 없다.

독서기록은 앞으로 대학에 전달되지 않는 시점이 되면 독서가 필요 없다.

소논문 쓰기와 같은 연구 활동을 할 수 있는 과목을 이수하면 유리하다.

소수 선택과목을 선택하면 등급이 나빠져 불리하다.

일반선택과목보다 진로선택과목을 더 많이 이수해서 등급 나오는 과목을 줄여라.

전문 교과 과목을 더 많이 이수하면 우수해 보인다.

모든 개별적인 상황에서 기준을 세우고 생각해보면 판단이 된다. 지금까지 한 이야기는 기준에 관한 이야기이다. 학종은 학생들이 보기가 있는 문제풀이에 매몰되어 있고 학교는 학원 역할만 하고 있으므로, 학생은 행복하게 배우고, 학교는 교육 정상화를 이루고, 국가적으로는 더 생각 있고 자기주도적인 인재, 자존감을 가진 인재를 길러 미래가 밝은 나라가 되기 위해 도입한 전형 제도이다. 이런 사실을 염두에 두고 개별적인 사항을 생각해 보면 늘 판단의 방향이 보일 것으로 확신한다.

흐름이
한눈에 보이는
수능 변화의 역사

교육과정	학년도	시험영역	배점체계	주요사항	전형요소
5차	1994	● 3개 영역 ● 언어 ● 수리·탐구 ● 외국어	● 200점 만점 ● 3개 영역별 원점수 및 백분위	● 연 2회 실시 ● 계열 구분 없음 ● 난이도 조정 실패 논란	● 수능과 본고사 병행 ● 본고사 실시 여부 및 과목은 대학이 결정 ● 선지원 후시험
	1995	● 4개 영역 ● 언어 ● 수리·탐구 I (수학) ● 수리·탐구 II (사회,과학)/외국어(영어)	● 200점 만점 ● 4교시 별 원점수 및 백분위	● 수리탐구 계열별 출제 ● 수리탐구 주관식 출제 ● 외국어(영어) 듣기 문항 10문항 확대	
	1996				
	1997	● 4개 영역 ● 언어 ● 수리·탐구 I (수학) ● 수리·탐구 II (사회,과학) ● 외국어(영어)	● 점수배점을 400점으로 확대 ● 4교시 별 원점수 및 백분위	● 어려운 수능 논란 = 외국어(영어) 듣기 17문항	● '전형'개념도입 (국공립대 대학별고사폐지) ● 단계별 사정, 전형자료별 사정 가능 ● 연중 선발 (정시, 수시) ● 정시모집 가나다라군 배정
	1998			● 수리탐구 II 시험시간을 110분에서 120분으로 확대	
6차	1999		● 만점 개념 없음 ● 원점수, 백분위, 총점, 표준점수	● 수·탐II 선택과목 도입으로 표준점수 사용 ● 쉬운 수능 논란	
	2000			● 변환 표준점수에 의한 백분위 추가	
	2001	● 4개 영역+ 제2외국어(선택)		● 제2외국어의 경우 원점수, 표준점수, 백분위 추가, 총점에 합산하지 않음	● 수능, 학교생활기록부, 논술, 추천서, 면접 등 다양한 전형자료 이용 확대 ● 수시모집 및 특별전형 강화 ● 절대평가 방식의 내신
	2002	● 5개 영역+선택		● 어려운 수능 논란	
	2003	● 언어/수리/사탐/과탐/외국어(영어)+	● 영역별 백분위, 표준점수 ● 변환표준점수, 등급(9등급제)	● 소수점 반올림으로 인한 점수 역전 논란	
	2004	● 제2외국어(선택)		● 문항별 배점이 정수로 바뀜	

교육과정	학년도	시험영역	배점체계	주요사항	전형요소
7차	2005	● 4개 영역+선택 ● 언어 ● 수리가, 수리나(택1) ● 외국어(영어) ● 사탐, 과탐, 직탐(택1) ● 제2외국어, 한문(선택)	● 영역과목별 백분위, 표준점수, 등급	● 직업탐구신설 ● 제2외국어에 한문 및 아랍어 추가 ● 7차 교육과정에 따라 영역과 과목을 전부 또는 일부 선택	
	2006				
	2007				
	2008		● 수능등급제 (영역과목별 9등급제)	● 수능 등급만 표시 (표준점수폐지)	● 입학사정관제 도입 ● 상대평가 방식의 내신
	2009			● 표준점수 재도입	
	2010				
	2011			● 영역별 수능 문제 EBS 교재와 70% 연계	
2007 개정 교육과정	2012	● 탐구 선택 최대 3과목제한	● 영역·과목별 백분위, 표준점수, 등급 (2007년 체제로 복귀)	● 최다응시자 수 ● 영역별 만점자 1% 목표	● EBS 연계 교재목록을 대폭 줄임
	2013			● EBS와 연계, 만점자 1% 정책	
2009 개정 교육과정	2014	● 국어, 수학 영어는 수준별 수능(A/B형) ● 사탐, 과탐, 직탐 (택1) ● 탐구영역 2과목 이내 선택 ● 제2외국어, 한문 (선택)		● EBS 연계 계속, 수능 A형과 B형, 수학 단답형 30% 포함 ● 탐구영역 2과목 이내 선택	● 교육과정이 바뀜에 따라 EBS 교재를 대폭 수정
	2015	● ('15·'16학년도) 영어는 수준별 시험 폐지, 국어·수학은 유지		● 영어만 수준별 시험 폐지	● 핵심 전형요소 중심으로 표준화된 대입 전형 체계 마련 ● 수시는 학생부, 논술, 실기 위주로, 정시는 수능, 실기 위주로 대입전형 체계 마련 ● 대학별로 수시는 4개로, 정시는 2개로 전형방법 수축소
	2016				

교육과정	학년도	시험영역	배점체계	주요사항	전형요소
2009 개정 교육 과정	2017 2018 2019 2020	• ('17학년도) 수준별 수능 전면 폐지 • 과목: 한국사(필수), 국어, 수학(가)/수학(나), 영어, 탐구(사회, 과학, 직업), 제2외국어/한문		• 국어, 영어 수준별 시험 폐지 • 한국사 필수	
2015 개정 교육 과정	2021	• 국어 : 화법과 작문, 문학, 독서, 언어(언어와 매체 중 언어만 출제) • 수학(가) : 수학 I, 미적분, 확률과 통계 • 수학(나) : 수학 I, 수학 II, 확률과 통계 • 한국사 • 영어 : 영어 I, 영어II • 과학탐구 : 현재 수능과 동일 • 영어, 사회탐구, 직업탐구, 제2외국어/한문 : 현재 수능과 동일		• 2015개정 교육과정에 의한 첫 수능으로 과목명 및 범위 일부 조정 • 영어, 한국사 절대평가	
	2022	• 국어 : 공통(독서, 문학), 선택(화법과작문, 언어와매체 중 택1) • 수학 : 공통(수학 I, 수학 II), 선택(확률과통계, 미적분, 기하 중 택1) • 영어 : 영어 I, 영어II • 한국사 • 탐구 : 일반계(사회·과학 계열구분 없이 택2), 직업계(전문공통+선택1) • 제2외국어/한문 : 9과목 중 택1		• 영역별 선택권 부여 • 수학, 탐구 영역에서 문과/이과 구분 폐지, 과목 선택형으로 개편 • 영어, 한국사, 제2외국어/한문 영역 절대평가 적용	• 학생부교과전형 비율 30% 이상 선발 대학 외 수능 전형 선발 비율 30% 권장

입시설계, 초등부터 시작하라

2020년 4월 2일 초판 1쇄 발행
2022년 5월 25일 개정 2쇄 발행

지은이·진동섭
펴낸이·박영미
펴낸곳·포르체

편   집·임혜원, 이태은
마케팅·이광연, 김태희

출판신고·2020년 7월 20일 제2020-000103호
전화·02-6083-0128 | 팩스·02-6008-0126
이메일·porchetogo@gmail.com
포스트·https://m.post.naver.com/porche_book | 인스타그램·www.instagram.com/porche_book

ⓒ진동섭 (저작권자와 맺은 특약에 따라 검인을 생략합니다)
ISBN 979-11-971413-7-9 (03370)

- 포르체는 여러분의 소중한 원고를 기다립니다. porchetogo@gmail.com